政協書香

政协委员读书笔记

家庭教育何为

全国政协委员谈

朱永新　贺春兰◎主编

中国文史出版社

图书在版编目（CIP）数据

家庭教育何为：全国政协委员谈／朱永新，贺春兰主编．--北京：中国文史出版社，2021.7
（全国政协委员读书笔记／刘未鸣，段敏主编）
ISBN 978－7－5205－3102－3

Ⅰ.①家… Ⅱ.①朱… ②贺… Ⅲ.①家庭教育 Ⅳ.①G78

中国版本图书馆 CIP 数据核字（2021）第 147468 号

责任编辑：金硕

出版发行：中国文史出版社
社　　址：北京市海淀区西八里庄路 69 号院　　邮编：100142
电　　话：010－81136606　81136602　81136603　81136605（发行部）
传　　真：010－81136655
印　　装：北京新华印刷有限公司
经　　销：全国新华书店
开　　本：650×960　1/16
印　　张：19.75
字　　数：260 千字
版　　次：2021 年 9 月北京第 1 版
印　　次：2021 年 9 月第 1 次印刷
定　　价：58.00 元

前言

公众关心的教育问题全国政协委员们怎么看？在各行各业卓有贡献的全国政协委员们又来自怎样的家庭？他们对今天的家庭教育有怎样的体悟和建议？通过本书您或可找到点滴答案。

尽管今天我国高等教育已经进入普及化阶段，但公众面对子女教育时的焦虑情绪依然没有改变，甚至越来越严重。而好教育绝不能仅仅靠政府和学校，好孩子还需要家庭、社会共同培养。

2015 年，习近平总书记在春节团拜会上讲话强调，不论时代发生多大变化，不论生活格局发生多大变化，我们都要重视家庭建设，注重家庭、注重家教、注重家风，发扬光大中华民族传统家庭美德，促进家庭和睦，促进亲人相亲相爱，促进下一代健康成长，促进老年人老有所养，使千千万万个家庭成为国家发展、民族进步、社会和谐的重要基点。之后，在 2018 年全国教育大会上，习近平总书记更是从“四个第一”的高度指出：“家庭是人生的第一所学校，家长是孩子的第一任老师，要给孩子讲好‘人生第一课’，帮助扣好人生第一粒扣子。”总书记的深刻论述高度概括了家庭教育的重要性，对新时代家庭教育建设具有重要的指导意义。

2019 年 6 月，全国政协以“注重家庭家教家风建设”为主题在京召开网络议政远程协商会，全国政协主席汪洋主持会议并讲话，他强调，家庭家教家风建设既是家事，也是国事，关系个人健康成长、社会和谐稳定和国家繁荣发展。要深入学习贯彻习近平总书记关于家庭家教家风的重要论述，加强统筹协调，营造注重家庭、注重家教、注重家风的良好外部环境，汇聚起家庭文明建设的强大合力。

在此背景下，2020 年 12 月 1 日至 7 日，全国政协委员读书漫谈群组织了一场有关家庭教育的讨论，来自各行各业的委员们积极参与。这场讨论，既是教育观点的讨论、交流，甚至辩论，也是弘扬平等包容，发挥协商民主，在交流中凝聚共识的实践。本书的第一部分完整地呈现了这一过程。需要特别说明的是，为了加深读者理解的需要，讨论中委员们分别以甲乙不同立场作了阐述，但这些观点并不代表委员们在实践中的立场。希望读者可以在不同观点的争鸣中理解教育中不同选择的优劣，从而因材施教、宜情选择。

人民政协报教育在线周刊为配合这次讨论专门开设了专栏，邀请政协委员讲述自己的家庭教育理念与故事，以期全方位、立体化呈现委员们的家庭教育观。从这些各行各业的佼佼者的人生体悟中，我们能直观地体验到家教家风曾给他们带来了怎样的积极影响，他们自己对如何做父母又有怎样的真切体验。

父母是孩子的第一任老师。良好的教育，从家庭开始，协商文化也要从家庭开始培育。这本小书，是全国政协委员读书活动的成果，也是协商文化的一次探索。希望读者能够从中得到家庭教育的启发，也能够成为协商文化的积极践行者。

编　者

2021 年 9 月

目录

第一辑 家庭教育七日谈

第二辑 家教故事精彩汇

第三辑 家教观点大碰撞

第一辑

家庭教育七日谈

2020年12月1日至12月7日，全国政协委员读书漫谈群利用一周时间，就中国家庭教育的热点、难点问题进行了一场颇有深度的大讨论。为了呈现这场讨论，我们对讨论内容基本上未加删改，对发言顺序未做调整，如实还原讨论现场。相信对于了解委员专家对家庭教育的理解认识，了解委员们参政议政的热情与智慧，了解政协协商文化，具有一定的意义。

“家庭教育七日谈”安排

召集人：

丁　伟　全国政协文化文史和学习委员会副主任，原文化部副部长

主持人：

朱永新　全国政协常委、副秘书长，民进中央副主席

主　题：

1. 学校教育和家庭教育哪个对孩子影响更大

2. 寄宿制管理的利与弊

3. 家庭教育中要不要惩罚

4. 中小学阶段出国留学的利与弊

5. 隔代教育的利与弊

6. 应不应该让孩子接触网络游戏

7. 成人与成才、幸福与成功哪个更重要

参与讨论的委员：

（按姓氏笔画排序）

丁元竹　全国政协委员，中共中央党校（国家行政学院）督学组督学、教授

扎　西　全国政协委员，西藏昌都市第一小学教师

王　欢　全国政协委员，北京史家教育集团校长

叶大波　全国政协委员，外交部驻澳门公署特派员

叶小文　全国政协委员，全国政协文化文史和学习委员会副主任，中央社会主义学院原党组书记、第一副院长

任　芳　全国政协委员，西京学院校长

刘慕仁　全国政协常委，广西壮族自治区政协副主席，民盟广西自治区主委

米　荣　全国政协委员，首都儿科研究所新生儿内科副主任

吴尚之　全国政协委员，原国家新闻出版广电总局副局长、党组成员，中国期刊协会会长

张云勇　全国政协委员，中国联通产品中心总经理

张兴赢　全国政协委员，国家卫星气象中心卫星气象研究所所长

张连珍　全国政协委员，全国政协教科卫体委员会副主任

张连起　全国政协常委，中国税务学会副会长、资深注册会计师

张嘉极　全国政协委员，广东省政协副主席

倪闽景　全国政协委员，上海市教委副主任

唐江澎　全国政协委员，江苏省锡山高级中学校长

郭媛媛　全国政协委员，首都经济贸易大学文化与传播学院副院长

阎晓宏　全国政协委员，全国政协文化文史和学习委员会副主任，原国家新闻出版广电总局副局长，国家版权局副局长，中国版权协会理事长

阎晶明　全国政协委员，中国作家协会副主席、书记处书记、党组成员

雷鸣强　全国政协委员，湖南省社会主义学院院长

1

学校教育和家庭教育哪个对孩子影响更大

时间：2020 年 12 月 1 日 20：00—21：30

召集人：丁　伟　主持人：朱永新

召集人丁伟：

各位委员晚上好！

根据委员读书漫谈群的整体策划，12 月 1 日至 7 日每晚 8 点，我们将在漫谈群开设“家庭教育主题周”，面向全体政协委员，聚焦家庭教育这个课题展开讨论。

为推动委员读书博专相济，全国政协从第二期读书活动开始，增设“委员读书漫谈群”。话题设置上侧重于三个重点：一是围绕主题读书群以外的书目交流心得体会；二是谈读书方法、感想；三是围绕热点问题提意见建议。今晚的交流正体现出委员漫谈博中有专的特点。

教育关系国家和民族的未来，受到全社会高度关注。政协委员中有许多长期从事教育工作的专家、大家，对教育问题有着丰富的实践经验和深刻的理论思考。与此同时，作为家长，很多委员在子女教育方面也有着切身的体悟和思考。从服务党和国家工作大局出发，组织围绕家庭教育这一重大问题开展专题讨论，是政协委员履责尽职的题中应有之义。

组织这次讨论还有一层期冀：全国政协领导同志一直倡导委员读书活

动要开展积极的、有思想、有深度的讨论，鼓励有不同观点的辩论和甚至争论。希望“家庭教育主题周”能够开个先河、带个好头。

主题周活动由全国政协常委、副秘书长朱永新主持。数十年来，朱永新同志坚持不懈为推动教育事业奔走呼号，对教育工作有独到的思考见解。相信在他的引领下，主题周活动一定能达到兼具战略性前瞻性建设性的高度广度和深度。

人民政协报社将为“家庭教育主题周”提供全程组织支持。主题周线上讨论内容将在征得委员同意后，刊发于人民政协报微信公众号和教育周刊专版。

欢迎委员们踊跃参与，在漫谈群碰撞思想火花。

主持人朱永新：

各位委员，近年来，在“家庭建设与家国情怀”方面，习近平总书记曾多次发表重要讲话，提出要注重家庭、家教、家风的建设。促进家庭和睦，促进亲人相亲相爱，促进下一代健康成长，促进老年人老有所养，使千千万万个家庭成为国家发展、民族进步、社会和谐的重要基点。全国政协也专门召开过相关专题的网络议政远程协商会，研究家庭教育的问题。

父母，是人生的第一任老师。现在教育的许多问题，都和家庭有着密切的关系。人的教育是一项系统工程，其中家庭教育是一切教育的基础，又是一个人一生的起点和基石。学校教育是人一生中所受教育的最重要组成部分，在传授孩子科学文化知识的基础上，开发智力、发展思维、锻炼能力，使之适应社会需求等方面有举足轻重的作用。从培养社会主义事业接班人的目标出发，当下是应当进一步加大对学校教育的重视程度，还是应当更加提倡并发挥家庭教育的优势和作用?

今天讨论的第一个问题，也是我们的开场大戏：“学校教育和家庭教育哪个对孩子影响更大?”欢迎大家参与讨论。

甲方：家庭教育对孩子影响大。

乙方：学校教育对孩子影响大。

甲方委员张兴赢：

家庭教育是孩子健康成长不可缺少的一种教育，有学校教育、社会教育不可替代的作用，孩子成长过程中的大部分时间其实是在家庭中度过的，孩子的全部生活始终与家庭小集体有密切的联系。在家庭中，随着社会进步和社会结构的复杂化，更凸显家庭教育的重要。

俗话说，父母是孩子的第一任教师。孩子从出生起，就和父母在一起，其语言文字学习、心理思想态度、行为举止习惯的养成都受到父母的熏陶和感染，其影响作用是非常大的。但是，有的家长尚没有强烈意识到家庭对孩子教育的影响。因此，做好家庭教育对学生身心健康是极其重要的，家风、家教对孩子成长的影响是非常深远的。

甲方委员雷鸣强：

两种教育都重要，家庭教育是基础，学校教育是主导，不能分出谁更重要。但我认为，相对而言家庭教育的作用要大于学校教育。

家庭教育是在家庭生活中，家长有意识地通过自己的言传身教和家庭生活实践，对子女施以一定教育影响的社会活动，包括家庭成员（包括父母和子女等）之间相互的影响和教育，是大教育的组成部分之一，是学校教育与社会教育的基础。家庭教育是终身教育，它开始于孩子出生之日（甚至可上溯到胎儿期），婴幼儿时期的家庭教育是“人之初”的教育，在人的一生中起着奠基的作用。孩子上小学、中学后，家庭教育既是学校教育的基础，又是学校教育的补充和延伸。家庭教育是对人的一生影响最深的一种教育，它直接或者间接地影响着一个人人生目标的实现。

乙方委员倪闽景：

讨论学校教育和家庭教育谁更重要的问题，有一个前提：就是讨论的对象必须是在校学生。没上学的时候不能比较。孩子都没上学，学校教育的重要性无从说起。原发先发，播种打底，不应该是今天讨论的问题。

甲方委员雷鸣强：

与学校教育相比，家庭教育对孩子的影响有八大优势：

1. 家庭教育是“原发先发”的教育，扎根性强；
2. 家庭教育是“播种打底”的教育，奠基性强；
3. 家庭教育是“行为养成”的教育，生活性强；
4. 家庭教育是“品德涵养”的教育，情感性强；
5. 家庭教育是“因材施教”的教育，针对性强；
6. 家庭教育是“言传身教”的教育，榜样性强；
7. 家庭教育是“关注终身”的教育，连贯性强；
8. 家庭教育是“拾遗补阙”的教育，灵活性强。

甲方委员张兴赢：

家庭环境影响孩子的成长。因为环境因素有广泛性、经常性、自然性、偶然性的特点，所以，孩子会受到种种影响。尤其是自发性的特点，它有与教育相平行的影响，也有与教育相矛盾的影响，这对孩子的身心发展有时可能是有利的、积极的，有时可能是不良的、消极的。所以，不能低估环境因素的作用。有的孩子在家庭影响下，可以较早地显示某些方面的特殊才能。俗话说“近朱者赤，近墨者黑”，在一定意义上说明了环境对人的影响。古代曾有“孟母三迁”，从“其舍近墓”到“迁居市旁”，最后徙居“学宫之旁”，终于使孟轲在学宫的影响下，成为学者。这说明人们很早就重视环境影响人的作用。

主持人朱永新：

乙方委员倪闽景谈了一个前提——比较的前提，是在校学生。

乙方委员倪闽景：

今天不讨论家庭的启蒙教育，而是在校学生家庭教育和学校教育的重要性问题。我认为显而易见，学龄儿童学校教育比家庭教育重要，因为教育的根本属性是社会性。学校实际上是社会的模拟，师生关系、生生关系，不是家庭教育所能涵盖的。

主持人朱永新：

这个讨论前提是很重要的。三岁看大，七岁看老，早期启蒙教育的意义已经被现代心理学证明了。

乙方委员王欢：

学校教育是由专业人员承担，在专门的机构进行的目的明确、组织严密、系统完善、计划性强的，以影响学生身心发展为直接目标的社会实践活动。

甲方委员刘慕仁：

家庭教育奠定孩子的道德基础，教育的根本任务就是立德树人。家庭道德是德育的根基。俗话说得好，百善孝为先。孝道不是由学校教育所能提供的，只能通过家庭的日常生活实践来培养。孩子通过观察父母孝敬祖辈来体会和感受什么是孝道。孩子在父母的指导和督促下通过关心祖辈和父辈来践行孝道。对父母和祖辈孝敬才有对国家的效忠。

乙方委员倪闽景：

同意主持人的判断，学龄前家庭教育的重要性毋庸置疑，但不是我们今天讨论的范畴。

甲方委员张兴赢：

这个时代，学校教育多是程式化教育，在因材施教方面存在不足。

甲方委员雷鸣强：

与家庭教育相比，学校教育对孩子的影响有“八大缺陷”：

1. 学校教育是后发衍生的教育，缺乏原发先发性，必须在启蒙的模板上安排教育；

2. 学校教育是育苗开发的教育，缺乏播种发芽性，只是在家庭教育的基础上有所作为；

3. 学校教育擅长“认知开发”，不擅长“行为养成”；

4. 学校教育擅长“智育开发”，不擅长“品德涵养”；

5. 学校教育擅长“规模生产”，不擅长“因材施教”；

6. 学校教育擅长“书本说教”，不擅长“言传身教”；

7. 学校教育一般“关注当前”，容易忽略“终身发展”；

8. 学校教育一般“整齐划一”，缺乏需求弹性。

主持人朱永新：

甲方委员刘慕仁认为家庭教育在育人方面更重要，而育人是教育的根本。所以家庭教育更重要。

乙方委员倪闽景：

学校教育和家庭教育当然都重要，但是对于学龄儿童而言学校教育更重要。有个别孩子，家庭都没有，在学校依然成长得很好。如果没有学校教育，家庭教育都称不上教育。

甲方委员郭媛媛：

家庭教育较之学校教育更多原生性、自然性、自发性、浸润性，也具有更深刻的影响性，打在更贴近人的社会基因处，较难褪色……

乙方委员王欢：

家校共育中我们一直秉持各自讲职责、少指责的原则。作为教育工作者，我认为学校教育有如下优势。

1. 学校教育中的施教者为专业教育人员，教学工具与设备也具有更强的专业性，学校作为专门教育人的场所，任务也相对专一，这一点家庭教育鲜少能够达到。

2. 学校教育相较家庭教育有着更科学、清晰、明确、全面的教育目的。而家庭教育中由于受教者与施教者存在着血缘关系，所以其教育目的与方法存在较强主观性。

3. 学校教育是制度化的教育，其目的性和计划性集中体现在严密组织性上，学校教育所具有的严密的组织结构和制度是家庭教育所不具备的。

4. 学校教育的内容尤其注重其内在的完整性、稳定性、连续性和系统性，并具有独立的组织管理机构和专项财政拨款等。同时，学校教育既关注知识体系，又符合认识规律。家庭教育相对而言就较为零散、片面、随机。

5. 学校教育中教育者有明确的教育目的与教育预期，能够科学地对学生的身心发展遵照预定的程序或计划按部就班地施加影响。

甲方委员刘慕仁：

家庭教育养成孩子的良好习惯。良好习惯是孩子健康成长的关键。有道是三岁看大，七岁看老，其实是说习惯形成性格，性格决定命运。良好的饮食习惯、卫生习惯、作息习惯、运动习惯等是孩子健康成长的保障。健康是人生之本。在孩子成人之前，通过家庭日常生活养成这些良好习惯关系到孩子一生的幸福。

乙方委员倪闽景：

家庭教育更多是教养，而非教育。如果父母真想教育自己的子女，往往会以失败而告终。家庭的核心是亲子关系，而非正确的教育观念。古人之所以讲易子而教，就是这个道理。

甲方委员张连起：

学校教育侧重于知识的灌输，家庭教育侧重于人格的养成。尽管学校教育也有三观的培养造就，但往往抵不住家庭教育的第一影响。

甲方委员雷鸣强：

应当承认，对人的一生的影响，家庭教育的作用最基本、最重要，特别是人生早期特别重要且影响人一生，随后学校教育、社会教育的重要性增加，但最后我看是“自我教育”更重要。

乙方委员吴尚之：

对在校中小学生的教育来说，学校教育与家庭教育相辅相成，缺一不可。就两者关系而言，应当是学校教育为主，家庭教育为辅。

甲方委员张兴赢：

家庭是社会的细胞，是孩子生活的第一环境，孩子的真正“启蒙教师”是自己的父母。教会孩子做人是孩子成长的首要条件，在孩子们用询问的眼光注视世界，同时认识世界的时候，在他的眼中最常见到的是父母，父母的言行正表达着他们自己的人生态度。父母总是最先被孩子无条件认定的，是无意识的，但模仿对象就由此确定了。因此，作为家长必须事事以身作则，给孩子树立起良好的榜样，以堂堂正正的人的形象，留在孩子心目中。堂堂正正的人应该是一个正直的人、有责任心的人、言行一致的人、守时惜时的人……那种贪婪、自私、斤斤计较、欺善怕恶、吹牛、违犯法纪、缺乏爱心的行为是最损害形象的，一旦印入孩子心中，不但难以磨灭，而且还是今后孩子和父母产生情感障碍的潜在诱因。同时，又常是导致孩子自卑、自我封闭、自暴自弃等病态心理的原因之一。另外，还要敢于在孩子面前认错，那种认为认错就意味着降低威信，于是强词夺理硬辩，甚至以打骂手段镇住孩子的做法是最愚蠢的，最失诚信的，会在孩子心里留下阴影。

甲方委员米荣：

家庭教育是孩子人格形成、性格培养、心理成长、精神发展的重要起点和基础，是学校教育成功实施的前提和保障；学校教育则由专业人士为孩子提供系统、全面、有计划、有目标的知识体系的学习。从知识系统的构建上来说，学校教育非常重要；从人的全面长远发展来看，个性化的发展需要家庭更多的陪伴引导。

乙方委员郭媛媛：

学校教育更多公共性、规定性、系统性、教育性，更贴近社会文化性。

乙方委员王欢：

学校教育的优势：

1. 丰富度。学校教育比家庭教育的内容更丰富。学校教育既包含家庭教育中的人格教育，又包括其所不完全具备的专业知识教育；既因材施教促进孩子的个性发展，又满足社会的共性要求，还能遵循学生身心发展的共性特征。

2. 稳定性。学校教育比家庭教育的内容更稳定。学校的教育内容由国家统一制定，具有较强的科学性、系统性。而家庭教育的内容通常随家长的意志而变化，相较学校教育而言较零乱、不稳定。

3. 科学性。学校教育比家庭教育的内容更科学。学校的教育内容有系统的整体框架，会依据不同年龄段进行有序列、有层次的教育，有利于孩子整体发展。而家庭教育相较而言盲目性较大，结构性较差。

乙方委员倪闽景：

学校教育本质也是人格养成，如果把学校教育认为只是知识传授，那就偏了。

甲方委员雷鸣强：

对于孩子的发展来说，学校教育重要，家庭教育重要，社会教育也很重要，合起来强，分起来弱，一个也不可缺，一个也不可弱。但归根到底，我们认为三者之中，还是“家庭教育更重要”。“家校共育”“家校社共育”两个耳熟能详的教育专有名词，为什么不叫“校家共育”“校家社共育”？“家”字在首位、在前头，我认为，这是专家、社会、政府的共识：“家庭教育更重要”，家庭教育是更久远、更原发、更个性、更自然、更基础、更深层的教育。

1. 从人类发展来看，先有家庭教育、社会教育、后有学校教育。

2. 从孩子的发展来看，先接受家庭教育，后接受学校教育。家庭教育伴随一生。

3. 从中国、国外历代人才辈出的规律来看，“一贤贤一家”的案例比比皆是，如“苏门三学士”“杨家将一门忠烈”“毛泽东一家六烈士”“巴赫音乐家族”。“一坏坏一窝”的也屡见不鲜，如“秦桧父子”，红楼梦中的“贾赦父子”等。

4. 从当代中国孩子发展来看，很多问题儿童、问题学生的产生，主要是家庭教育出了问题，很多的优秀儿童、优秀学生的产生，也主要归结为家庭教育的成功。

乙方委员王欢：

从评价体系与奖惩机制角度看，学校具有专业、完整、立体的学生评价体系与科学的奖惩机制。在学校接受教育的孩子，能够很好地发现自己的长处、短处，清晰地知道自己的优势与劣势，从而更好地自我定位并在日后扬长避短。同时，学校能够以正确、有效的奖惩方法激发学生学习的斗志和热情，规范学生行为，培养积极乐观、健康向上的良好个性。而家庭教育中的奖惩依据与标准易受家长主观情绪影响，无法具备科学性与完善性。

乙方委员倪闽景：

我完全同意在学校教育前，家庭教育十分重要，但是孩子一旦进入学校，学校教育就成为孩子成长的核心部分。

孩子入学后，如果依然认为家庭教育重于学校教育，就会导致家长给孩子批作业、布置作业，家长热衷于送孩子到培训机构这种现象。

甲方委员张连起：

我本来认同家庭教育对孩子影响大，因为教育的社会性决定了学校就是教书育人的地方；我更认同二者都重要，应当以学校教育为主体、以家庭教育为支撑。

乙方委员扎西：

针对西藏而言，义务教育阶段全部学生享受“三包”政策，大都实行寄宿制管理，学生除了寒暑假以外几乎都在学校生活学习，可以说学校是他们的家，这样的学校教育对学生的影响是可想而知的。

主持人朱永新：

扎西委员针对寄宿制学校的学生，是否不具备普遍性？

甲方委员刘慕仁：

孩子入学后，孩子的基本道德教育和习惯养成还是以家庭教育为主。

乙方委员倪闽景：

我们不可能期待所有家庭的父母都是教育专家，如果在校学生的教育依然靠家庭来完成，不仅是不现实的，也是不可能的。

从某种程度上来讲，学龄儿童的家庭教育，也要学校教育去指导和支撑。现在乡村的中小学生家庭，许多父母都在外打工，孩子的教育和学习主要靠学校。当然学校教育不单是知识传授，还有人格养成，但越来越千人一面的流水线教育，怎能对人格养成提供适宜的养分？恰恰是家庭的润物细无声、大音希声、此时无声胜有声，才能对学生的人格起到长久的滋养作用。

甲方委员米荣：

是的，学校教育与家庭教育的最终目标应该是一致的。在学龄期，孩子进入学校，教育由学校全面覆盖，家庭起到辅助作用。

我之前发言所述家庭教育较为突出的四个方面是起始于孩子出生后到学龄前，这一时期主要靠家庭。

乙方委员倪闽景：

学校教育存在问题是事实，这更显得学校教育的重要性。但是学校教育千人一面的错误要家庭去承担，这是不负责任的。

甲方委员雷鸣强：

1. 家庭教育对孩子的影响是“根深蒂固”的，如果家庭教育好，孩子的好品质好习惯一旦形成，就会持续终身；如果家庭教育坏，孩子的坏品质坏习惯一旦形成，就会根深蒂固地坏。

2. 对于家庭来说，要改革优化学校教育是一个系统工程，有难度。我不能改变社会（学校教育），我可以改变自己（家庭教育）。

3. 有研究表明，现在学校教育一定程度上“被家长绑架”。这也一定程度反映了家长教育素质、家庭教育理念的重要性。

4. 我们认为家庭教育更重要，不是否定学校教育的重要性。相反，家庭教育要与学校教育分工合作、相互补充、各展其长，与社会教育一道共同促进孩子的健康发展。

甲方委员张云勇：

家庭教育的成败与否，更多的是与家庭的自然、人文条件，家长对家庭教育的认知、教养理念、责任、态度和方法等内容有关。家长的家庭教育素养和能力是关键。家庭教育给予孩子积极向上的价值观、为人处世的妥善方法，对孩子温暖的情感成长更有优势。

甲方委员张连珍：

主持人是教育专家，对教育有深入研究、有创见。可以从小学、中学、大学连续讲家庭、学校和社会三结合教育。

乙方委员倪闽景：

@雷鸣强委员　就如您说的家庭教育可能很好或可能很糟，这种不确定性，决定了家庭教育的从属性。

甲方委员丁元竹：

父母的言传身教、待人接物、修养修行对孩子的教育更重要。孩子在早期是通过模仿观察大人来学习的，所以这个阶段家长对孩子非常重要。

甲方委员雷鸣强：

现在需要的是“家长学老师，懂教育”、“老师学家长，善于爱”。

@倪闽景委员　正是家庭教育的两极性，说明了家庭教育的重要性。

乙方委员阎晶明：

学校教育、家庭教育，两个“教育”是同一内涵和外延么？恐怕是同一词，而非同一概念吧？学校教育中，因为竞争激烈，素质教育有流于说法趋势。家庭教育中，也受累于同一压力，而使传统的教养、孝敬、感恩、劳动、文明等修养无暇顾及。

主持人朱永新：

教育的概念是一样的。各自的特点、功能、内涵、方法可能不一样。

甲方委员张连起：

家庭教育比学校教育重要，一是家庭教育相当于人生的第一粒扣子，不言自明；二是在应试教育体制下，学校重智育轻德育；三是家庭教育是地基，地基不牢，教育山倒；四是一个人终身离不开家庭，终身学习、终身教育，不仅父母，还有配偶、子女，教育和被教育无所不在，仅仅理解为父母之教太简单了；五是太多的例子证明，这个世界的杰出人士之所以杰出，影响最大的是家庭教育。

乙方委员扎西：

我觉得，目前有些学校在管理和教师的素质等方面还存在不少这样那样的问题，五育教育“雷声大、雨点小”，有不少老师对学生的教育普遍偏向于书本知识或文化知识的传授，对德、体、美、劳的重视度还不够。这种情况下家庭教育这一块儿也不能忽视。

乙方委员吴尚之：

一般认为教育是培养人的一种社会活动。广义上讲，凡是增进人们的知识和技能，影响人们的思想品德的活动，都是教育。狭义的教育，主要是指学校教育，其含义是教育者根据一定的社会要求，有目的、有计划、有组织地对受教育者的身心施加影响，把他们培养成为社会所需要的人的活动。所以，学校教育既包括知识技能教育，也包括对学生的思想品德教育。

乙方委员倪闽景：

目前学校教育和家庭教育都有异化的情况。家庭教育越来越多地承担学校教育的任务，就是过度重视家庭教育出现的问题。

甲方委员刘慕仁：

家庭教育是家庭幸福的基础。家庭幸福是人生幸福的重要内容。家庭是最终的归宿。家庭不幸福，尽管事业成功，终究感到凄凉。家庭幸福的获得离不开尊老爱幼、夫妻和睦、勤俭持家、邻里友善这些内容的教育。这些教育内容由学校来实施既空洞又无效，而家庭教育通过日常生活对孩子进行了潜移默化的浸润，深深地烙在了孩子的心里。

甲方委员雷鸣强：

好人才、坏人才表面看是学校教出来的，其实是家庭教育、学校教育、社会教育、自我教育共同塑造的，但从原初因素来看，主要是家庭教育影响的。

乙方委员倪闽景：

一个人走不出家庭就不可能有社会性，也不可能为社会做更大贡献。家庭教育是学校教育的支持者，而不是学校教育围着家庭教育转。学校教育是育人，是超越家庭的责任和亲情关系的。

主持人朱永新：

教育的连续性与阶段性是统一的。教育是复杂的，它充满了不确定性。

乙方委员叶小文：

看了热烈的讨论。如果是确定已在校的学生，家庭教育和学校教育当然都重要，相辅相成，但若讲哪个更重要？是学校教育，有很多重要的特点：施教者是专业人员，是有组织的，更有目的、有计划性，是制度化的，它的内容有完整性、稳定性、连续性、系统性，有教育目标，有计划等，它的优势有丰富度、稳定性、科学性等，这都是一些很权威的说法。

现在我觉得呢，有的学校不太负责任，把学校教育的责任推向社会，自己不好好教学上课，下午三点就放学，然后都去办社会补习班，甚至学校的老师就到社会补习班去挣钱！弄得家长都很紧张啊，哪个不上社会补习班，哪个孩子就吃亏了，就是把本来学校教育的责任推给家长。要家长都进微信群，要家长跟着孩子做作业，做到晚上。哪个家长不陪着做就不行，这也是不对的。家长里面有知识分子，有农民，有工人，他不可能都去陪着孩子做作业。有教无类！工人的孩子，农民的孩子，没有家长陪，你就不教吗？所以应该把主要的责任都压到学校教育。

甲方委员丁元竹：

各个社会成员可以从家庭生活中获得情感的交流。与其他社会组织不同，家庭理应是一个通过提供温暖、快乐来满足家人情感需求的组织。人们期待亲人的理解和照顾，当需要时，亲人总是会在身边。家庭关系、家庭情感是无私的关系和情感，不存在任何利益上的交换。

婚姻、家庭、生育等都是维系社会继替的重要制度。习近平总书记说过，“要重视家庭文明建设，努力使千千万万个家庭成为国家发展、民族进步、社会和谐的重要基点，成为人们梦想启航的地方”。家庭在孩子的成长过程中的作用是不可低估的。人的社会化过程在人出生不久就开始了，新生儿通过自己的听觉、视觉、嗅觉、味觉以及感觉感知到周围的环境，喜怒哀乐，悲欢离合，并尝试着适应和熟悉周围的环境。家庭成员以喂食、抚抱、安慰，满足婴儿的需要，在这个过程中，孩童接受了社会规范，实现了社会化过程。

甲方委员雷鸣强：

家庭教育对孩子的影响很大，好的影响和坏的影响都很大。当前必须进一步优化：

1. 不能太宽，不可太严，宽严适度；
2. 不可不爱，不可溺爱，爱要有度；
3. 养成为主，认知为辅，不可错位；
4. 共同学习，共同成长，不可缺位；
5. 支撑学校，尊重学校，不可越位；
6. 生活教育，德行熏陶，弥补学校；
7. 整合资源，拾遗补阙，因材施教；
8. 不可太满，发展留白，孩子自主；
9. 自立自强，合作共生，行稳致远；
10. 家风建设，劳动立家，学习传家。

甲方委员丁元竹：

父母在家庭生活中通过自己的行为、言语、表情等引导儿童成为社会所期望的角色。孩子的性格气质深深打上父母的婚姻状况和家庭氛围的烙印。所以，习近平总书记指出，“家庭是人生的第一个课堂，父母是孩子的第一任老师”。一般说来，父母对孩子的社会化是具有正面作用的，但也不尽然，一个家庭必须培育良好的家风，正如习近平总书记所说的，“家风是社会风气的重要组成部分。家庭不只是人们身体的住处，更是人们心灵的归宿”。

乙方委员倪闽景：

教育的责任是培养孩子的社会性。家庭教育，动物也是有的，但并非真正的教育。

乙方委员王欢：

学生成长的内因外因都不能少，学校、家庭、社会环境都会对孩子的成长产生影响。教育就是促进孩子成长。“成”是目标，不能忘掉“长”的规律。多动脑少对恼、多等待少替代、多体验少体罚。

甲方委员丁元竹：

社会建设的主体是家庭、社区组织。这些共同体通过成员的参与和治理来处理公共事务。家庭维系着一切制度。“家庭和睦则社会安定，家庭幸福则社会祥和，家庭文明则社会文明。”

成长成长，现在的教育只重“成”，不重“长”，显然学校教育出了毛病。

主持人朱永新：

@张连起委员　要说毛病，现在来说学校和家庭都有毛病啊！哪个问题更多、毛病更大呢？

乙方委员倪闽景：

@主持人　我认为学校教育问题更大一些，因为它的责任更大。家庭教育我们当然期待更好一些，但是这不能成为主要因素。也就是说，家庭教育出问题，学校教育有可能弥补。而学校教育出问题，家庭教育是不可能弥补的。

主持人朱永新：

从教育史来看，家庭、学校和其他社会机构等教育的多方，由合至分，由分至合，在不同的历史阶段，以不同的方式，共同推进了教育的发展。

在人类远古文明的漫长岁月里，教育是在社会实践中进行的，没有固定的教育场所和专门从事教育的专职人员，教育的主要内容只是渔猎和农耕等劳动技术与生活经验的传授。

家庭出现后，原来由社会共同承担的教育任务，就开始由家庭与社会共同承担了。

最早的学校萌芽，与家庭一样，也是出现在原始社会末期。随着生产力的发展和剩余产品的出现，原本存在于社会生活中的教育逐渐分化出来——

学校诞生了。但是，最初的学校只是少数人享有的特权，大部分人的教育仍然主要在家庭和社会的生活和生产劳动中，通过耳提面命的方式进行。

甲方委员张连起：

爱因斯坦说，“教育就是当一个人把学校学的东西忘光之后剩下的东西”，请思考这说明了什么？

甲方委员雷鸣强：

学校教育、家庭教育、社会教育、自我教育是孩子发展的四大支柱，要各展其长。问题是现在不同程度存在“家庭越学校之位，学校失家庭之味，社会成了负面学校，自我教育能力不足”。

主持人朱永新：

现代学校制度出现以后，家庭和社会仍然承担着教育的任务，但是由于越来越多的父母参与到生产活动中，有他们自己专门的职业活动，这在很大程度上导致他们开始“走出”家庭，逐步“淡出”教育的舞台。学校也就顺理成章成为教育的主渠道，承担着最重要的教育使命。

乙方委员叶小文：

今天的辩题是家庭教育和学校教育哪个更重要，而不是家庭教育和学校教育哪个可以不要。如果是讲哪个更重要，而且对象是已经在校的学生，当然同时也是在家庭的孩子，那么我当然认为是学校教育更重要。很简单，国家每年 GDP 的 4% 用在教育上，主要是投到学校教育，如果家庭教育更重要，办那么多学校干什么呢？那就投到家庭里吧。这不是一个很简单的逻辑吗？

主持人朱永新：

20 世纪 60 年代，西方国家掀起了以教育机会平等为基本内容的平权运动，强调关注处境不利的儿童和家庭的教育机会。1966 年，《科尔曼报告》提出了一个令学校教育感到尴尬的研究结论，即学校在孩子学业成功方面没有多少实际用处，而家庭及其同伴的影响才是决定孩子学业成就的关键因素。同时，塞维尔（Sewell）、哈瑟（Hauser）等教育社会学家的研究也发现，父母参与和期望是儿童成长的重要中介变量。这些研究让人们重新思考家庭与学校教育的关系问题，重新考量家庭在教育中的作用，家校合作问题也开始提到议事日程，许多国家的政府先后出台了推进家校合作的政策，鼓励父母参与到孩子的教育中来。

甲方委员雷鸣强：

学校教育、家庭教育、社会教育最终归结到自我教育，才是教育“在正道上行”。

“家校社自共育”：家庭教育是基础，学校教育是主干，社会教育是源泉，自我教育是果实。

四育是分工互补的关系，一个都不可缺，可以有限替代，相互成全补位，但必须各归其位，分工才可精进，融合才可整全。

主持人朱永新：

家庭教育最明显的特征是非正规性，它不可能像学校教育那样有统一的课程标准、教育内容、作息时间和考试评价。但家庭教育同时又有其独特优势：一是时间上的优势，孩子日常只有6—8个小时在学校，其余更多时间在家里或课外；二是情感上的优势，家庭教育具有用血缘和亲缘关系对子女产生影响的优势，可以利用亲情和父母言行的示范作用，对子女进行教育；三是资源上的优势，家庭教育可以超越学校的时空限制，利用所有的资源，从社会交往到旅行考察，从各种媒体到网络资源等多种途径进行教育。

学校是有计划、有组织地进行系统教育活动的组织机构。学校教育指教育者按照一定的社会或阶级要求，有目的、有计划、有组织地对受教育者在知识、技能、情感、态度、价值观等方面实施影响，使其身心等素质朝着教育者期待的方向发展的过程。相对于其他形式的教育，学校教育是教育的正规形态和主导形态，是制度化教育。

父母作为儿童的监护人，原本就拥有教育权，这种源自“教育原始的委托者”身份的教育权，在工业时代才开始更多委托给学校行使。到了信息时代，随着对教育要求的改变，随着学校自身的改变，无论家庭是自愿还是被迫，都将越来越多地进行教育上的选择、参与。

乙方委员叶小文：

@雷鸣强委员 你说的那些家庭教育的优势，不是家庭教育比学校教育更重要的证据。只是说，家庭教育或学校教育有不同的功能。两者相辅相成。这种功能有些是可以互相补充的，有些是不可互相取代的，所以要相辅相成。但是如果从重要性来看，还是学校教育更重要。

乙方委员倪闽景：

站在孩子角度，好的教育是协同的教育。在学龄期间的教育，肯定是以学校教育为主，但并非不要家庭教育了。

甲方委员张兴赢：

总之，孩子的教育不是一个人的事情，也不是一个人能够承担的责任。家庭教育对孩子习惯的养成、学习态度以及学习成绩都有着重大的促进作用。孩子的成长，不是只靠学校制度的约束、老师教学的管理来完成的，还有家庭的环境和家长的教育。家庭要配合学校、配合老师，扎扎实实地做好家庭教育工作，是当务之急。给孩子创造更好的学习和成长氛围，是国家、社会、学校以及家庭义不容辞的责任。家庭文化是传统文化的堡垒，也是文化冲突的避风港。在人格塑造中，家庭以其血缘的联系产生着潜移默化而又根深蒂固的影响。健全的人格不能缺少家庭文化情感的内化及熏陶。家长应该不断地进行自我学习，更新自己对孩子的教育思想观念，提高自己对孩子的教育水平和能力。同时，家庭教育应该与学校教育更加紧密地结合起来，使孩子更好地养成良好的行为和习惯，提高孩子各方面的素质，只有这样，我们的孩子才能得到真正健康的成长和发展。

主持人朱永新：

同意委员们的意见，通过双方的辩论，我们更加清楚地看到了家庭教育与学校教育不同的特点、不同的优势、不同的问题，这样才能更好地扬长避短。

美国全国受教育者委员会（NCCE）曾先后出版《证据在增多》和

《证据继续增多：家长参与可提高学生成就》两本著作，通过对数十项研究的分析，得出了几个非常重要的结论：第一，家校合作较多的教育项目能使学生在各方面表现出色，而几乎没有家校合作项目的学校学生，表现则一般；第二，与家庭、社区保持联系的学校，其学生的表现优于其他学校；第三，与学校保持经常联系的父母，其孩子的成绩一般高于那些家庭背景和能力相当，但缺乏与学校合作的家庭的孩子；第四，当父母对其孩子的教育显示出兴趣，并能对他们的表现保持高期望时，他们就能够激发孩子的内驱力和成就感；第五，在学校里表现欠佳的学生，一旦其父母参与转化工作，往往进步显著；第六，良好的家校合作能密切师生和亲子之间的关系，从而强化学校教师和父母的权威形象及其对孩子的影响力。

甲方委员张连起：

其实，我们的观点是一致的，教育需要系统论的观点。

乙方委员倪闽景：

教育的本质，是超越基因的自然取向，形成特有的精神价值，而精神价值的核心，是创造、理性、科学和人文精神。创造、理性、科学和人文精神是需要学校教育来完成的。

主持人朱永新：

感谢各位委员发表了非常好的意见，甲方把家庭教育的意义讲述得淋漓尽致，乙方把学校教育的作用分析得十分透彻。其实，两者都重要，这是大部分委员的观点，也是这次辩论的结论。最关键的是家庭教育与学校教育的携手合作。家校合作共育在整个教育体系中具有十分重要的地位。首先，它有利于发挥家庭的教育功能。把学校的孤军奋战变为家校携手，家庭的教育力量得以充分发挥。其次，它有利于建立现代学校制度。现代学校制度是一种协调校内和校外关系的制度安排。现代学校制度把学校视为一个开放的组织，它不仅关注学校内部的运作过程，而且重视学校与家庭、社会的互动过程，强调学校利益相关者在制度构建和发展中的作用。

——家校携手，教育不愁！

2

寄宿制管理的利与弊

时间：2020 年 12 月 2 日 20：00—21：30

召集人：丁　伟　主持人：朱永新

召集人丁伟：

今晚 8 点，全国政协常委、副秘书长朱永新将继续主持围绕家庭教育热点问题的讨论。今晚的主题是：寄宿制管理的利与弊。

主持人朱永新：

你有孩子在寄宿制学校吗？

寄宿制学校对孩子成长有什么利和弊？

在寄宿制学校的教育中如何存利去弊？

随着社会竞争的加剧，加之教育投入的不均衡以及家长对优质教育资源的渴望，寄宿制学校的出现已经较为普遍，甚至成为高品质教育的象征。一方面，寄宿制学校能让家长省心，也便于发挥学校教育的引导作用，培养孩子尽早独立。另一方面，寄宿制对年幼的孩子是一大挑战，而且封闭性也隔断了亲子间的及时沟通交流。从孩子的发展来看，寄宿制管理到底是弊端大还是好处多？

今天，我们将就此展开讨论和争辩。

甲方：寄宿制对孩子的发展好处多。

乙方：寄宿制对孩子的发展弊端大。

甲方委员张兴赢：

我认为寄宿对于孩子的发展好处大于弊端。我从初一就寄宿，有规律的学习生活安排，让我对学习生活更加系统，同时，同龄人集体生活让我更好地融入社会。如今在北京寄宿学校可是一床难求，著名的北京小学就是一所寄宿学校的典范，另外当下高水平高质量的私立学校也都采用寄宿制。

甲方委员丁元竹：

我不反对寄宿。

说说我自己的经历，我的孩子小学是寄宿的。其实我家到学校很近，也就300米。不是我们想寄宿，是学校要求寄宿，学校又不错，所以没有办法，只能做出这样的选择。每天晚上我们大人去学校门口跟孩子交流交流，很多小孩儿也要求我帮他们买东西，总的看对她影响不是太大，这个问题不能太绝对。

有时候我们担心寄宿后孩子和家庭之间交流少，这个问题也确实存在。我去过也看过一些寄宿学校，学生通过互联网、电话与家庭之间建立沟通，包括一些留守儿童的寄宿，也是通过视频方式解决这些问题。只需要家长周末和其他时间来弥补沟通上的缺失。

在互联网环境下和不在互联网环境下还是有区别的，对孩子的影响也是不一样的。我们现在因为有了互联网和视频，虽然距离远了，但是相互知晓、相互交流没有问题。

寄宿制学校要解决好两个问题：一是寄宿学生与父母的联系问题，要通过互联网视频等方式，让学生每天或者适当的时间与父母进行网络交流；二是要解决好他们的业余生活和业余爱好问题，比如说音乐、美术这些原先在家庭或者其他方面解决的问题，要通过寄宿管理来解决。

乙方委员雷鸣强：

我的基本观点：寄宿制管理有利有弊，总体来看，弊大于利。

什么是寄宿制管理？主要是指近年来在一些农村中小学、城市幼儿园和中小学实行的低幼儿、小学、初中生离开父母和家庭，全日制住校学习生活的一种管理服务制度。

现在我们讨论的主要是指幼儿园、小学、初中阶段的寄宿制管理，高中阶段、大学阶段学生寄宿不在之列。主要是指长时间、全天候、连续性的寄宿制生活，短时间、非全天、间断性的不在之列。

主持人朱永新：

@丁元竹委员　是不是可以说，如果寄宿学生与父母的联系问题解决不好，学生的业余生活和业余爱好问题解决不好，寄宿制就弊大于利？

甲方委员丁元竹：

@主持人　这两个问题解决不好，父母不放心，孩子不开心。

寄宿学校管理最核心的是教师，这进一步强调了师生关系的这种情感劳动的特点，强化了教师不仅仅是教学，还要有育人、做人以及与孩子沟通等方面的技巧。要把教育作为一种情感劳动来认真研究和对待。

乙方委员雷鸣强：

寄宿制管理之六弊：

1. 容易出现精神情感性格问题。亲子关系、家庭关系的长期疏远，情感滋润不够，让成长中的孩子变得不自信、不安全，感情淡漠、精神自闭。

2. 容易出现父母与孩子一生的隔阂。亲子关系、家庭关系的长期疏远，父母孩子沟通难，叛逆期容易出现问题孩子，可能导致父母孩子终生的隔阂。

3. 容易出现校园霸凌现象。缺少了父母的及时保护与调解，寄宿制中的弱势孩子经常成为同伴的欺凌对象，强势孩子成为欺凌的霸主。

4. 容易出现难融入社会和家庭的情况。长期的寄宿制生活，在教室、宿舍、食堂三点一线单调生活，一出校门难以应对复杂的社会，与家庭也常有隔阂。

5. 容易出现集体性的安全事件。媒体上常有报道寄宿制幼儿园、中小学出现学生集体食物中毒、病毒感染、人质劫持、教师猥亵等。

6. 难以培育出优秀、特长学生。缺少了丰富多样的社会教育资源，缺少了家庭的情感教育资源，寄宿制学生一般只能完成基本教学发展，难以因材施教，停留在基本发展层面。

所以说，寄宿制之利是小利、之弊是大弊。

甲方委员吴尚之：

孩子迟早要走向社会，与他人交往。寄宿制管理有利于学生成长，有利于学生自立，有利于相互提高。在农村，许多中小学学生的家长都在外打工，寄宿制管理也是必然选择。

主持人朱永新：

“陪伴是最长情的告白。”这句话本来是情侣之间的私语，但它也击中了无数父母心中最柔软处。的确，对于父母来说，最幸福的事也许就是能够守护着自己的孩子，陪着他们哭，陪着他们笑，见证他们成长，与他们一起长大。

甲方委员张云勇：

我看，寄宿学校的利：

1. 孩子远离父母，独自在寄宿学校，学校会提供饭菜，但是孩子还是需要料理自己的事情，比如叠被子、洗衣服等。遇到什么问题，也需要自己去解决。孩子还要听从寄宿学校的安排，按时起床睡觉，养成比较固定的生活习惯。一定程度上，可以让孩子变得更加独立，学会照顾自己。

2. 性格更加大胆开朗。孩子进入寄宿学校，没有了家长的庇护，需要学会自己处理事情。遇到问题，需要自己和寄宿学校老师沟通，胆子变大了。寄宿学校都是同龄人，容易找到志同道合的朋友，有自己的交际圈，经常一起交流玩耍，孩子的性格也会更加活泼开朗。适应集体生活的能力变强，在以后的人生路上也很有帮助。

3. 成长速度更快。很多孩子在家里都是被宠着的，父母对孩子的要求不严格，孩子可能不能快速得到成长。一些寄宿学校比较严格，学生要更加独立自主，认真完成作业，听从老师的安排。孩子在这里可以快速地成长，看待事物的角度更加成熟，做事情更加认真负责任。

乙方委员雷鸣强：

寄宿制管理也有多个好处：

1. 有利于学生的自理自立、自律自治；2. 有利于学生交流合作、融入集体；3. 有利于学生排除校外影响、专心学习；4. 有利于为家长提供便利，支持家长安心工作。

主持人朱永新：

对于“寄宿制”学校，白岩松曾很明确地表示，打死也不会让孩子去寄宿制学校读书。因为白岩松认为，生命中最重要的事情就是家庭，虽然教育很辛苦，免不了要接送孩子、教育孩子，但是这就是身为父母应该做的，是父母的责任，把这种责任扔给老师，对家庭和孩子没有任何好处。白岩松说得有道理吗？

乙方委员刘慕仁：

寄宿减少了家庭道德教育的时间。家庭道德是职业道德和社会公德的基础。教育的根本任务是立德树人。如果没有家庭责任感，很难指望有职业责任感和社会责任感。家庭生活是家庭道德教育的最好场所和最佳方式。就如学校生活是集体教育的最好场所和最佳方式。孩子读高中、读大学终究要离开家去学校住宿，过集体生活，到此时再去接受寄宿制教育也不迟呀。要珍惜孩子在家不长的岁月，精心对孩子进行家庭道德教育，夯实孩子健康成长的基础。

甲方委员倪闽景：

恐怕是不同的孩子情况不同，但我总体认为高年级学生寄宿更有利于孩子成长。

乙方委员雷鸣强：

同意。高年级，可尝试。

甲方委员叶小文：

今天讨论寄宿制学校的利弊，显然是昨天讨论家庭教育和学校教育哪个更重要问题的深化。主张学校教育更重要的，就应该赞成寄宿制。当然要有三个前提：必须要有科学的管理；必须要有优秀的教师，爱生如子；另外呢，要想办法保持和家庭的适当沟通，这个在互联网时代应该是有办法的。

甲方委员扎西：

西藏地广人稀，小学因地制宜，一般就近的学生走读，偏远的学生住校。就大多数乡村学生的情况来讲，到初中、高中全部统一寄宿制好。

甲方委员丁元竹：

其实寄宿和不寄宿对家长来说不是那么简单做出的选择，它取决于很复杂的环境，还有很复杂的条件。理论上可以去讨论利与弊，但是就个人的选择来说，有些是非常无奈的，只是说学校和家长通过什么样的方式去弥补，他们应该在其中扮演什么角色罢了。

乙方委员雷鸣强：

心理学研究表明，孩子的早期成长关键期，父母的作用大于同辈群体。

甲方委员倪闽景：

我们这里有多少人在中小学期间曾有过寄宿经历？我高中三年是寄宿的，我认为丝毫没有减弱我对家庭的爱，也没有减弱我对家庭的责任感。脐带总是要断的。施行寄宿制有好的一面，也有不好的一面。利弊一分为二，因人而异。

乙方委员刘慕仁：

寄宿减少了亲情教育的时间。“天命之谓性，率性之谓道，修道之谓教”，道出了情感教育的重要性。情感教育是养成孩子性格的重要内容。

亲情是情感中的重要部分。孩提时期是亲情教育的重要阶段。幼年、少年阶段是孩子感受父母之爱的最佳时间。在寒冬里，父母给孩子讲过的《卖火柴的小女孩》的故事会深深地印在孩子的脑海里。试想，孩子长大后还适合给孩子讲这个故事吗？孩子还会有这样的感受吗？随着经济全球化的发展，社会的流动性变大，孩子在家的时间变得很短暂了。我们要珍惜孩子成年之前在家里的这段时间，培养孩子的亲情。

乙方委员雷鸣强：

我给家长选择“住家”或“寄宿”的建议：

1. 家长选择孩子寄宿制管理是特定条件下、针对特殊人群、满足特别需要的“次优”“被动”“暂时”“无奈”“跟风”“狠心”的选择，尽量不要选。

2. 正常条件下的家庭和学生，一般情况下从幼儿园到高中，要力争住家上学，发挥家庭教育、亲情滋润的育人功能，会让孩子和家庭受益终身。

3. 如果有特殊情况，必须选择寄宿，也要避免低幼儿阶段选择，或尽量非连贯选择，住家与寄宿交替进行，在周末和假期尽量创造家人团聚的密度。

4. 对于一些长辈溺爱、自主性不强、合作分享不好的学生，在小学高年级后可以尝试一段时间的“寄宿制”生活，以培养自主自立、集体意识。

甲方委员扎西：

实行寄宿制，对学校来说，学生集中在一起便于教育教学的管理。

主持人朱永新：

有人总结了寄宿制学校的九点优势。

1. 有利于提高学习成绩。寄宿制学校时间安排紧凑，学习训练时间相对充裕，有利于学生基础知识的夯实和学习成绩的提高；学生在学习上遇到困难可以及时向老师请教，做到有针对性辅导，对提高学生成绩帮助很大。

2. 有利于提高生活技能。寄宿制学校按学生身体发育规律安排生活起居，孩子在老师的指导下自己洗漱、整理衣物、打扫卫生等；从小弱化父母溺爱和对家庭的过分依赖，有利于培养良好的生活习惯，锻炼学生的自主管理能力，让学生变成生活小能手。

3. 有利于培养独立能力。孩子适当离开父母，到寄宿制学校就读，可以培养他们独立处理问题的能力和自我约束能力。使孩子从成功和失败的体验中获得自信心和克服困难的毅力，提高承受挫折的能力，让其心理更加成熟。

4. 有利于培养良好习惯。寄宿制学校严格有序的作息时间，可使孩子形成良好的生活习惯；学校提供营养配餐，孩子不能挑食，不能乱吃零食；每天穿校服，不能挑穿，孩子之间不会攀比。寄宿制学校有规律的生活有利于克服他们身上普遍存在的依赖性、任性和挑吃挑穿的不良习惯。

5. 有利于提升综合素质。寄宿制群体生活是丰富的隐形课程，有着广泛的信息来源，再加上学校开展多种社会实践活动，有利于学生开阔视野和个体知识结构互补，便于学生全面发展。

6. 有利于养成良好品德。寄宿制学校严格半军事化的封闭式管理，磨炼坚强意志，锻造非常精神，会更好地培养学生健全的人格。

7. 有利于学生交往合作。寄宿制学校，来自四面八方的同学相互之间的交往，使学生认识了多姿多彩的生命世界，从而学会宽容，学会处世，学会合作。让孩子到寄宿制中学就读，就给了学生一个更为广阔的、更适合他们发展的生活空间。

8. 有利于屏蔽不良影响。寄宿制学校实行封闭式管理，减少了让孩子出入社会不良场所的机会，抵制了来自社会的负面影响和不良侵害，有利于学生学习情绪的高度稳定和崇高人格的养成。

9. 有利于家长事业发展。孩子在寄宿学校学习，解决了家长的后顾之忧。孩子上寄宿制学校，从生活起居、饮食营养，到体育锻炼、学习辅导，都有专职人员管理，省去了家长接送孩子之苦，免去了为孩子一日三餐的劳作之累。家长有了更多属于自己的时间，有利于家长的事业发展。

甲方委员吴尚之：

对大多数学生来说，寄宿制是必然选择。

甲方委员倪闽景：

大家千万不要认为不寄宿，孩子和父母一直在一起，亲子感情就必然会好。我这边有大量的反例。

在年幼的时候，父母的陪伴十分重要，但是到了高年级亲子关系和孩子的陪伴时间并不成正比。

乙方委员雷鸣强：

高中之前不宜过多“寄宿制”，高中之后，必须提倡。我们讨论的是高中前。

甲方委员倪闽景：

适当地离开父母，让孩子和父母之间有一定距离感，恰恰是提升亲子关系的好机会。

甲方委员扎西：

实行寄宿制，对家长来说，带来很多便利 。不用接送孩子、不用操劳孩子的吃穿问题、不用看管孩子生活学习。父母、家长的责任和义务几乎都由学校来承担，那些“懒”家长真的解放了。

主持人朱永新：

这是一位网友讲述的把孩子送去寄宿学校之后的变化——

“以前见了我就会开心大叫‘妈妈，妈妈’，而现在只会淡淡说一句‘谢谢’，你不知道我心里多难过。”吃完饭在一起聊天，朋友说着说着抽泣起来。

前几年因为工作调动，朋友把当时上三年级的孩子送进了寄宿学校。

没想到短短几年时间，孩子的性格发生了翻天覆地的变化。

对父母很平淡，甚至生疏，就像陌生人一样，保持着应有的客气和礼貌。但是做事十分粗鲁，完全不考虑别人的感受，甚至打游戏的时候满嘴脏话，毫无素质。

孩子的心理发展都具有不可逆性，一旦孩子错过了亲密的亲子关系的建设时期，家长想要弥补，真的很难。

甲方委员倪闽景：

@主持人　现在有一个关键问题：讨论情境究竟是小学前、初中前，还是高中前、大学前？我相信如果讨论学龄前儿童的寄宿问题就没有意义。如果不是父母实在没有办法，绝对不会把孩子送去寄宿的。高中和大学阶段的寄宿共识也比较强。

主持人朱永新：

我们不讨论学前教育阶段、高中和大学阶段。主要针对义务教育阶段。

甲方委员张兴赢：

有一个条件是现今独生子女家庭所缺乏的，那就是同龄人的紧密接触和互动。

主持人朱永新：

@倪闽景委员　有委员说，大家千万不要认为不寄宿，孩子和父母一直在一起，亲子关系就必然会好。他那边有大量的反例。——其实，疫情期间亲子关系更紧张，跳楼的孩子增多的数据也证明了这一点。高质量陪伴的问题值得重视。

甲方委员扎西：

实行寄宿制，对学生来讲，家校之间往返的辛苦减少，不用担心迟到，也没必要早退，可以安心学习。

甲方委员张兴赢：

一位老师告诉我，她所在的学校既有走读生，也有寄宿生，根据她的观察，寄宿的孩子之间的友谊是不一样的，他们互相更默契，感情更深厚，相互间更能包容、体谅、支持、爱护。走读生间的感情就要肤浅得多，打打闹闹之余谈不上更深的交流。

寄宿学校的优点：

1. 培养孩子的独立能力，孩子在家中难以管束。

让孩子在合适的年龄寄宿在学校，对于培养孩子独立能力是一个很好的办法。比如用洗衣机洗衣服的时候怎么把衣服分类。但是到了寄宿学校，孩子不得不自己想办法搞定这些事情，自理能力就会提高很多。此外，孩子经常要自己乘火车、搭飞机，着手处理一些跟爸爸妈妈在一起时不需要处理的事情，久而久之，就会变得成熟、独立。

2. 丰富完备的学校设施。

孩子在寄宿学校里参加活动比较方便，各方面都可以得到较好的发展。学校的图书馆、自习室等都为孩子提供了天然的学习环境。孩子全天在校，不用浪费太多时间在上学、放学的路上，而且方便跟同学、老师交流，有利于提高孩子的成绩。

3. 发展社交能力，学会与人相处。

孩子在寄宿学校里，由于跟其他同学住在一起，就必须要学会合群，必须要具备团队精神。性格自私、孤立的孩子，很难在团队里成长、生活，这样无形中就培养出了孩子的社会交往能力、沟通能力和团队精神。作为寄宿生，孩子在学校里没有依靠，唯有老师和同学才是他们最信赖的人，他们会改变在家的生活方式，在集体生活中学会宽容，学会沟通交流，提升合作意识。

4. 有利于家长事业的发展。

现在社会生活节奏快，工作压力大，孩子在寄宿学校学习，解决了家长的后顾之忧。孩子上寄宿制学校住在学校，从生活起居、饮食营养，到体育锻炼、学习辅导，都有专职人员管理。这样就省去了家长早、中、晚接送孩子之苦，免去了为孩子一日三餐的劳作之累。家长就有了更多属于自己支配的时间，有利于家长的事业发展。

乙方委员雷鸣强：

我同意寄宿制有这些好处，但这些好处非寄宿制也是可以发挥出来的。这就要改造优化家庭教育。

我给“住家上学”家庭的建议：

1. 家长要提高自身的教育能力素质，与孩子一起成长，不要把第一教师的职责让给“寄宿制”。

2. 家长要和孩子多沟通，充分发挥“亲情育人”的作用，不要浪费了亲子教育的巨大资源。

3. 家长对孩子爱有度、严有度，要有家务劳动、家庭参与，从而培养自立的意识和能力。

4. 鼓励孩子与学校同学、社区同伴合作学习玩耍，从而培养集体意识和能力。

甲方委员倪闽景：

义务教育阶段孩子分小学阶段和初中阶段。我认为小学阶段寄宿弊大于利，初中阶段利大于弊。小学阶段的孩子心理极不成熟，如果在学校里碰到困难，如霸凌等情况，孩子往往无法处理。初中阶段，孩子的成长以同伴之间的学习为主要特征，集体生活更有助于孩子身心成长。特别是独生子女，初中阶段的寄宿对孩子成长更好一些。

乙方委员雷鸣强：

@张兴赢委员　不是“寄宿制”有多好，而是“住家上学”要优化。脑神经科学已证实：如果孩子早期情感发育不良，会直接损害大脑的正常发育，使其结构异常，造成无法逆转的病理性改变。

甲方委员张兴赢：

@雷鸣强委员　这个时代和节奏，父母很难去优化“住家上学”的条件。

孩子去上寄宿学校可以弥补独生子女的缺陷，让孩子从小懂得礼让、懂得协作，具备一定的社交能力。从年龄特点来看，孩子是喜欢和小伙伴在一起玩的。就拿吃饭来说吧，和小伙伴一起吃，会吃得特别香。

乙方委员雷鸣强：

“寄宿制”对孩子的影响：

为事业打拼，不是对孩子撒手的理由。有些家长说："我知道寄宿对孩子不好，但工作实在忙，没办法。"

孩子越小，对父母之爱的要求越多，对相处时间和频次也就要求越多，这是儿童获取安全感的必需。长期寄宿的孩子，潜意识中既害怕被父母抛弃，又对父母有怨恨，所以经常会表现出委屈、拒绝、过度缠绵和不可理喻。

甲方委员倪闽景：

我国今天，一个孩子在家，多个家长关心，造成孩子被关注关心过度的情况。

甲方委员扎西：

实行寄宿制，更能培养孩子的自理能力、自控能力，同学们朝夕相处，更能培养伙伴间的感情，他们在磕磕碰碰中也学到很多知识。这样一起生活学习，容易产生集体意识、团结意识、合作意识。

乙方委员雷鸣强：

美国心理学家曾用猕猴做过一个著名的实验，结果充分证明：早年情感滋润对一个有思维的生命到底有多重要。心理学家把一些幼小的猕猴和母亲隔离开来，在笼子里安装了两个"假妈妈"。其中一个用硬邦邦的钢丝做成，但胸口上有奶瓶，另一个妈妈用绵软的绒布包裹，但没有奶瓶。

按照"有奶就是娘"的常理推断，小猴子应该和有奶的"钢丝妈妈"更亲近。但小猴子只有饿了才靠近钢丝妈妈，一吃完奶，就回到了绒布妈妈身边。这让我们看到小生命内心本能的向往和需要，它们对温暖的依恋和需求甚至超越了食物。更令人警醒的是，这些猕猴成年后，大多数性情冷漠，不会交配或拒绝交配，不能正常融入集体生活中，走路也蹒跚不稳，甚至连叫声都不正常，永远处在猴子社会阶层的最底端。即使通过人工办法让一些母猴怀孕，它们对小猴也冷漠无情，残忍虐待甚至咬死自己的孩子。猕猴的基因和人的基因有94%是相似的。

甲方委员唐江澎：

我们学校是全寄宿制高中。我暂不展开讨论小学、初中阶段学生寄宿的利弊问题，仅限于讨论高中寄宿制问题。以我们的实践，高中寄宿有以下好处：

1. 学生在宿舍集体生活中更多学会了与人相处的方法，解决了独生子女缺少密切共同生活伙伴带来的成长问题。同处一室的经历对于学生成长，应该是不可或缺的教育。寄宿之初的许多问题，其实来自与人交往的缺失。

2. 更利于养成自立的生活能力。整理床铺、轮值寝室卫生、洗衣服这些在家庭中可能被替代的基本的生活能力与习惯，在寄宿制环境中都会被强化落实。住宿生的生活自理能力明显增强，一些家长也发现，孩子寄宿后回家也会习惯整理、保洁。

3. 寄宿有条件保障足量的运动机会，睡眠应该更充足。寄宿制学校一般晚上 10 点会熄灯就寝，可以保障8 小时睡眠（其实，高中生在家住宿很难做到 10 点就寝）。早上出操，晚上打球、游泳，然后夜自修，往返家校的时间可以用于运动。

4. 学生参与社会实践的机会更多些。我们的宿舍就按照街道社区模式管理，强调面对校园的真实情境，自主建构生活秩序，有学生自办的银行、邮局、融媒体中心、健身房、食品检验检疫中心等，寄宿的学生会有更多时间来管理自己的事儿。

当然，寄宿制管理的空间很大，差异也很大，但不能把一些简单、粗暴、反教育的行为记到寄宿制管理的账下。

乙方委员刘慕仁：

寄宿制所培养的这些能力，等到去读高中、读大学时再培养都不迟。而孩子在这个阶段去寄宿失去的是不能弥补的亲情养成。

甲方委员丁元竹：

事实上，寄宿好坏是建立在各自的条件基础上的。教育环境、个人家庭环境没有使大家能够公平选择寄宿或不寄宿的能力，这是需要认真研究的一个问题。

甲方委员倪闽景：

上海义务教育阶段寄宿情况很少，比例极低。我想大城市普遍是这种情况。而农村地区、中西部地区义务教育阶段寄宿相对普遍一些，主要问题是家离学校太远了，不得不寄宿。这个寄宿的好处有三：一是让孩子有充分的休息时间。二是农村家庭父母外出打工比例较高，寄宿孩子可以得到更多照顾。三是学校条件普遍好于农村家庭，有助于孩子提升学业成绩。寄宿绝对不是有利有弊的问题，很多时候是没有其他选项的问题。我去过一个中西部地区的九年一贯制学校，一个床睡两个孩子。还有男女学生混住的情况，弟弟跟着姐姐一起住。

主持人朱永新：

今天主要讨论小学和初中。我们也可以就不同阶段寄宿制的利弊，以及如何扬长避短，办好寄宿制学校，尤其是乡村中小学的寄宿制学校，提一些政策性建议。

乙方委员雷鸣强：

应该肯定寄宿学校存在的独特意义和价值，但毕竟是少数和非常态。

怎么看现有的寄宿制学校、园所？

一些农村和城市的寄宿制学校、园所的建设发展，有其必然性和合理性，但总体比例较低。

1. 解决农村学校学生远距离上学不方便问题。

2. 解决家长工作生活发展与教育管理孩子的时间矛盾问题，方便群众，减少成本。

3. 解决部分问题家庭（单亲、贫困、分居、病残）教育、管理孩子的困难问题。

4. 解决部分高收入、高期待“望子成龙”家庭，把教育孩子的职责交给“高水平的人”。

@倪闽景委员　要注意的是，这是次优解。

我提三个建议给寄宿制学校（三个改造）：

1. 寄宿制学校家庭化改造，用亲情、友情、师心去营造温暖的大家庭，弥补学生家庭生活情感之缺。

2. 寄宿制学校社会化改造，走出去、迎进来，线上、线下，为学生提供丰富的社会生活，弥补学校“三点一线”单调生活的缺陷。

3. 寄宿制学校个性化改造，为每位学生配好责任教师、生活老师，关注每个孩子的不同特点需求，针对性地联系家长、整合教育资源服务孩子的个性成长。

甲方委员倪闽景：

国家要对农村地区寄宿制学校加强投入，要提高洗澡、食堂等设施设备的建设标准，增加学校图书馆的藏书量，把寄宿当成一门课程去研究。

主持人朱永新：

我们的讨论，从利与弊走向如何把寄宿制办得更好的建议，更符合政协工作的定位。分析利弊，是为了存利去弊。乙方委员提出的家庭化改造、社会化改造、个性化改造，甲方委员提出的把寄宿制当作课程，提高农村寄宿制学校建设标准，都是很好的建议。

甲方委员丁元竹：

出现寄宿制学校的另外一个原因就是很多农村“空心化”，家长到外地打工，村子里只有老年人和孩子，而且孩子也不多，有的村子只有几个孩子，办不了学校，所以要集中办学，就出现了寄宿，这是中国由传统社会向现代社会转型过程中的现象。要有这样一个历史视野来看西部地区农村的寄宿学校。

甲方委员倪闽景：

大城市的家长讨论要不要把孩子送去寄宿，往往是孩子要么出了什么状况，要么是自己实在没法照顾。而农村地区孩子寄宿往往是唯一选择。国家有责任让寄宿好的一面产生更大的效益。

乙方委员郭媛媛：

同意在正常情况下，小学孩子走读好。“住家走读”与“寄宿制”共同努力，持续优化。

甲方委员倪闽景：

寄宿的孩子需要加强和家长的联系，学校可以设更多的视频室，让孩子和家长远程视频。城市里学校如果有条件，不妨让学生在义务教育阶段有一段时间的寄宿体验，让孩子体会一下独立生活、集体生活的感觉。

乙方委员阎晓宏：

寄宿制有些是家长工作压力大，也不排除推脱责任。如果寄宿制的教师资源跟不上，问题是比较大的，一管之见。

甲方委员唐江澎：

寄宿制学校管理的关键与难点是教师住校问题，没有教师的陪伴，寄宿制学校很难办好。我去看新加坡的寄宿学校，在宿舍建设上就是鼓励教师家庭入住：中间套房为教师家，旁边各五间宿舍构成一个居家单元。

寄宿制学校班主任非常辛苦，如果能举家迁入宿舍，可以解决许多问题。

主持人朱永新：

这是一个值得借鉴的好办法！

乙方委员雷鸣强：

寄宿制的家庭化改造。

甲方委员倪闽景：

西方发达国家寄宿学校形成了十分专业的课程化设计，宿舍老师是水平极高的教育者。我们这方面差距是很大的。

乙方委员雷鸣强：

总的来看：

1. 寄宿制有利有弊，弊大于利。

2. 在早期，亲子关系比同伴关系重要，情感依恋的满足比拔苗助长式的自立自强意识更重要。

3. 寄宿制是特殊产物，次优选择，住家上学是常态，最优选择。

4. 住家上学，要学习“寄宿制的优长”，培育自主自立、集体合作。

5. 寄宿制，要学习“住家上学的优长”，让孩子们拥有大家庭的温暖。

主持人朱永新：

这些弊有没有办法去除或者减弱？如果有，是否可以说利大于弊？

乙方委员雷鸣强：

走读制、寄宿制各有利弊，要相互学习，扬长避短。

乙方委员张嘉极：

建议把辩证法时刻用作研究问题的方法。年纪越小，越不要寄宿。年纪大了，应该争取寄宿经历。但这并不是说学生时期都要寄宿。有些情况下寄宿是不得已，有些情况下寄宿是帮助孩子更好成长的选择。弱点的学生如果寄宿会被欺侮，长期受到伤害，那么寄宿制的优点就体现不出来。所以，这个问题应该具体问题具体分析，提出一些更加具体灵活多样的观点和选择办法。不能非黑即白的简单化。寄宿的优点是什么，和缺点都摆出来了，我们就得研究防止寄宿的消极因素的办法。走读的学生好处在哪，也说得明明白白，就得研究帮助家长避免溺爱等毛病的方法。

主持人朱永新：

今天晚上的讨论很热烈，也很有意思，感谢各位委员的积极参与。总的来说，虽然委员们有不同的观点，有人认为利大于弊，有人认为弊大于利，但是更多的是共识：

1. 不同的阶段，寄宿制的意义不一样。总的来说，小学阶段除非不得已，还是不寄宿为好。儿童成长的关键时期，父母应该尽可能多地陪伴孩子。毕竟，人生真正能够与孩子一起生活的时间并不多。初高中尤其高中阶段，寄宿制有一定优势。

2. 不同的孩子，寄宿制的意义也不一样。不是所有孩子都适合寄宿制学校。如有的孩子依恋感很强，对寄宿制学校难以适应。

3. 要努力办好农村寄宿制学校，提高硬件建设的水平，保证基本的洗澡等生活设备，保证教师的配备。可以借鉴新加坡的做法，采取教师家庭进入寄宿制学校。

4. 父母不能一送了之，而应该努力与孩子保持密切的联系与情感沟通。不是纯粹为了省事把孩子送到寄宿制学校。

我们今天的讨论就到这里。感谢各位委员的热情参与、踊跃发言。

3

家庭教育中要不要惩罚

时间：2020 年 12 月 3 日 20：00—21：30

召集人：丁　伟　主持人：朱永新

召集人丁伟：

今晚 8 点，全国政协常委、副秘书长朱永新将继续主持围绕家庭教育热点问题的第三次讨论。

今晚的主题是：家庭教育中要不要惩罚？

欢迎委员们积极参与讨论。

主持人朱永新：

“不打不成才，一打分数来”“棍棒底下出孝子”“对孩子就是要严加管教”“严是爱，松是害，不打不骂难成才”，这是许多主张对孩子严加管教的人经常挂在嘴上的话，甚至还是许多父母教育的经验之谈。

那么，家庭教育究竟是要严格还是要宽松？

惩罚和奖励在家庭教育中究竟具有什么样的作用？

现在很多教育理论都提倡无条件的爱和接纳，反对家庭教育中惩罚孩子。但实际教育中又发现表扬和鼓励并不能搞定一切。到底家庭教育中要不要惩罚？今天，我们将就此展开讨论和争辩。

甲方：家庭教育中不要惩罚。

乙方：家庭教育中需要惩罚。

甲方委员扎西：

惩罚是不理智、不理解、不细心的表现，是家长拔苗助长、急于求成心态下最糟糕的方法。

乙方委员张兴赢：

奖惩是促进孩子发展的有力手段，适度的奖惩有利于孩子的发展，促进孩子身心的健康。现在家家户户几乎都只有一个孩子，长辈们恨不得把自己所有的东西都掏出来给他们。“不打不成才”“棍棒底下出孝子”“三天不打，上房揭瓦”，这些中国传统的家庭教育方式，在现如今已经被很多人否定。但是我觉得，孩子犯错后，家长还是应该适度给予惩罚，否则由于家长们对孩子的宠爱，孩子免不了产生骄纵或任性的坏习惯。所以我认为家长采取适度合理的惩罚来约束孩子的行为，让他们摆脱不好的习性，能够促进孩子更好地成长。

主持人朱永新：

@张兴赢委员　何为适度？

乙方委员张兴赢：

惩罚得太狠了害怕伤害到孩子，效果反而更不好；惩罚得太轻达不到约束的效果，孩子不会认识到自己的错误。而一些简单的“体罚”项目不仅可以让孩子长记性，还能最大限度地保护孩子。比如说，家长们可以采用罚坐的方式，让孩子们拿着软垫或者小板凳坐在角落里 15—20 分钟，这样既能让他们知道错误，又不会伤害到他们。

家长们还可以通过让孩子做家务来惩罚他们，这样孩子可以帮大人分担家务，还能培养他们的动手能力，也达到了惩戒的目的，一箭三雕，可以说是非常安全又科学的惩罚方式。

当然，家长们在这时也要注意，一定要让孩子做他们力所能及的事情，不要贸然让他们接触到火、危险品等物品，以免造成伤害。

家庭教育中，惩罚教育是很有必要的、不可缺少的。中国青少年研究中心副主任孙云晓认为，在提倡表扬、奖励、赏识的同时，不应该忽视“惩罚”在教育中的积极作用。让孩子在成长方法中，懂得为自己的过失负责，感到一种责任。一个能承担责任的人，才是现代人。他认为，教育本就是十八般武艺的综合结果，表扬批评奖励惩罚，什么都应该有。没有惩罚的教育是不完整的教育，没有惩罚的教育是一种虚弱的教育、脆弱的教育、不负责任的教育。此言甚善！

主持人朱永新：

在学校教育中，奖励与惩罚是一对常用的、行之有效的方法。它用肯定或否定的评价，来巩固和发展学生的优良行为或克服和改正学生的不良行为。奖励是一种阳性强化，分赞许、表扬、奖赏等；惩罚是一种阴性强化，分批评、劝告、指责、申斥、警告、记过、留校察看、勒令退学、开除等。

我不赞成学校罚钱的做法。在以上惩罚的过程中，有两条未被包括：一是罚钱，二是体罚。罚钱又叫“经济制裁”，在有些学校里仍然还在使用，如有些学校规定，上课讲话罚多少，迟到早退罚多少，打架骂人罚多少……我认为，第一，罚钱是绝不可以在校园中存在的。罚钱其实不是罚学生，而是罚家长。罚了钱，孩子自然要挨家长的打骂训斥，这是借家长的手打孩子。第二，罚钱使孩子幼小的心灵蒙上了“金钱万能”的阴影，感受到钱的威力无边，崇拜金钱，甚至会不择手段去寻钱。第三，罚钱要有人监督，所以班干部往往就专门盯住谁犯错谁有过，而不去认真听讲，不去关注学习本身。

但是，在家庭教育中，是否可以用金钱的杠杆呢？

如果罚钱不行，体罚行否？答曰：更不行。我认为学校教育不能够体罚。体罚是无能的表现。一般说来，体罚会在三种情况下出现：一是说而不服，管而不理，教育方法“失灵”；二是教师情绪不好时的冲动，难以控制自己的行为；三是坚信体罚能解决问题，消除危机。——那么家庭教育能不能体罚？

我还是认为体罚是不能应用于教育的。第一，体罚并不能使学生真正心悦诚服，不能从根本上感化学生的心灵。俄国教育家皮罗果夫说过一段很有意思的话：“抽打，是为激发人的羞愧感而采用的一种过于粗暴的强制手段。而羞愧感是一种在温室里培育出来的娇嫩的花朵。它一旦落入粗暴之手，就会立即枯萎。抽打会使人产生恐惧，这是无疑的，但是这种恐惧并不能起感化作用，也是靠不住的，它只能掩盖内心的邪恶。抽打只能改造那些精神脆弱的，用甚至不那么危险的方法也可以改造过来的人。”

第二，体罚往往使人自暴自弃，滋长仇恨心理。明代教育家王守仁也有精彩的论述：“鞭挞绳缚，若待拘囚。彼视学舍如囹狱而不肯入，视师长如寇仇而不欲见，窥避掩覆以遂嬉游，设诈饰诡以肆其顽鄙。偷薄庸劣，日趋下流。是盖驱之于恶而求其为善也，何可得乎？”

第三，体罚往往容易使学生模仿暴力。当他成年以后，或者当他们面对比自己更弱小的教育对象时，会毫不犹豫地挥拳相向。

乙方委员雷鸣强：

@主持人　看怎么定义体罚，如打手心、刮鼻子等轻度不伤害身体的身体处罚是可以的。

主持人朱永新：

也有一些国家甚至允许学校运用体罚。如新加坡教育部规定，中小学的校长、副校长和纪律事务长有权对学生实行体罚，其方式是用尺子或藤条来轻打学生的手掌或臀部。

乙方委员倪闽景：

有教育必有惩罚，家庭教育也是。家庭教育的惩罚一方面有传统的习惯，同时也有法律方面对孩子保护的问题。

主持人朱永新：

委员们都同意奖励与惩罚，但是要“适度”。问题是“适度”的度是很难把握的。

甲方委员王欢：

很多家长在看到孩子犯错的时候都会很紧张，担心孩子养成坏习惯，以后还会犯错，然后就会自然而然地想用惩罚的方式让孩子“长长记性”。但是我们会发现，有时候惩罚完了，孩子该犯错还是犯错，这是为什么呢？

因为孩子没能理解自己犯错了这件事，而是感受到了平时最爱的父母对他的不理解、不认可，甚至批评、贬低、打骂等，他们会和父母对抗，小孩子没办法正面对抗，也会背地里对抗，对抗的结果是什么？亲子关系下降，孩子故意犯错气家长，等等。孩子被情绪影响的时候，讲任何道理都是不管用的。

那在孩子犯错的时候，我们家长该怎么办呢？

第一，我们要先安抚和处理孩子的情绪。

孩子本身也是有羞耻心的，他自己本意也不想犯错，也想做一个好孩子，我们要理解孩子，在孩子平复情绪后，再教育孩子。

第二，让孩子体验犯错的自然后果。

我们要把孩子当作独立的个体，他犯错了，要让他自己体验自己错误行为的自然后果，比如他对人不礼貌，那就让他体验别人对他态度差的反馈。如果有些事情没有合适的自然后果让他体验，我们可以适当让他体验家长的惩罚。这个惩罚要让孩子明白，是他犯错行为的后果，而不是父母不爱你了。在这个时候父母要避免严厉和带有贬低的惩罚。

这样，孩子就能知道自己的犯错行为不受欢迎，会有不良后果，他就会约束自己的行为了。

乙方委员任芳：

教育不是简单的说教，孩子对行为结果的直观感知是成长必不可少的，我们教育并不能仅仅是鼓励、正向激励，孩子错误行为的不良后果，对孩子来说更有教育意义。奖惩并施，掌握好度，才能让教育有效果。实践教育环节是我们现在教育中的薄弱部分，孩子们只想成功，不知道失败也是正常的结果，也是现在孩子抗败能力弱的原因之一。适度的惩罚，就像良药苦口，泡在蜜罐子里的孩子，经不住风雨，既不利于成才，也不利于成人。

甲方委员扎西：

用细心、耐心、宽心、爱心来教育，不需要打一鞭一棒，牦牛都可以引到山顶，何况聪明的孩子。

乙方委员倪闽景：

这个问题不如引申为如果孩子犯了错误，家长该怎么办？

主持人朱永新：

有道理。这里理解的惩罚，已经集中到怎样惩罚了。

甲方委员王欢：

工作中见到以暴力教育孩子的，孩子也只会模仿大人与小伙伴用武力交流。

主持人朱永新：

是的。如果用体罚教育孩子，只能让孩子学会用暴力解决问题。

即使是法律“允许”体罚的新加坡，也对体罚做了许多限定，如规定体罚只能作为教育的最后手段用于男生（也就是说不允许体罚女生）；抽打体罚时必须有第二位教师在场做证，详细记录学生的错误行为，执行体罚的时间和执行人的姓名；要将体罚事因通知家长；等等。这样一来，可能真正实施体罚时已经怒气全消了。

乙方委员任芳：

惩罚的方式有很多，体罚和罚款都不可取，学校和家庭教育中可以用积分的方式奖励和惩罚，分高了就全家出去游玩，分低了就一起努力补上。惩罚也是让孩子为自己的言行负责任的教育。

乙方委员雷鸣强：

18 世纪法国教育家卢梭认为：“儿童所受到的惩罚，只应是他的过失招来的自然后果。”这就是卢梭的“自然惩罚法则”，是世界教育史上的一个里程碑。

自然惩罚法则的含义是：当孩子在行为上犯了错误，父母不应对孩子进行过多的指责，而应让孩子自己承受错误直接造成的后果，给孩子以心理惩罚，使孩子在承受后果的同时感受心情的不愉快，甚至是痛苦，从而让孩子自我反省，自觉弥补过失，纠正错误。这种方法也叫“冷处理”。

主持人朱永新：

看来除了主张可以用打手心、刮鼻子等轻微体罚外，大家对于体罚和罚款都不赞成。其他有没有同意使用体罚和罚款的委员？

乙方委员任芳：

尊重每个年龄段的特点，采取适合的奖励和惩罚，从小让孩子在公平公正的环境下长大，有利于正直人格的形成。

甲方委员张连起：

人们都说“幸福的家庭都是相同的，不幸的家庭各有各的不幸”（引自列夫·托尔斯泰）。但是事实恰好相反。不幸的人都是一样的，而幸福的人各有各的幸福。为什么？因为不幸的人都在走别人的路，而幸福的人都在另辟蹊径。

当每个人都被鼓励去寻找自己最大的亮点，施展自己最大的优势时，一个社会的创造力就会被发挥到极致。而当大多数孩子都在同一个标准面前踩踏式竞争，忙得根本没有时间探索自己的兴趣，他就很难出彩。他可能因为强大的外在压力而做到及格，甚至良好，但是因为缺乏内在的热情，他很难做到优秀、做到极致。

好的教育重要的不是“自然惩罚”，而是引领。学生从小都在流水线上长大，真的不知道下了流水线应该干什么。在成长的过程中，社会、父母、老师为学生竖立各种前进的路标，向前、左拐、右拐，突然有一天把方向盘交出去了，学生往往不知道怎么办。

乙方委员郭媛媛：

家庭教育中，需要有惩罚教育，但不是棍棒惩罚，而要注意有理、有节，是让孩子能服的惩罚。

我们国家的家庭教育，有时爸妈是缺少用心和策略的，常常也是依据本能去带孩子、教孩子，没有做到成人、大人的模样、榜样，采用孩子信服的方式。所采用的惩罚方式，也就缺乏智慧和隔着距离的冷静。

乙方委员倪闽景：

教育惩罚的目的是让孩子知道自己错了，而现在大部分的惩罚，都是家长一时气愤没控制住自己。面对犯错误的孩子，很多年轻家长也确实没有很好的办法去解决。有家长对我说，先打了再说。难道看到孩子不对还要笑脸相迎吗？很多时候，家长觉得讲道理没用，甚至讲不过孩子，先打了让孩子口服再说。

主持人朱永新：

引领比惩罚更重要，可以有惩罚教育，不能够有棍棒惩罚。

乙方委员雷鸣强：

不提倡体罚，尽量少用体罚，禁止严重体罚，但也不拒绝轻微体罚。

主持人朱永新：

家庭教育中最难掌握的就是这个“度”。我曾经说过“体罚近乎无能”。可能武断了一些，但是，我是坚决反对体罚孩子的。不体罚，不等于没有惩罚。

如果所有父母认同不体罚的做法，就会用心寻找比体罚更有效的方法。

乙方委员雷鸣强：

如何运用自然后果惩罚法，让错误成为孩子成长的催化剂？

1. 让孩子对自己的行为负责。在这种方法运用的过程中，父母要尽量减少对孩子的干涉，让孩子自己选择，他会在实践中尝到自己选择的后果。

2. 父母可以提醒孩子，但不要教训孩子。

3. 父母态度坚决，同时要充满爱心。

4. 引导孩子预见事情的后果。

5. 给孩子积累经验的机会并让孩子学会总结经验。

甲方委员王欢：

有人讲，一个孩子的素养与妈妈的声调成正比。更何况家长还举起了要打孩子的手。

主持人朱永新：

@王欢委员　您是说，孩子的素养好，妈妈的声调高还是低？

甲方委员王欢：

妈妈的声调应该平和。

乙方委员倪闽景：

有三种家长。宽容型：父母试图对孩子不加惩罚并接受孩子。专制型：父母试图根据既定的行为标准来塑造和控制孩子。权威型：父母试图理性地引导孩子。专制型家长往往会采用体罚或比较粗暴的方式。

没有体罚是因为家长还没有碰到所能忍受的极限之事。

体罚是家长最无能的时候，也是最无助的时候。我们反对体罚，但体罚并非都是不对的，否则也不会有“棍棒底下出孝子”的说法了。

体罚是家长宁愿损伤亲子关系也要让孩子知道自己错了的最后办法。

实际上体罚是一种行为控制，其作用远好于用冷暴力的心理控制。你骂孩子半天，你骂的东西孩子会深深记住，你在他屁股上打一顿，他倒不容易记恨。

现在的一个现实问题是，家长不是教育家，碰到孩子犯了十分严重的错误，家长也没法辩过孩子，家长该怎么办？

乙方委员雷鸣强：

中国狼爸，一句话说懂科学体罚。

在摸清孩子犯错的经过、原因、结果，以及耐心细致的口头批评教育无果的前提下，家长气定神闲、拿捏有度，根据孩子的性情性格、言行习惯，参照老祖宗千百年行之有效的优良家训，结合家庭文化背景、经济情况充分讨论、共同商定的适合孩子身心发展变化状况的家规，以极具象征意义的软硬适中的器物作为家法，精准地对3—12岁孩子的手掌心或小腿外侧实施仪式感强、震慑力大、赏罚分明、力度恰到好处，既不损害孩子健康发育，又不挫伤孩子自尊心，让孩子心服口服地形成刻骨铭心的肌肉记忆和下不为例的条件反射式的责罚击打。

主持人朱永新：

其实，家庭教育的冷暴力比体罚更加可怕！

乙方委员雷鸣强：

在生活中，妈妈们免不了因为孩子偶尔调皮捣蛋而发脾气，气急了动手打几下孩子也是常有的事。但是爸爸妈妈们气归气，孩子有些部分绝不能打。会忍不住打孩子的爸爸妈妈可要记好了。

1. 后脑勺。知名神经外科专家说："后脑勺，有人的呼吸中枢在那里，(就是) 延髓，打的时候容易造成呼吸中枢震荡，甚至会引起一些呼吸衰竭的并发症。"

2. 太阳穴。因为它的眶内壁是比较薄的，太阳穴这个位置被打过之后，在震荡的情况下，可能会出现骨折。骨折对视神经发育是不利的，临床上就发现过一巴掌打失明的情况。

3. 拧耳朵。孩子的耳朵被打之后，可能会造成鼓膜穿孔，影响小孩的听力发育。

4. 打屁股。小孩的脊髓和脊柱发育不够健全，打屁股或者打腰部这种情况是不提倡的，因为这容易造成小孩的脊椎损伤。还容易导致孩子到老年的时候脊髓结构不稳定，出现椎间盘突出之类的疾病。

5. 拽头发。家长拽头发时用力过大，易引起孩子头皮化脓、感染。

乙方委员倪闽景：

现在家长很少体罚孩子了，但是孩子跳楼却越来越多了，为什么？是因为孩子感受不到家长对他的爱。过去你哪怕是打孩子，他还是觉得你是爱他的，你是为了他好。

现在你不打他了，他犯了错你对他不理不睬，他觉得在父母眼里根本不重要。父母的惩罚是要让孩子知道自己错了，更要让孩子知道父母亲对他的关切和在意。

体罚的底线是不能伤害孩子，也不是为了自己泄愤。

孩子犯了错，你罚他看书，他就认为看书是惩罚。孩子犯了错，你罚他做家务，他就认为做家务是惩罚。都是有问题的。

最好的惩罚是建立一种规则，让孩子自己惩罚自己。

父母要在孩子犯错后和孩子充分交流，并在孩子认识到自己错误的时候，自己寻找一种惩罚自己的办法。

主持人朱永新：

问题可以进一步聚焦：第一，到底家庭教育能不能惩罚？第二，家庭教育中的惩罚什么样才是适度的？轻微的体罚和经济惩罚行不行？第三，奖励和惩罚在家庭教育中哪个效果更好？

乙方委员雷鸣强：

关于惩罚，著名教育学家马卡连柯曾说过："批评不仅仅是一种手段，更应该是一种艺术，一种智慧。"正所谓无规矩不成方圆，孩子犯了错，肯定要施以不同程度的惩罚。但是很多父母惩罚的目的是让孩子屈服，让孩子认错，他们自己意识不到这一点，于是就陷入了权力之争。

《正面管教》一书讲，只要你和孩子陷入权力之争，孩子就会产生报复行为，下一次还会继续犯错，甚至更严重。所以，采取正确的惩罚手段非常重要，毕竟惩罚孩子的目的是让他改善，而不是强化错误的行为。

乙方委员倪闽景：

孩子会有各种各样的错误，也并非所有的错误都需要惩罚。有些事情家长可以装作不知道，给孩子自我修复的机会。

主持人朱永新：

有奖有罚，赏罚分明。但不能乱奖滥罚。教育的最高艺术是无痕，不教之教。

乙方委员雷鸣强：

不管哪种惩罚方式，家长们要明白最终目的是让孩子改正，而不是为了惩罚而惩罚，这就需要家长们把握度，把握原则。

在惩罚的过程中，不能任凭自己的情绪，随意打骂、羞辱孩子，语气要和善而坚定，眼神不带敌意，惩罚内容要贯彻到底。

事后，及时安抚孩子，或拥抱、或微笑，让孩子知道你并没对他失望，他会更有信心。

表扬和惩罚都不是目的，只是手段，爱孩子最好的方式，是协助他成为更好的自己。

甲方委员扎西：

我在平时教学中得出这么一个结论：罚不如奖效果好！比如，学生抄写生字，我开始罚那些没认真抄写作业的同学重新抄几遍，结果总是不理想。后来我就不提罚字了，就对写得好的那些同学说，你们写的怎么怎么好！老师想奖励你们再抄一遍！这样一提，不一样的效果马上从学生们的脸上露出来了。写得好的那些同学更有兴致，没受奖励的那些同学开始注意了！坚持这样，后来全班同学都养成一个认真写作业的习惯，学习也不再看成差事。

本身“罚”就是消极的、“奖”就是积极的名词。我们要用积极的态度来教育好孩子们。

主持人朱永新：

其实，教育的最大困难就是不确定性。每个孩子都不一样，同样的表现原因不一样，同样的方式效果不一样，关键在度。不要迷信惩罚，更不要迷信棍子！

乙方委员倪闽景：

不同的孩子、不同的情况需要不一样的办法。

棍棒是家长最无能、最无助时候的选择，还是请家长保留这个最后的办法吧。

主持人朱永新：

时间过得真快啊！今天晚上的讨论仍然很热烈，也很有意思，感谢各位委员的积极参与。

总的来说，今天的观点更趋平和、一致。虽然一部分委员认为家庭教育应该有惩罚，也有委员不主张家庭教育的惩罚，但是更多的是共识，强调的是适度。

1. 家庭教育需要奖励与惩罚。奖励与惩罚是教育的手段。奖励为主，惩罚为辅。

2. 家庭教育一般不应该用体罚和经济惩罚。

3. 教育无定法。虎妈能够成功，猫爸效果也很好。无论是严管，还是宽教，要看哪种方法更适合孩子的成长。父母一旦没有更好的办法，就会像很多教师一样，认为只要通过严格管理、反复操练，孩子就能够取得较好的成绩，否则孩子就不会自觉，不会努力。事实上，并不是所有的孩子都是一样的。

4. 教育最怕的就是走极端。中国中庸的教育模式，不剑走偏锋，还是更符合人性，更符合教育的规律。如果真的把孩子逼得太死，逼得太严，反而会导致教育的悲剧。

5. 教育是心灵的艺术，只有心与心面对、心与心交融，才能取得真正的实效。皮肉之苦，只能是饮鸩止渴。

今天的讨论就到这里。感谢各位委员的热情参与、踊跃发言。

4

中小学阶段出国留学的利与弊

时间：2020 年 12 月 4 日　20：00—21：30

召集人：丁　伟　主持人：朱永新

召集人丁伟：

今晚“家庭教育主题周”的讨论主题是：“中小学阶段出国留学的利与弊。”这个问题是千万个家庭和家长面临的困难选择。期待委员们就此各抒己见，提供有价值的观点和指导。

主持人朱永新：

中国国门刚刚打开的时候，庚子赔款就送了一批小留学生出国。

改革开放以后，出国留学低龄化的趋势有增无减。

孩子究竟什么时间出国留学更合适？究竟什么样的孩子适合出国留学？

面对当前教育的选择越来越多元化、国际化，出国留学的学生当中，低龄化现象越来越普遍。对于处于中小学阶段的学生及其家长来说，出国留学的利弊何在？如何选择？

今天，我们将就此展开讨论和争辩。

甲方：中小学阶段出国留学好处多。

乙方：中小学阶段出国留学弊端大。

主持人朱永新：

刚刚读完联合国教科文组织原助理总干事唐虔的新著《我在国际组织的25年》，其中谈到19世纪清廷的“幼童留美”。从1872年开始，由容闳倡议，在重臣曾国藩和李鸿章的支持下，清政府先后派出四批共120名学生赴美留学，这批学生出洋时的平均年龄只有12岁，是中国历史上最早的官派留学生，史称“幼童留美”。他祖父的堂叔唐绍仪就是其中之一，里面还有一位幼童唐国安，也来自唐家湾，后来是创办清华大学的首任校长。唐绍仪留美七年，念完中学后进入哥伦比亚大学，直到1881年清廷将当年的这120个幼童悉数召回。回国后唐绍仪的才干颇得袁世凯赏识，孙中山对这位同乡也非常敬重。袁世凯成为中华民国临时大总统后，唐绍仪成为中华民国第一任内阁总理。卸任中华民国内阁总理之后，唐绍仪曾经任中山县县长。毛泽东主席曾经几次公开拿“唐绍仪当了总理再当县长”的例子教育干部要能上能下。

这是一个小留学生成功的案例。

甲方委员王欢：

我认为中小学阶段出国留学好处多。

目前，随着各国之间文化传播速度的加快，跨文化交流已经成为我们这个时代的重要特征，任何国家、民族、机构和个人都要面临这一时代特征所提出的挑战。面对开放的世界和多元的思想文化，如何了解异域文化，发扬本国文化，提高跨文化能力是时代提出的要求。

《2020中国留学白皮书》显示：部分家长选择低龄留学，让孩子在国外读高中，甚至初中、小学。近些年，低龄留学有着明显上升的趋势。有媒体报道，英国私校国际学生超过在校学生的四成，其中大部分的海外寄宿学生来自中国。

可见，已有越来越多的家长选择在中小学阶段送孩子出国留学，下面对中小学阶段出国留学的好处进行浅析：

1. 个人能力。环境适应力（承压能力、自我调控能力、自我审视能力）、学习能力（以学习兴趣为主）显著提高。根据中小学生的年龄特点及认知特征，这一阶段的学生能够快速适应新的学习、生活环境，能够快速掌握新知识并易形成长期记忆。同时，低龄学生在语言学习上具有绝对的优势，能够较快适应非母语的语言环境。中小学留学生尤其是中学阶段留学生，大部分独自在异国学习生活，这就需要较强的自理能力与基本的家务能力。例如，打扫房间、缴纳生活费用、洗衣做饭等，这充分地锻炼了留学生的独立能力。

2. 社会能力。有利于发展团队能力、交际能力、批判能力、宽容、移情能力。中小学生的思维一般还未形成定式，在此阶段接受不同文化的教育、体验不同文化环境的生活，走出“舒适圈”，从而培养思维的多样性与创造力的多元性。中西方人们的思维方式存在一定差异，中小学阶段孩子思维还未形成固化模式，可塑性较强。通过与他国学生交流共事可产生不同思维的碰撞，能够了解彼此思维方式下的优势与不足，使孩子既保持自身的特性，又能更好地融合到文化全球化的趋势之中，一举多得。留学生常与不同国家的学生相处、交流，能够在日常生活中见识不同的文化、习俗、宗教，亲身感受不同文化的碰撞，用开放、平等的眼光看世界，这十分有利于培养孩子全球化的视野和更加全面化的世界观。北京大学“低龄留学与高中教育国际化”课题组的研究发现，出国留学的投资思维正在向消费思维转变，“培养国际视野”和“体验异国生活文化”是高中学生及其家庭选择出国留学的最重要的两项原因。

3. 后续发展空间。某一领域的专业能力、专业职业基础知识、传授知识的能力相对突出。中小学阶段出国留学的学生，大部分将在国外继续完成更高层次的教育。国外的大学一般更偏向于认可本国的教育成果，同时，海外院校的活动经历比国内的活动经历含金量相对高一些。所以，如果有长远留学打算，从中小学阶段就出国留学无疑是更好的选择。中外的教育理念与课程结构存在一定差异，西方发达国家的学校较为注重自我学习，强调生生和师生间的互动。同时，孩子们有更多的时间去追求自己的兴趣爱好和专长。在这样的开放式教学环境中，孩子同时增强了独立思考、展示自我、沟通协作等能力，长此以往，孩子的综合能力必然有一定提高。

乙方委员雷鸣强：

中小学生出国学习，有利有弊，利弊大小因人而异，因家庭而异，但对于大多数孩子、家庭和国家来说，总体来看是“弊大于利”。唐绍仪是特殊孩子、特殊家庭，是“个案”，不是“范例”。

普通孩子过早出国学习，有以下弊端：1. 远离亲情，孤独成长，容易形成自闭性格；2. 放弃国内扎实的基础教育，有点儿得不偿失；3. 过早承受独立生活的压力，容易出现挫败感；4. 过早面对文化冲突的迷茫，容易成为“香蕉人”；5. 多数人难以成为国外学习的佼佼者，可能落入平庸。

此处普通孩子是指自理能力一般，外语水平一般，家庭条件一般的孩子。普通家庭的孩子过早地出国学习对家庭也有很大的弊端：1. 天伦亲情和谐难；2. 高额费用筹措难；3. 望子成龙圆梦难；4. 天各一方团圆难。过早出国学习，对国家来说也有很多的弊端。1. 教育消费的损失；2. 人才智力可能流失；3. 文化认同的“香蕉人现象”可能会突出；4. 大量在国外学习不成功的学生回国，难以安排后续学习教育。

乙方委员刘慕仁：

中小学生出国留学得不到充分的亲情陪伴。家庭经济条件好的，父母中可以有一个出去陪学；经济条件不够好的家庭，父母都离不开，只能让孩子孤独地待在国外，造成孩子长期缺乏亲情陪伴，感受不到父爱或母爱，影响孩子的心理健康，影响孩子形成良好的性格。孩子年纪小，自律性差、是非判断力弱，缺乏亲人照料很容易犯错误。

中小学生出国留学得不到中华文化教育。家长送孩子出去读中小学，自然也就希望孩子在外面读大学，否则孩子回国能否考上大学都是问题。结果造成在三观形成的重要时期，孩子接触和接受的都是外国的文化，失去了接受中华文化教育的机会，使得孩子成了“香蕉人”，回国后很难融入社会，甚至和父母都会产生文化冲突。

中小学生出国留学失去了和国内同伴建立感情和友谊的机会。在人生中，在各种社会关系中，同学的感情和友谊是最难忘、最深厚的。中小学开始就在国外留学，基本上在国内就没有同学，因此失去了重要的人脉关系。良好的人脉关系是事业成功的重要因素。所以中小学就出去留学对今后在国内发展事业所能起到的帮助作用也非常有限。

主持人朱永新：

清朝小留学生回国后总体出类拔萃。电报、船政、机器，乃至政界、军界、知识界、实业界，处处都有他们的身影，而且一些人成为我国矿业、铁路业、电报业的先驱，成为教育、文学、法律、外交、政治界的名流。像京张铁路总工程师詹天佑，开滦煤矿矿冶工程师吴仰曾，天津大学（时称北洋大学）第一任校长蔡绍基，清华大学第一任校长唐国安，中华民国第一任总理唐绍仪，清末交通总长梁敦彦，第一个被允许在美国执业的华人律师张康仁，美国纽约著名的布鲁克林大桥的主要建造者、华人工程师郑廷襄，交通大学创始人梁如浩，宋庆龄的姨父——后来将宋氏三姐妹带出国的温秉忠，这些中国近代历史上响当当的人物，都出自留美幼童。

乙方委员张云勇：

孩子在国外，如果语言不过关，学习起来就非常吃力，很可能掌握不好应该掌握的知识，这就很得不偿失，花了大价钱，但是却没有得到应有的回报。

现在要了解国外，扩大视野，不出国也可以。1. 把发达国家的好经验、好师资、好方法、好课程引进来办国际学校或者办中西结合的学校。2. 通过互联网信息平台把中国的学校和国外的学校联合起来，共享交流。这样又很经济又不怎么花钱，学生可以和父母亲在一起，和祖国的文化在

一起 ，可以培养亲情，可以形成中国心，还可以学习世界的经验，形成国际的眼光。

甲方委员倪闽景：

今天讨论的对家界定应该是离开父母去国外上学的中小学留学生。总体上无论是对国家、对家庭还是孩子我认为都是利大于弊的。

值得我们深思的是，大多数家长也认识到其负面的影响却依然要把孩子送出去，是不是我们的基础教育需要反思。

乙方委员雷鸣强：

出国留学利大于弊还是弊大于利要因人而异、因家庭而异。对于家庭有条件、学生自理能力强、外语好、心理素质较好的可以送到国外去学习。但对于大多数普通中国的家庭和孩子来说，出国常常弊大于利。

主持人朱永新：

今天的讨论有点儿一边倒了，大部分都不主张中小学生出国。那么，1. 如果是你的孩子，你会选择把孩子送出国吗？2. 什么时间出国留学最合适？

乙方委员雷鸣强：

我们承认，出国学习对于部分孩子还是有利的。对孩子个人的利有：1. 逃离应试，回避竞争；2. 增长见识，扩大视野；3. 促进自立，学会生活；4. 兼识中外，宽广成大。

主持人朱永新：

许多人是忍受不了应试教育，选择了中学出国。国外高中教育和大学教育强调素质教育，学生主动积极，出去留学的人大部分认为收获更大。

甲方委员倪闽景：

我们基础教育包容性不够，有些家长希望孩子宽松一点，这样的孩子在国内教育体系下基本上维持不下去。

甲方委员扎西：

一部分有条件的家庭，将自己的子女早点送到国外学习，更能扎实学到外国的一些先进文化科学知识，对个人、国家都会有好处。

主持人朱永新：

也就是说，出国不出国，也要看孩子能不能适应。

甲方委员倪闽景：

也确实有部分孩子出国后很不适应，想要回国，但是这方面的政策储备是不够的。高考考不上，文化有冲突，就业难适应。大学毕业再去留学不迟。

乙方委员雷鸣强：

我们不能不论对象一味地反对过早留学，少数家庭少数孩子出国留学确有好处，关键在于孩子自身和他们的家庭。能够把出国留学的弊端用另外的方式很好地消除。但是，对于普通的孩子和普通的家庭不能够盲目跟风。

甲方委员倪闽景：

@主持人　在这一点上，我认为国家利益和家庭利益是高度一致的。哪怕这个孩子出国不再回来，也是扩大了祖国的影响力。

主持人朱永新：

同意多位委员的观点，关于中小学生留学总体上我是不太支持的。中小学生正是和父母建立亲密关系的重要时期，留在我们身边，我们有机会观察、影响，建立关系。而且，他们的朋友圈也在国内。在国外发展，要进入主流社会，非常困难。

我个人主张，如果有条件的话，在研究生阶段出国留学。

甲方委员倪闽景：

@主持人　如果要融入主流社会，越低龄越能融入。一个家长希望孩子回国，越晚出国留学越能实现目标。现在每年出国留学的学生在六七十万左右（今年疫情原因大概减少了80%），这个群体是我们国家未来发展重要的资源，应该充分重视和研究。研究生出去，要么回国，不回国也很难融入当地的主流社会了。我认为一部分低龄儿童留学是有利于国家发展的，但是对于孩子来说确实风险很大。

乙方委员雷鸣强：

大学之前，可以在国内网上留学，可以在国内上国际学校，可以学习国际课程。等大学世界观确定以后，中国心稳定以后，自立能力更强以后，有了判断能力，再去学习国外的好经验、好技术，形成世界眼光。

培养孩子应该有两颗心，有颗“中国心”，能产“中国芯”，过早出国不利于培养“中国心”，因为一个人的思想感情更多的是早期生活的沉淀，他们很可能有更多的“外国心”。其实也不利于“中国芯”的培养，因为国外的基础教育总体比中国差，而国外的高等教育还是要比中国好一些。如果孩子在中国读基础教育，然后在国外读高等教育，这样扎实的基础，加上国外教育的创新，就有利于形成“中国芯”了。

甲方委员倪闽景：

现在低龄儿童留学已经不限于欧美了，菲律宾、马来西亚，甚至南美比例越来越高，对于将来国家发展是有利的。

这些孩子如果能充分融入当地社会，绝对是有利的。我在区里工作的时候推进过一项战略性工作，就是支持每个国家都有地区的留学生过去学习，鼓励留在当地，对于地区经济发展有意想不到的好处。有些国家总体上不如中国，但是我们的孩子从小和他们的孩子一起学习，其感情因素对于未来发展绝对是有好处的。国际化不应该是欧美化，更应该考虑全球化布局，而这个工作家长竟然在主动推进。

主持人朱永新：

这是把留学与移民结合起来了。大家同意吗？——因为国外的基础教育总体比中国差，而国外的高等教育还是要比中国好一些。

香蕉人又叫 ABC（American-Born Chinese），最初意指出生在美国的华裔人。他们虽然也是黑发黄皮，但不识中文，说一口地道的美国英语。他们自小就受美国文化、美国教育的熏陶，其思维方式、价值观也是完全美国化的，与移民来美的上辈不同。

现在，香蕉人这个概念的范围已经不再限于美国，而扩及整个海外，泛指海外华人移民的第二代、第三代子女。

甲方委员倪闽景：

我前几年去了一些小国家，接待我们的大多是从小留学留在那里的，对于宣传中国文化和“一带一路”绝对是有利的。我不大赞同给小留学生们扣上“香蕉”人的帽子。这些孩子总体上对国家是有感情的。我觉得我们国家应该对这些小留学生有一个制度性的设计。在有些时间点上，可以把这些孩子请回来进行一段时间的教育和培训。

乙方委员刘慕仁：

@倪闽景委员　文化融合是深知自己的文化后才能做到的。自己的文化都不了解，怎么融合啊？

甲方委员倪闽景：

@刘慕仁委员　哪怕只是把中华民族的基因散播过去都是好的。

乙方委员刘慕仁：

@倪闽景委员　要先有自己的文化基因，才能传播自己的基因。

乙方委员雷鸣强：

中国基础教育呼唤大改革：从功利主义教育、应试认知教育、改造塑造教育，走向理想主义教育，务实素质教育、民主交往教育，使中国基础教育有更多中国传统的因素，有西方先进的模式，有中国独创的模式。这样不仅让我们中国的大部分学生不出国，就能学到中国优秀的教育，又能够受到良好的西式教育，还能够让外国的学生到中国来学习传播我们的文化，发展我们的教育产业。

乙方委员叶大波：

今晚讨论有不同观点交锋，很有意义。个人认为，出国留学还是大学毕业后出去读研究生更好些。年龄太小，除远离父母生活没自理能力外，三观尚未形成，他们接受的外国文化，有先进的可借鉴部分，同时也有不少落后的东西，而中国优秀传统文化的熏陶就缺少了，情感上更认同西方文化。除非将来孩子就在国外生活工作或成为 PR 甚至移民，否则回国后各方面都很难适应。前些年还有不少中小学生在西方社会学坏了，还有一些国外学校只是为了赚取中国人的外汇，办学质量值得怀疑。我们见过一些中小留学生回来后不仅专业知识不如国内同龄学生，外语水平也并不怎样，汉语就更生疏了。完全赞同刘慕仁委员看法，连自己的文化都还是一知半解，如何去融合去传播中华文化？当然，凡事不能一概而论，不排除也有少数优秀成功的，但比例应该非常小。赞成大学毕业后再留学更合适。少数高中生当然也可以考虑出去，但应是在国内相当优秀且自律能力很强的学生。

乙方委员任芳：

如果不是因为父母在国外工作，不赞成初中以下低年级学生出国留学，理由有二：1. 初中和小学是孩子打牢母语，建立祖国观念的时期，这时期在国内读书，熟悉的环境与语言，有利于孩子形成有祖国属性的人生观与价值观；2. 低年级孩子需要和家人在一起，建立安全感，亲情关怀下形成健康的身心。高中阶段根据孩子情况，适合国外教育的可以考虑出国读书，但最好有亲友在身边照顾和陪伴，毕竟是未成年人，对于独立生活能力而言，安全感与幸福感还是很重要的。

乙方委员倪闽景：

关于低龄儿童留学利弊问题必须要从家庭、孩子和国家层面来判断。我觉得大家有几个共识：一是低龄儿童出国在世界观和国家认同方面还没有形成，成为香蕉人的可能性会比较大；二是高年级出国留学，比较难以融入当地的主流社会，归国的比例会比较高；三是现在低龄出国的比例越来越高，出国的目的地已经不限于欧美，越来多的家长选择去亚洲、大洋洲、南美洲一些普通国家。

我认为从家庭和孩子角度，低龄儿童留学对于孩子来说困难会多一些，挑战会更大一些，但是低龄儿童在国外学坏的情况毕竟是少数，在国内学坏的比例一点不会低于在国外留学，否则家长是不可能又花钱又冒那么大风险把孩子送出去的。但是从国家发展角度，我认为低龄儿童留学更有利于国家战略，就是因为低龄出国，他们接受了更多当地的文化，交了更多当地的朋友，可以非常好地融入当地社会，这样也可以更好地为中国做工作，做贡献，你不能一方面要求孩子完全认同中国文化，一方面又要他们融入当地社会，这本身是矛盾的。国家一带一路倡议，需要更多的熟悉当地国家法律、文化、掌握基础性关系、完全融入当地政府社会的中国人，在当地的中国人做联系，做工作，肯定比派出去的外交和企业人员工作效果更好，如果这些人我们都不能依靠，难道更想依靠毫无血缘关系的外国人吗？退一万步讲，哪怕是这些孩子对于国家文化不熟悉不认同，中华民族的基因向全世界扩散，都是有战略意义的。更何况留学生的家长还在国内，这个线维系着他们对祖国的感情，实际情况也是，孩子们在国内没有表现出的爱国情怀，在国外到是深深地被激发出来了。

现在每年出国留学的孩子大约有六、七十万，这是我们国家未来发展的宝贵资源，学生回国，为国效力是好的，不回国，在当地工作生活，也是对国家发展是有利的。我们一方面要研究低龄儿童出国家长普遍的困扰，并主动去关心支持，另一方面也要研究这些人如果不回国，是不是也可以创造一些条件，让他们有回国进修和学习的机会，增强对祖国的认同感。同时我们也可以从这些孩子的成长当中，开展基础教育国际比较研究，从而来更好地改进我们的基础教育。家长出钱，我们国家可以得到那么多好处，我觉得千万不要嘲笑这些家长太傻了，我们是不是要反思一下，是不是我们自己太傻了。

主持人朱永新：

时间过得很快，一个半小时的讨论时间转眼就到了。今天晚上的讨论仍然很热烈，也很有意思，感谢各位委员的积极参与。对于准备送孩子出国的家长来说，委员们有很多很好的意见和建议。

讨论中有交流也有交锋，有讨论也有争论。但是也形成了更多的共识。

中小学生出国留学有利有弊。大部分委员认为孩子不宜过早出国留学，还是大学毕业再选择出国留学比较好。理由是：

1. 中小学生正是和父母建立亲密关系的重要时期，留在父母身边，有利于建立亲密关系。

2. 孩子们未来发展的主场在国内，如果过早出国，他们的朋友圈就不在国内。

3. 留在国外发展，要进入主流社会非常困难。

4. 国外留学风险多，出了问题父母无法及时处理。

但是也有人认为，中小学出国对于语言学习、文化适应等有独特的作用。所以，对于那些独立性强、外语基础好、不适应现行国内教育体系的孩子，选择出国也是可以的。出国留学也要因人而异。也有委员建议从国家战略的角度思考这个问题，主动谋划布局中小学生出国的问题。

我们今天的讨论就到这里。感谢各位委员的热情参与、踊跃发言。

5

隔代教育的利与弊

时间：2020 年 12 月 5 日 20：00—21：30

召集人：丁　伟　主持人：朱永新

召集人丁伟：

在连续四个晚上热烈讨论的基础上，今晚 8 点，“家庭教育主题周”将聚焦“隔代教育的利与弊”展开讨论。

欢迎委员们继续积极参与！

主持人朱永新：

爷爷奶奶、姥姥姥爷带孩子好不好？这里有几个来自互联网的段子：

网友 A：哎，我儿子长期把他爷爷当马骑，我觉得不妥，我就说了我儿子。老爸说：老子乐意，关你屁事！

网友 B：儿子小时候，每次我教儿子作业，他不会的我就急，有时候就声音大了点，老爸就在旁边说，“这么晚了，让孩子睡吧”，我说今天不弄明白，到天亮都不要睡。然后老爸干脆就把家里的电闸拉了。

网友 C：老爸病了在医院输液，心情不好不吃不喝。我打电话给媳妇，媳妇一听带着闺女到医院。闺女从小就跟着爷爷奶奶，闺女跟她爷爷说：“你再不吃饭就不跟你玩了。”老爷子一听赶紧起来喝了两碗粥。

网友 D：老妈每天打电话到家里，和小孙子亲热地说许多话。有一天晚上打电话过来，要和小孙子通话，我告诉她孙子睡着了。她马上要挂电话，我说老妈我们聊聊吧，老妈说，和你有什么好聊的？

我现在也是爷爷辈的人了，对“隔代亲”也有着感同身受的体验。我们也经常自嘲地说，没有孙子想孙子，有了孙子自己变成了孙子。

现在，越来越多的年轻夫妇把孩子交给爷爷奶奶、姥姥姥爷抚养，许多远在国外的年轻人，也都把老人接到国外帮助带孩子。受传统观念的影响，加之社会压力的存在，隔代教养的现象在中国的农村、城市普遍存在。对这个大多数中国家庭都无法回避的话题，隔代教养到底是正面优势大还是负面影响大？

今天，我们将就此展开讨论和争辩。

甲方：隔代教养好处多。

乙方：隔代教养弊端多。

乙方委员张兴赢：

当下隔代教育好多家庭都存在，老人对孩子的爱过于厚重，就变成了溺爱。作为父母我们不能把对孩子的教育加到老人身上，我们才是教育孩子的主体，尽量多陪伴孩子，多学习育儿知识。两辈人观念不一样，长辈的教育理念已远远跟不上时代的发展，如果一味按照祖辈的教育理念来教育孩子，那孩子的发展是肯定要滞后于同龄孩子的。

父母是孩子的第一任教师。孩子从一出生，父母就和孩子在一起，孩子的语言文字学习、心理思想态度、行为举止习惯的养成都受到父母的熏陶和感染，其影响作用是非常大的。但是同时家里的老人对孩子的影响也是非常大的。如果祖辈对孩子只是一味地溺爱，没有正确的教育观，不仅会对家长的教育造成阻力，也会影响孩子的成长。

主持人朱永新：

欢迎大家积极参与！爷爷奶奶、爸爸妈妈，每个人都可以有话说。

甲方委员倪闽景：

隔代教养是非常普遍的情况，但更多的时候是父母教养和隔代教养交融的方式，这种方式是中华优秀传统文化，对幼儿成长也是非常有益的，完整的家庭就是祖孙三代同堂其乐融融。

乙方委员张兴赢：

关于孩子的教育，不论任何人，都要明确一个事实：教育孩子永远是他（她）父母的责任，而不是别人的责任，因此我们长辈帮年轻人带孩子一定要明确目的——我们是给人帮忙，而不是越俎代庖，每一代人都有自己的责任。

甲方委员雷鸣强：

隔代教养也称为隔代教育，是指祖辈与孙辈一起生活，并承担抚养教育孙辈的主要或全部责任的教育方式。隔代教养属于家庭教育的一种特殊形式，表述的是原来本属于父辈教养的责任现在由祖辈来承担。

随着社会的变迁，家庭结构不断发生改变，当父母无法亲自照顾子女时，通常会将子女委托给祖父母或外祖父母照顾，这是近年来常见的社会变化趋势。

甲方委员倪闽景：

今天讨论的话题应该是孩子全部或绝大部分时间交给爷爷奶奶辈教养的情况。

甲方委员雷鸣强：

隔代教养的类型。

国内学者顾芬芬（2005）把隔代教育分为四种类型：过分关注型、过分监督型、严厉惩罚型、民主理解型。前面三种隔代教养类型都存在许多不足之处：

1. “过分关注型”是祖辈家长对孙辈呵护备至，代为其劳，这样容易养成孙辈的惰性；

2. “过分监督型”是祖辈家长对孙辈的任何事情都要监督催促，这样就会养成孙辈的依赖性，缺乏信任感；

3. “严厉惩罚型”是祖辈家长对孙辈一贯地责罚、一味地批评，这会使孙辈产生严重的自卑、自闭或叛逆心理；

4. 最后一种是民主理解型隔代教养，也是最为理想的隔代教养类型，但在现实生活中祖辈家长却很少采用。

卢乐珍则将隔代教育分为守旧型、纵容型、身教型和民主型四种。

1. “守旧型隔代教育”，祖辈保持着过时的老观念，只关心孩子物质方面的需求，忽略了孩子在人际交往、意志力等心理发展方面的需要；

2. “纵容型隔代教育”，祖辈毫无原则地袒护包容孩子，极端地溺爱定会让孩子畸形成长；

3. “身教型隔代教育”，祖辈为孩子树立榜样，示范正确的言行举止，孩子在与祖辈的朝夕相处中潜移默化地形成了许多优良品质和生活习惯；

4. “民主型隔代教育”，家庭中所有成员的意见和看法都及时得到交流和反馈，祖辈、父辈及孙辈之间增强了沟通，消除了隔阂。

主持人朱永新：

同意。先设置前提——是孩子全部或绝大部分时间交给爷爷奶奶辈教养的情况。

甲方委员雷鸣强：

1. 现代社会生活节奏加快，竞争越来越激烈，年轻人身上承担着成家立业的重担。他们初为父母，把精力集中在事业上无暇照顾幼儿。而且大多数年轻父母是独生子女，生活自理能力相对较弱，在抚养子女方面缺乏经验，不得不向父母寻求帮助。

2. 我国步入老龄化社会，祖辈拥有充足的时间和精力照顾幼儿，同时又有丰富的生活知识和人生阅历为教育幼儿提供资本。

3. 祖辈帮忙照顾孙辈是中国几千年来的传统习惯。祖辈心疼子女再加上祖孙的血缘关系，老人本能地对孙辈产生关爱之心，主动地承担起照顾孙辈的责任。

主持人朱永新：

在中国，家庭教育有两个独特的现象，是世界范围内其他国家较少出现的，一个是独生子女的教育问题，另一个就是隔代养育的问题。目前，前者由于政策的调整已经逐步成为一个历史的现象，但会在相当长的一段时间内影响中国家庭教育的格局。而后者则既有着深厚的文化传统，又有着现实的生活土壤，是一个需要特别关注的重大家庭教育的理论与实践课题。

为什么会有隔代教养的现象？我认为有以下几个原因。

1. 中国有着重视家庭、重视血缘关系的传统。“不孝有三，无后为大”的观念根深蒂固，传宗接代、天伦之乐、光宗耀祖是中国传统家庭的理想所在。老一辈人经常把孙辈作为自己血脉的传承，觉得自己来日无多，自己的生命正在自己能看得到的最下一代身上延续，这也是老人对于生的愿望的表达，自然对孙辈呵护有加。

2. 中国传统家庭有着“尊老爱幼”、家族内部互相帮助的传统。与西方强调独立的传统不同，中国的老人直接参与和帮助下一代养育子女，是长期形成的文化传统。尤其是在现代社会女性走出家庭，忙于职业事务而无暇顾及养育孩子的时候，祖辈的“替代”养育就成为一件自然而然的事情。

3. 祖辈与孙辈的隔代亲还有一个重要的情感依恋关系。随着生理上的变老，老年人的智力和心理也会童稚化，他们对儿女的控制力逐步减弱，共同语言日益减少，而和孙辈之间则有着更多的天然接近性。事实上，祖辈与孙辈之间的亲密接触，对于解除老年人的寂寞和孤独，焕发他们尚未泯灭的“童心”，具有重要意义。

4. 在贫困山区，外出打工成为农民致富的一条重要途径，农村留守儿童日益增多，对隔代教育起到了推波助澜的作用。

5. 父母离婚、丧偶、受遗弃、滥用药物、情绪或精神异常、得艾滋病、戒毒、入狱服刑等，使其无法教养自己的子女，祖父母则被选择来替代父母照顾孙子女。

6. 祖辈与孙辈的隔代亲，具有一定的互补性。在家庭成员中，最老的和最小的，即将消失的和正在新生的，是两个互相补充、互相吸引的生命，加之在人生最初阶段的朝夕相处，不仅祖辈会表现出主动的“隔代亲”，孙辈的主动依恋也同样非常明显。所以，尽管许多老人经常抱怨孙辈调皮，带起来好累人，其实内心的快乐与充实也更为突出。在离开孙辈的时候，他们往往会极度难受，甚至精神崩溃。

除了前面提到的传统文化背景外，现代中国快速发展的现实也导致了隔代教养在当代中国的新的发展。中国改革开放以来的城市化进程，尤其是工业时代到信息时代的飞速发展，让人们的观念产生了很大的转变。独生子女这代人更注重追求自身价值的实现，他们成为父母后，往往会在自我生存发展和抚养孩子的时间、精力、重心、经验等方面产生矛盾冲突，而祖辈就越来越变成了家庭中子女教养的重要力量，也因此形成了中国式的隔代教养特色。其中最重要的方式，一种是出现在城市里的“老漂”一族，就是祖辈跟子女同住，担负协助隔代教养孙辈的责任；一种是农村的留守一族，子女将孙辈留在或者送回祖辈身边，祖辈完全承担起孙辈的教养责任。

甲方委员雷鸣强：

隔代教养之利如下：

1. 有助于发挥祖辈育儿和人生经验，弥补年轻父母照看幼儿经验的不足。祖辈拥有丰富的育儿经验，对幼儿每个阶段发展的特点比较了解，他们经历过各种锻炼，在社会实践中积淀了丰富的社会经验和人生感悟，这些都是促进幼儿发展和有效处理幼儿教育问题的宝贵经验。而父辈往往在这方面缺乏相关的经验，遇到问题常常出现手忙脚乱的情况。隔代教育让幼儿也让年轻父母获得心理上的支持和情感上的安定。

2. 隔代教育可以为年轻父母解决后顾之忧。“421”的家庭模式意味着年轻人需要承担四位老人以及小孩的责任。他们生活和工作的压力很大。祖辈的悉心照顾可以保障小孩的身体素质和安全，让年轻人全身心地投入到工作中。祖辈的照顾是育儿机构和保姆都无法比拟的，而且祖辈的照顾是不计报酬的，无形中为年轻父母减轻工作上和经济上的后顾之忧。

3. 隔代教育可以丰富老人的生活，缓解老人的孤独感。由于子女忙于工作，没有太多的时间陪伴老人，让老人们产生了孤独感。祖辈抚养孙辈不仅可以让老人消耗空闲时间、缓解孤独感，同时在与幼儿的相处中可以让老人获得生命活力，重新发现自己的价值，保持健康的心态。

4. 有利于优秀文化的传承和发扬。中华民族有着五千年的悠久历史，积攒了丰富多彩的优秀文化。然而这些优秀的传统文化和美德在西方文化的影响下却在逐渐消失。祖辈身上会保留更多的优秀传统文化和美德，在他们的教育下有利于幼儿继承和发扬中国传统文化和美德。

乙方委员张兴赢：

我们今天不是讨论原因，是讨论哪种教育对孩子成长更有利。

甲方委员雷鸣强：

存在的就有合理性，合理的就是利大于弊。

甲方委员倪闽景：

隔代教养最主要的原因是父母亲需要工作，而祖辈恰好有时间。而国外在这方面情况少一些，其原因是养儿期父母一方不工作的比例很高，福利待遇比较好，北欧一些国家生一个孩子，国家补贴甚至可以养全家。而带着孩子上班，单位里提供的服务也比较周到。

主持人朱永新：

我主持的中国教育学会家庭教育专业委员会做了一个《中国城市家庭教养中的祖辈参与问题调查》，报告数据显示，我国有近八成的家庭，是祖辈参与教养的，其中幼儿园前为77.7%，幼儿园期间是72.9%，到小学阶段仍占60.1%，农村祖辈教育更是高达90%以上。我们的调查还表明，中国绝大多数祖辈（93.8%）乐意参与隔代教养（42.6%属于“非常乐意，主动积极要求参与”，51.2%属于“比较乐意”），而“不太乐意”和“非常不乐意”的比例仅为5.7%和0.5%。

任何事物都是具有两面性的，隔代教养也一样。根据参与教养祖辈的自我报告，绝大多数祖辈（98.1%）认为参与教养对祖辈自身具有正面的影响，主要包括：“享受天伦之乐”“增进与子女的代际交流”“增强活力，有利健康”“打发空余时间”“未来更能得到子女的赡养”等；也有半数的祖辈（49.2%）认为参与教养对祖辈自身具有负面的影响，主要包括：“社交和娱乐受限”“增加心理负担”“增加与子女代际冲突”“不利于身体健康”“增加经济压力”“不利于祖辈夫妻关系”等。权衡参与教养对自身的利与弊，52.1%的祖辈认为利大于弊，8%认为弊大于利，39.9%表示“说不清”。

甲方委员倪闽景：

如果纯粹讨论对孩子成长的利弊问题，就好像讨论穷人饿肚子为什么不吃肉。作为一个政协委员是在逃避建言的责任。

主持人朱永新：

先讨论利与弊，再研究如何存利去弊。

乙方委员刘慕仁：

隔代教育会降低年青一代的责任感，教育孩子是所有父母的天职。因此，年轻父母不管怎么忙，都要抽时间与孩子在一起，除非客观条件不允许。把孩子的教育完全交给祖辈，是对孩子不负责任的做法。这将极大地影响孩子的责任心，让孩子缺乏责任感，放任自己。一些调研资料显示，中国有60%以上的失足少年与隔代教育有关。青少年网络成瘾综合征在隔代教育家庭中也呈高发状态。

甲方委员雷鸣强：

隔代教养有四弊：

1. 过分溺爱，不利于幼儿健康成长。现在独生子女家庭非常普遍，祖辈对唯一的幼儿有求必应，希望把全部的爱都给幼儿。过多的爱就会产生溺爱，以至于什么事都替幼儿做好，处处迁就幼儿，导致幼儿出现刁蛮任性、依赖性强以及自理能力低下等问题。

2. 教育方法落后阻碍幼儿成长。祖辈接受的教育相对落后，又故步自封，不愿意接受当今科学的育儿方法，落后保守的教育方法不利于幼儿的成长。在育儿方面，祖辈通常表现出重养育轻教育、重物质轻精神等问题，在他们的观念中只要幼儿身体健康、不存在安全问题就是最佳状态，而且很多老人的文化水平较低甚至没有文化，更不会重视幼儿的教育问题。

3. 阻碍幼儿接受新事物，泯灭幼儿好奇心，不利于幼儿个性的养成。现代社会科学技术日新月异。祖辈受传统思想的束缚，接受新事物的速度较慢，很难对幼儿进行创新教育。当幼儿想要拆开玩具看看里面的构造时，当幼儿想饲养毛毛虫时，祖辈常常是马上中止幼儿的想法。在祖辈眼中乖巧、听话、按部就班才是好孩子，这种教育方式扼杀了幼儿追求新事物的好奇心，不利于幼儿的学习，继而不利于个性的养成。

4. 容易造成亲子隔阂，引发家庭矛盾。幼儿时期父母对幼儿发展的影响具有重要的意义，父母的缺失会导致幼儿心理存在阴影，缺乏对父母的依赖而习惯祖辈的溺爱与庇护会形成父母与幼儿之间的亲子隔阂。当今科学的幼儿教育方法层出不穷，父辈对这些方法深信不疑，而祖辈却认为传统的方法经得起时间的检验，由于两代人教育方法出现了分歧，也容易导致出现家庭矛盾。

隔代教育降低孩子与父母的感情。感情是交流出来的，没有交流感情就会疏远。隔代教育疏远了两代人的感情，造成孩子与父母的感情隔阂，影响孩子大的性格形成。如果祖辈家长对孙辈溺爱和护短，会造成孩子很难接受其父母正常的要求和批评，常常和父母情绪对立，使正常和必要的教育难以进行。

隔代教育降低孩子的社会适应力。隔代教育的许多祖辈家长基本上都已退休。现代社会日新月异，退休的祖辈家长往往跟不上时代的发展，仍停留在老思想、老经验、老方法上，不能及时回应孩子对新事物的想法和看法，造成孩子的社会适应力低，甚至还有一些祖辈家长因文化低、思想旧，无意识中给孩子传授不少封建迷信的东西。

甲方委员倪闽景：

如果就聚焦到隔代教养对孩子成长的利弊上来看，大家普遍认为的隔代教养容易过分溺爱、教育方法落后等，我认为是站不住脚的。父母自己带孩子，也会产生一样的问题。

甲方委员吴尚之：

从现实来看，家庭隔代教育是一种社会客观趋势。无论是城市还是农村，孩子的父母要外出工作，孩子的爷爷奶奶承担了教育孩子的诸多职责。整体而言，隔代教育的利大于弊。同时，孩子的父母也要承担起自己的相应责任，以弥补隔代教育的不足。

主持人朱永新：

关键不是要不要隔代教养，而是要看清楚隔代教养容易产生的问题，注意克服隔代教养的弊端，让隔代教养做得更好。

甲方委员雷鸣强：

隔代抚养有必然性也有现实性，存在，就有它的合理之处，有很多好处，但也有很多坏处，我们主要是兴利除弊。

主持人朱永新：

隔代教养的优势：

1. 经验丰富。相对于初为父母的人来说，祖辈的经验优势是不言而喻的。首先，因为自己养育过子女一代，在育儿方面有着相对丰富的经验，尤其在子女初为人父母的时候，往往手忙脚乱，这时候祖辈参与并发挥出自己的经验优势，不仅对新父母起到心理的慰藉，还会以其丰富的经验让年轻的父母信任并依赖，从而在具体的养育过程中发挥年轻父母主心骨的作用。

2. 情感亲近。传统观念中对“含饴弄孙”的幸福追求，让祖辈教养不仅能够给予孙辈更多的情感付出，同时也能让自己享受到生命延续的满足感。

而祖辈在对孙辈付出的过程中，也可以赢得子女的信任和尊重，从而拥有更幸福的晚年生活。孙辈亦会上行下效，受到潜移默化的教育和影响。

无论古今还是中外，隔代教育都不乏成功案例，比如李大钊是由伯祖父领养长大的；前任美国总统小布什就曾接受过奶奶严格而良好的教育；英国的哲学家罗素是由奶奶带大的；苏联文学家高尔基是外祖母对他实施的早期启蒙教育等等。

其次，祖辈有着积累了几十年的丰富的生活经验，无论是照顾孙辈的日常起居，还是协助子女的衣食住行，都能够发挥出自己的经验优势，提供帮助。

最后，祖辈的人生阅历丰富，见多识广，在孙辈成长过程中甚至子女工作和生活过程中遇到的问题，祖辈都可以凭借自己的经验优势提出建议，使得家庭无论面临怎样的境遇，都能够进行疏导引领，营造和谐家庭生态。

3. 时间充沛。新父母往往处于事业刚刚起步的关键期，工作上的打拼，职场关系的维护，往往会耗费许多精力，基本没有剩余的精力和时间抚育孩子。而祖辈多已退休，可以腾出更多的时间和精力专心帮助子女照看孙辈。尤其是那些刚刚退休的祖辈，在现在人均期望寿命不断延长的情况下，往往还是精力充沛，是智慧和创造力最旺盛的时期，更重要的是他们有着自己可以完全自由支配的时间。

有些祖辈退而不休，有自己的事业和兴趣，但是一般没有在岗时那样的刚性安排。如果祖辈尚有自己的事业，其努力本身就是孙辈成长中最好的榜样。

甲方委员雷鸣强：

@主持人　同意。充分发挥隔代教育的优势，充分避免隔代教育的弱势。有条件的父母亲自教育，祖辈辅助。没有条件必须爷爷奶奶带的，父母亲也要尽量承担重要的教育角色，不能够一味地让祖辈带，自己不管。

主持人朱永新：

当然，隔代抚养的弊端同样明显。

1. 观念相对落后。

祖辈作为隔代长辈，在教育和抚养孙辈过程中，往往受自身所处时代和环境限制，教育理念落后陈旧，经验也往往过时，不能适应当下的育儿需求，甚至因此造成和子女及其配偶之间的矛盾，且对孙辈心灵关怀、行为规范和陪伴方面不够重视。比如我们经常看到的现象，很多祖辈觉得孩子听话就好。为了让孙辈听话不烦人，甚至把孩子交给手机游戏、电视动画片等，造成孩子一些不良的行为习惯，甚至心灵也受到不良因素的影响。

2. 方法比较陈旧。

老方法不管用，新方法不会用，在孙辈许多行为面前束手无策，是许多祖辈共同的烦恼。对于他们来说，育儿方法的获取渠道相对封闭单一，且不能随着现在孙辈成长的新环境而做出适当调整，以至于不能适应孙辈成长的需求。

每一代人生存的环境各不相同。存在决定意识，也决定行为方式。自己的生活方式和子女生活方式之间也因为时代不同而存在差异，因孙辈抚养而共同生活的过程中，亦会产生冲突。

3. 边界划分不清。

有的家庭是祖辈全部承担孙辈抚养责任；有的则是祖辈有限参与，主导权交给父母；也有的只负责照料孙辈生活，教育责任完全还给父母。但情感边界和行为边界却往往不能清晰，导致育儿过程中出现分歧甚至矛盾，引发家庭矛盾，造成孙辈成长的负面影响。

比如有的年轻父母抱怨，自己刚对孩子提出要求，转眼爷爷奶奶、外公外婆就偷偷带着孩子违反，还给孩子打掩护，祖辈和孙辈形成统一联盟对抗父母，父母稍有不满，就会被祖辈抱怨不孝，说自己辛辛苦苦付出子女还不领情。由此引发的矛盾比比皆是。

甲方委员倪闽景：

有些父母自己沉溺游戏，不愿带孩子，把皮球踢给祖辈，结果孩子出了问题，这个问题是隔代教育的问题吗？可以说，让这样的父母自己带孩子，孩子的问题会更大。我想，主持人做爷爷了，你这个爷爷经验丰富，知识渊博，又疼孙辈，肯定能把孙子教好。但不是中国的每一个爷爷都如您一样，是教育专家。

隔代教育的问题不是隔代问题，而是祖辈有没有教育能力和方法的问题。

主持人朱永新：

隔代教养有时候是无奈的选择。但是只要清醒认识利与弊，依靠不依赖，帮忙不越位，也有独特的价值。

甲方委员雷鸣强：

怎样优化隔代教养？减弊增利。

1. 给父辈家长的建议。

（1）引导父辈家长回归家庭教育。心理学研究表明：学前期是人的性格形成、行为习惯养成的关键期。父辈家长教育缺位将对幼儿的一生造成无法估量的影响。因此，父辈家长要真正回归到家庭教育之中，承担起家庭教育的责任，即使工作再忙、事业再重，也要对子女的教育投入一定时间和精力。

（2）将祖辈经验与父辈知识相结合，两代人在教育思想上达成统一。祖辈和父辈在教育思想上应该达成一致的想法，将祖辈的育儿经验、生活经历和年轻父母的知识、科学教育观相结合促进幼儿健康成长。

2. 给祖辈的建议。

（1）掌握爱的尺度，理智教育幼儿。用理智控制情感，分清爱和溺爱的界限，避免过度保护，要爱得适度。要懂得严格要求幼儿，不能一味满足幼儿不合理的要求，不应该对幼儿包办一切，要意识到挫折教育也是必要教育之一。

（2）与时俱进转变教育观念。不断学习现代化的育儿方法，运用科学的方式教育幼儿，保护幼儿的好奇心和冒险精神。学习使用科技产品，为幼儿提供必要的技术知识，促进幼儿与社会接轨，全面、全方位地发展。

3. 发挥幼儿园、学校的指导调节作用。

幼儿园、学校教师要加强与祖辈家长教育观念的交流，提高祖辈教育的水平和技能。通过召开两代家长的经验交流会，梳理整合教育方法，使双方在教育观念上达成一致。让祖辈家长积极参与幼儿园、学校活动，引导其建立正确的教育方式，同时幼儿教师要做好家访工作，这样能够更好地了解幼儿，了解祖辈的教养方式，给祖辈提供及时的帮助。

解决之道：走向“亲子”“隔代”混合互补式教养，加强沟通，化解矛盾，达成共识，从“相隔”到“相融”到“相长”。

隔代教育是我国在经济发展的特殊阶段不可回避的教育现实，它有利也有弊，我们应当趋利避害。

甲方委员倪闽景：

隔代教育之所以这么普遍，往往不是父母不想，而是不能或无能的问题。隔代教育产生的孩子成长问题，父母教育也同样会产生。我们需要的是如何提高家庭育儿的质量保障问题。

乙方委员郭嫒嫒：

隔代教养的孩子，一方面因祖父母辈长期的陪伴，长大后趋于传统、稳重、博爱一些；另一方面也因缺少父母直接的培育，与身边大多数小伙伴的成长环境不同，可能产生孤独、自卑等心理。

甲方委员王欢：

我们平时总说，隔代教养有很多问题，两代人教育观念不一致，老人宠溺孩子，把孩子惯坏了，等等。但是现在的年青一代，80 后、90 后还是需要把孩子交给父母带，这是为什么呢？这隔代教养中，一定还是存在好处的。我们一起来看一看。

1. 老人时间更充裕、弹性，弥补父母缺失的陪伴时间。

现在的小学生，下午两三点就放学了，对于正常上班的父母来说，那都是没时间去接的，这时候老人的作用就很明显了，老人充裕而弹性的时间，可以陪伴孩子，接孩子放学，给孩子做饭，陪孩子玩，等等，这是很多父母想做而做不到的。

2. 老人带娃经验丰富。

还有一点，就是老人毕竟已经带过一次甚至多次娃了，对于很多事情都是轻车熟路的，比父母带要少走很多弯路，而且在面对突发情况的时候，也会有更多的办法。就像有一些年轻父母带孩子的时候，遇到解决不了的事情，还会打电话给父母，问问自己小时候发生这种情况父母都是怎么处理的。

3. 老人更能忍耐。

心理学有研究表明，随着年龄增长，人的忍耐程度、情绪的成熟度是上升的，老人对于带娃过程中发生的一些事情有更多的忍耐空间，会较少出现对孩子大吼大叫、控制不住情绪的情况，对孩子的身心也是一种保护。而且，我们经常说隔代亲，老人在养育自己孩子过程中的缺失，也会倾注在孙辈身上，弥补心中的遗憾。

4. 给老人价值感的来源。

现在空巢老人现象很明显，有一些老人退休之后，缺乏自己的生活和社交，缺乏价值感来源，甚至出现抑郁的情况，觉得自己没有价值。带孩子其实是会让老人体验到成就感以及价值感的，他们会看到自己的价值，看到孩子对他们有正面反馈的时候，同时也是在抚慰老人的心灵，为老人减压。有心理学研究表明，对孩子身体抚摸会让孩子的情绪得到缓解，压力下降；同时，最重要的是，对于抚摸者也有情绪缓解和压力下降的效果，甚至比孩子的效果还要大。

所以，隔代教养并不像我们所说的那样全都是坏处，只要我们用好了，也能够发挥它的优势。在隔代教养中，很重要的两个原则就是：

1. 和老人达成统一战线，教育观和目标一致。如果出现分歧，要先认可老人的付出，然后表明立场，平衡双方的教育理念和行为，最终目的要达成一致，“我们都是为孩子好，我理解您也是为孩子好，我们共同来看看如何做才是真的让孩子受益”。

2. 认清楚父母才是真正的教育责任人。我们一定要清楚，祖辈带孩子是帮忙，我们是孩子教育的主要责任人，祖辈只是弥补，我们要付出时间精力来教育孩子，陪伴孩子，孩子最需要的也是父母的陪伴和爱。孩子出问题的时候，不要责怪老人，出问题的时候要一块解决，在解决过程中，父母是主导，而且要承担责任。

甲方委员倪闽景：

面对现实，我觉得我们要给父母亲更多的育儿支撑，让父母亲有时间、有能力更多地勇担育儿责任。研究祖辈父辈共育的方法，减少冲突。同时提高隔代教育的指导性，让隔代教育更好地提高水平。

上海老年大学现在开设隔代教育方法的课，效果十分好。

主持人朱永新：

有利有弊，存利去弊。建议全国老年大学学习上海老年大学，开设隔代教育方法的课程。

甲方委员雷鸣强：

优化隔代教育理想的办法是：

1. 让亲子教育与隔代教育相互补充，既可以通过隔代教育减轻年轻父母的教育负担，又能为祖辈带来乐趣。

2. 让孩子既能从父母那儿感受到创新和严格，又能从祖辈那儿获得慈爱和宽容，从而形成包容胸怀、和谐能力。

3. 同时可以让幼儿在与父母和祖辈的互动过程中，学会用不同的眼光看待不同的对象，用不同的方法对待不同的事物，增强自我判断、自主能力。最终实现幼儿、父母和祖辈三方都受益，促进全社会的发展的格局。

乙方委员张兴赢：

父爱母爱是人性中最伟大的情感，在它的滋养下，才能帮助孩子塑造健全的人格。隔代再亲也无法替代父母亲的角色，祖父母辈最好是协助的角色，教养的主责在父母。

主持人朱永新：

今天的时间过得特别快。一个半小时的讨论转眼就要结束了。今天晚上的讨论很热烈，对于隔代教养的利与弊讨论得很深入，感谢各位委员的积极参与。对于家有孩子，而且正在进行隔代教养的委员来说，相信会受到很大启发。

其实，讨论已经不仅仅是关注利大还是弊大的问题，而是如何扬长避短、存利去弊的问题了。委员们给父母和老人提出了许多有益的建议。以下是讨论形成的主要共识：

首先，要认识到父母是儿童成长的首要责任人。隔代抚养，祖辈不应该替代父母承担责任，而应该发挥辅助、协助作用。在这个过程中，祖辈对父母教育子女出现的异议，应该私下沟通和交流并最终尊重父母的选择，不能以自己的“经验”或者自己作为长辈的“权威”做筹码，逼迫子女顺从自己对孙辈的教育。而作为父母，也不能将子女抚养的责任一味推给自己的父母，应该主动进行学习，掌握教育子女的技能，并适当借助自己父母的经验，在其帮助下进行子女教育。

其次，要充分认识和尊重儿童拥有的生存、发展、受保护、参与等权利。调查发现，祖辈参与的教养过程中，对孙辈身体的照顾远远多过对其心灵抚育及人格发展、习惯养成等方面的关注和重视，这也是引发当下对隔代教养问题开始普遍重视和关注的焦点问题。祖辈在自己成长的过程中，甚至在自己子女教养的过程中，物质条件远不及当下富足，所以更愿意为孙辈提供优越的物质生活，以弥补自己心理上的歉疚，而对于孙辈的心灵发展习惯养成等方面却相对重视不足。

再次，要完善隔代教养的模式。在我国，隔代教养状况虽然有比较明显的城乡差异，并根据孙辈年龄有所不同，但大致可以按照祖辈和父辈在教养过程中参与程度的不同分为四种不同的模式：一是“单一的父辈教养，祖辈基本不参与教养”的模式，二是“父母为主祖辈为辅的联合教养”模式，三是“祖辈为主父母为辅的联合教养”，四是“单一的祖辈教养，父母基本不参与教养”。其中与隔代教养相关的是后三种模式。这后三种模式中，还有祖辈与子女一起居住和不一起居住等模式。

实践表明，第二种教养模式是最合理的模式，因为这种模式兼具了两代人的教育经验和智慧。如我们的调查数据表明，在幼儿园前和幼儿园期间这两个阶段，接受“父母为主祖辈为辅的联合教养”的儿童问题行为最少；接受“单一的祖辈教养，父母基本不参与教养”的儿童问题行为最多。虽然从统计上看，小学期间不同家庭教养模式对儿童当前的问题行为影响不显著，但一个人成长最关键的幼儿阶段，对人的一生的影响是深厚而长远的，人的一生，其实是围绕童年展开的。

最后，要厘清隔代教养的边界。在隔代参与教养的家庭当中，总体上祖辈多偏重关注孙辈的饮食起居、生活身体等方面，而往往忽略孙辈学业、品格、习惯等方面的教育。当父母对孙辈进行教育并提出严格要求的时候，祖辈常常维护甚至溺爱孙辈，成为父母教育子女的阻力。在我们的调查中，84.3%的家庭中，祖辈参与了儿童的生活照料；12%的家庭中，祖辈参与了学业管理；37.9%的家庭中，祖辈参与了行为规范和习惯培养活动；40%的家庭中，祖辈给予了被访儿童心灵关怀；39.9%的家庭中，祖辈参与了对被访儿童的陪伴。所以，祖辈进行隔代教养，一是在育儿决策方面，应该确认孙辈抚育责任的从属关系。也就是说，对年青一代父母的育儿决策，祖辈应该给予尊重。毕竟承担直接育儿责任的，还是父母。二是在育儿方法方面，祖辈应该和父辈畅通沟通渠道，以沟通取得相互之间的信任和支持，采取真正适合孙辈成长的科学的方法。一般根据孙辈年龄的特点，婴幼阶段养育过程中的问题，父辈可以多听取和尊重祖辈的建议，而随着孙辈年龄的增长影响，则祖辈要多尊重父辈的选择。一旦出现冲突，祖辈应该首先在孙辈面前，尊重父母做出的决策，以便维护父母在孙辈心中的权威地位，形成健康的亲子关系，从而让父母顺利完成完全承担育儿责任的过渡。

所以，隔代教养是一个大课题。委员建议在老年大学开设相关课程，帮助父母和老人提高隔代教养的水平。

今天的讨论就到这里。感谢各位委员的热情参与、踊跃发言。

6

应不应该让孩子接触网络游戏

时间：2020 年 12 月 6 日 20：00—21：30

召集人：丁　伟　主持人：朱永新

召集人丁伟：

今晚将聚焦“应不应该让孩子接触网络游戏”开展讨论。欢迎委员们积极参与。

主持人朱永新：

经常看到父母抱怨孩子是游戏迷、手机控。

也经常看到由于沉溺游戏无法自拔导致的家庭悲剧。

作为互联网的原住民，网络已经像空气一样渗透到孩子生活的方方面面，做作业、同伴交往等都离不开网络。娱乐玩耍是孩子的天性，也是孩子的权利。那么来自网络上的游戏，到底应不应该让孩子接触？

今天，我们将就此展开讨论和争辩。

甲方：孩子玩网络游戏有好处。

乙方：孩子玩网络游戏危害大。

主持人朱永新：

在中国，网络游戏一直是争论非常集中的问题。最近腾讯开发的《王者荣耀》就引发了一场“电子游戏与青少年成长”的大讨论。这款游戏已经拥有超过2亿的注册用户，其中，中小学生占了很大比重。有报道称，有儿童盗刷父母信用卡10余万元打游戏，有中学生连续40小时打游戏诱发脑梗等。电子游戏在儿童和青少年学生的成长中究竟扮演着怎样的角色？网络游戏和所有其他游戏对青少年学生的价值何在？它们到底是“荣耀”还是“毒药”？在未来社会，游戏究竟能否成为教育的重要内容和途径？这是一个无法回避的问题。

甲方委员刘慕仁：

好的网络游戏是有效的教育方式。我们已经进入信息社会，网络已渗透到社会和日常生活的方方面面。网络教育已经成为重要的教育方式。网络游戏除了具有娱乐功能，也有教育功能。网络游戏有好的游戏和不好的游戏。好的游戏有利于孩子通过生动形象的方式接受教育，提高学习兴趣和效率，从而提高孩子学习主动性、积极性和创造性。

乙方委员雷鸣强：

网络游戏对孩子的发展有益处，也有危害，因为当前学生的自控能力，家庭、学校的控制能力不足，导致孩子们过度沉迷网络游戏，严重危害了学生的身心发展。从目前的情况来看，网络游戏的坏处大于好处，好处还没有充分发挥出来。

《中国互联网络发展状况统计报告》显示，截至2017年12月，我国网民规模达7.72亿，其中学生群体规模最大，占比为25.4%。12—16岁的青少年是网瘾高发人群。虽然目前尚缺乏大样本流行病学调查数据，但既往研究显示，游戏成瘾的流行率为0.7%—27.5%，其中不乏一些极端案例。“游戏成瘾是否属于精神障碍，要看大脑生理和生化功能有无改变。”北医六院社会精神病学与行为医学研究室主任黄悦勤教授认为，游戏或网络成瘾和一些非严重的精神障碍一样，都是大脑某个区域出了问题。

乙方委员雷鸣强：

沉迷游戏不利于儿童身体健康和良好行为习惯的养成。

1. 对眼睛不利。网络游戏大都没有时间限制，长时间接触电子屏，容易受微波辐射，损害视力。年幼的儿童视神经和视网膜处于发育不完善阶段，一旦受到损伤，将终身无法修复。

2. 对脊柱发育不利。不少儿童在玩网络游戏时经常是一副懒散的样子，没有保持正确的站姿或者坐姿，还有部分儿童是半躺着玩，姿态极其松散。儿童时期是骨骼发育成型时期，若经常不注意姿势，容易造成骨骼尤其脊柱变形，影响以后的生活和学习。

3. 经常玩网络游戏，较少运动，热量堆积，容易导致儿童身体肥胖和行动迟缓。网络游戏的趣味性使不少儿童爱不释手，乐此不疲，影响了正常的生活作息，并会助长一种消极、被动依从的态度和习惯，阻碍了良好行为习惯的养成。

有效、有控制地运用网络游戏对学生发展有好处，问题是对当前游戏在学生中泛滥的情况要控制。

主持人朱永新：

近些年，不断有所谓“手机、游戏、直播、短视频毁了下一代”的说法见诸媒体，很多学校和父母也因此对孩子上网采取了完全禁止的做法，相当一部分学校甚至不允许 APP 进校园。但是，将未成年人与互联网割裂开来，将未成年人排斥在数字世界之外，这显然是与时代发展趋势相悖的做法，既不可取，也很难实现。

甲方委员刘慕仁：

一味不让孩子玩网络游戏不符合社会发展规律。回顾教育的发展历程，曾经出现过类似问题：如让不让孩子看琼瑶和金庸的小说，让不让孩子看电影，让不让孩子看电视。回顾过去这些问题，我们似乎能体会到，凡是符合社会发展的事物，我们都不能简单否决孩子的需求，而应该以适当内容和方式满足孩子的需求。我们的社会要开发应用好的网络游戏来对孩子进行教育，避免孩子接触不良的、不适合的游戏。我们的家长要对孩子玩网络游戏的时间进行管理，避免孩子沉溺于游戏里。这是我们如何管理的问题，而不是让不让孩子玩网络游戏的问题。

乙方委员雷鸣强：

网络游戏不利于儿童心理的健康发展。

1. 部分网络游戏不利于儿童认知的健康发展。长期玩网络游戏，对虚拟世界的依赖性增加，减少了对现实世界的探索，儿童缺乏对现实生活的探索精神。目前，网络游戏的内容良莠不齐，部分甚至具有暴力倾向，儿童辨别是非的能力差，又善于模仿，易导致其认知上的偏差，甚至出现攻击性行为。

2. 不利于儿童创造性、想象性思维的发展。网络游戏的玩法和规则已设定，游戏者自我创造空间不大，网络游戏提供可供模仿的形象模式，但过多的形象模仿，使儿童创造性想象受到限制。长此以往，思维易僵化，不利于想象力、创造性思维的发展。有关研究表明，长时间玩网络游戏的儿童，更少玩想象游戏，长时间玩网络游戏会妨碍或干扰运用表象进行思维能力的发展。

3. 对儿童良好性格的形成不利。部分儿童长期玩网络游戏，导致对周围人冷淡甚至回避，性格逐渐变得内向甚至孤僻。

4. 对儿童人格发展产生负面影响。长期沉溺网络游戏，导致自我同一与角色混淆，心理能力、道德发展受阻，甚至出现人格障碍。

主持人朱永新：

我在今年两会提出了加强未成年人网络素养教育的提案，孩子沉溺网络的原因之一是我们缺少相应的教育。一般而言，我国未成年人的网络知识和技能的获得主要由同学、朋友或其他非正规教育渠道来完成，这也导致青少年网络素养存在明显短板，也存在过度沉迷、网络欺诈、网络暴力等很多隐患。因此，有必要将网络素养纳入普及性义务教育基础课程，系统规划与组织。

召集人丁伟：

既不能剥夺青少年使用互联网学习、社交及适当娱乐的权利，又能有效防止网络游戏成瘾对青少年身心成长及学习带来的各种危害，是个现实而又难解的问题。

主持人朱永新：

中国社会科学院社会学研究所一项针对未成年人网络使用的调研发现，亲子关系越好的家庭，孩子的网络认知能力、技术能力和创造能力越强。调研中的父母大多认同互联网对孩子有帮助，应该多接触而不与时代脱节，但是自己又不知道怎么引导孩子。因此，网络素养教育体系中应当将家庭纳入其中，首先让父母懂网，懂得如何在网络问题上与孩子建立开放友好的沟通。

甲方委员王欢：

游戏是一种发生在各个年龄阶段和各种文化中的普遍现象，但游戏对于儿童而言又具有特殊意义，它既是儿童发展的一个方面，也是儿童发展的源泉。游戏对于儿童获得最大限度的发展和最佳学习效果至关重要，尊重儿童的游戏就是尊重“全面发展的儿童”。

游戏应该具有自主性和自由性属性，具有规则核心性、目标导向性、娱乐性、交互性等基本特征。人们常常将游戏划分为“传统游戏”和“网络游戏”。相比于传统游戏对基础要件的挑剔，网络游戏具有可参与的便利性、经济支出的廉价性、天然的时空超越性、逼真的虚拟场景、真实的代入刺激体验、游戏规则的简单化、易于上手的操作感、角色选择的随意性、虚拟生死的重复性等特点。

根据马斯洛“需要层次理论”及动机发展理论可知，人的基本需求由低至高可排列为五个层次：①生理的需要；②安全的需要；③归属与爱的需要；④尊重的需要；⑤自我实现的需要。我想以 3 个层次说说孩子玩网络游戏的好处有：

1. 生理的需要——放松心情、缓解压力。网络游戏最直观的好处就是能让孩子减轻学习生活的压力。游戏只是生活的一部分，不是生活的全部。孩子适当地玩适龄的网络游戏可以宣泄情绪、放松心情、减缓压力。

2. 归属的需要。网络游戏尤其模拟类游戏，类似于一个虚拟社会，孩子在游戏中找到自己的位置，建立类似于现实生活中的社交关系，这也让孩子能够在游戏探索中找到自己的位置与归属感。

3. 自我实现的需要——在游戏中找到精神寄托。孩子在网络游戏中完成了虚拟的自我实现过程，主要表现为游戏者的主体性和创造性得到张扬，丰富的社会情感和强烈的社会责任感得到培育，高峰体验得以亲历等等，这种种感受可以使孩子在网络中弥补自我实现的缺失。特别是孩子遇到挫折时，可以在虚拟世界中得到满足，找到快乐。

根据霍华德·加德纳的多元智能理论，人类的智能至少可以分成九个范畴：①语言；②数理逻辑；③空间；④身体—运动；⑤音乐；⑥人际；⑦内省；⑧自然探索；⑨存在。以下将从其中4个方面浅析孩子玩网络游戏的好处。

1. 数理逻辑——增长见识、开发智力。有趣、有意义的游戏有助于开发孩子的智力，在游戏中增长历史、地理、政治等方面的知识。同时，它能让我们得到一些启迪，如在游戏中用不同的策略就会出现不同的结局。走错一步，就可能满盘皆输。现实生活也是这样，一失足成千古恨。

2. 空间——视觉空间意识。孩子在玩游戏的过程中能够有效地对色彩和形状空间位置进行相应的感受，在脑中产生三维空间图像，加强辨别感知空间物体之间的联系。

3. 身体—运动——提高敏捷度、小脑反应灵敏度。孩子在玩游戏的过程中能够适当锻炼身体的协调、平衡能力，能够锻炼如何控制运动的力量、速度、灵活性等，适当的游戏放松，可以提高大脑、手指敏捷度和小脑反应灵敏度。

4. 内省——竞争进步心态。孩子在玩游戏的过程中可以通过与其他玩家的竞争，从而形成正确的自我认识、洞察和反省自身的能力，能够通过自己的感觉和情绪变化了解自己的优缺点，并调取相应的意识在游戏中引导决策、设定目标。

综上，网络游戏也是一种学习的过程。几乎所有的计算机新技术都是首先在游戏领域应用的。所以一定要从发展的角度去考虑网络游戏。

如果孩子能在家长的引导下，将游戏中的知识与兴趣点正确地迁移到生活中，便可使孩子快乐地通往一扇全新知识领域的大门。从游戏到兴趣到知识再到技能的转化，便可以游戏为切入点，促进孩子个性化发展与社会多元化发展，最终实现李克强总理所提到的“大众创业，万众创新”的理念。

所以，网络游戏对孩子来说并非百害而无一利，只要加以正确的监管与引导，就可以成为一块孩子自我教育之路上的奠基石。

主持人朱永新：

尽管人们对网游或者数字游戏有着不同的看法，但是，对于游戏蕴含的追求自由与创造、勇于挑战与闯关、遵守规则与约定、享受愉悦与幸福等特有的功能是没有异议的，这就是游戏精神的本质。

有一位中学生游戏玩家把游戏视为一种“新型的故事讲述方式”。他介绍自己玩游戏的体验时说，在书籍、影视这些传统的故事讲述方法中，观众更多时候是被动接受故事而非主动参与。但是在游戏中，故事在玩家和场景、游戏角色的互动之间展开。虽然游戏剧本同样是事先固定好的，但做出抉择、决定故事走向的往往是玩家本人。“玩家不再是像隔岸观火一样静静地看着故事在自己无能为力触及的地方开始又结束，而是成为创造故事进程的主体之一。”这种参与感是其他故事讲述方式提供不了的。也就是说，在游戏中需要充分发挥人的想象力和创造性，这对于未来社会对人的要求是一致的。

乙方委员雷鸣强：

网络游戏本身是科技人文进步的产物，运用把握得好是“良药”，运用把握不当就成了“毒药”，关键是科学、有效、有度地运用。

主持人朱永新：

游戏之所以吸引人，一个重要原因就是它能够激发人战胜困难的勇气。越是有挑战，挑战的难度越大，越是能够激发勇者的斗志。匈牙利心理学家米哈里·希斯赞特米哈伊提出，游戏能够使人进入“心流”的状态，“当人们自愿尝试去完成某个困难而有价值的任务，且把个人的身体和心智发挥到极限时，那些最佳时刻常常会翩然而至”。这里说的心流，其实就是“精神高度集中，具备平衡匹配的高难挑战与高超技能，获得一种控制与满足之感”。

规则意识也是游戏精神不可或缺的。因为游戏往往伴随着竞赛，竞赛就要决胜负，决胜负就要有规则，遵守规则才能保证公平，这是游戏得以顺利进行的前提。所以，游戏者首先必须遵循规则，这是对游戏者的基本要求。

人们经常把游戏视为学习的敌人。因为总是担心游戏占用了学习的时间，殊不知游戏本身可以用来学习，“游戏化学习”或者“学习游戏化”已经成为国际教育的一个热门词汇。《游戏改变教育》这本书就介绍了大量游戏化学习的案例。如基思·德福林研发的视频游戏《拯救小怪兽》，是一个学习数学的游戏，研究表明，只要每周三次，每次十分钟来玩这个游戏，坚持一个月，就可以非常显著地增强数学解题能力。美国还有一款题为《美国任务》的历史教学游戏，该游戏邀请孩子们通过角色扮演，化身为生活在那些历史关键时刻的青少年，从而学习美国的历史。这款游戏的第一部《为了王冠还是殖民地》，塑造了一个身赴美国革命战争时期的波士顿年轻人，他必须在冲突双方选择一个阵营。游戏第二部《飞向自由》的主角是一位年轻女奴，她身处 1848 年肯塔基州的一家种植园。游戏进程中她必须逃亡到俄亥俄州去。这个游戏，对学生们掌握美国历史起到很大的作用。

游戏也可以用来帮助阅读。美国志愿者开发的《游戏：瓦尔登湖》，就是一款邀请人们阅读并思考《瓦尔登湖》的学习游戏。这个游戏没有不同关卡，只有阳光灿烂的白昼、星光闪耀的夜晚，泾渭分明的四季，以及一本记录着梭罗警句的日志。游戏中也没有武器，可以向朋友兼资助者爱默生借斧子，但斧子不能用来杀戮，只能用以劈柴。此外，帮助阅读《傲慢与偏见》的游戏《遨游于偏见》，帮助阅读《尤利西斯》的游戏《在尤利西斯中》，帮助阅读《爱丽丝漫游奇境》的游戏《虚拟爱丽丝》等，也非常受师生的欢迎。这些游戏，让学习变得更为轻松有趣，学习的过程也充满乐趣。

乙方委员雷鸣强：

网络游戏是科技人文进步的产物，科学、适当、有度运用有利于学生身心发展。

我看网络游戏的好处有：

1. 锻炼青少年的逻辑思维能力和空间感，研究发现，经常玩电脑和网络游戏的孩子在空间表征、视觉注意等方面能够有所加强。角色扮演型网络游戏设定了一个个的任务需要玩家去完成，玩家的能力随着个人努力完成不同的任务而不断增强，这能够强化青少年的目标感，刺激他们的上进心，使青少年在游戏中获得极大的成就感和满足感。

2. 青少年由于正处在身心全面发展的阶段，必然要从所接触的所有环境中去学习生活，而角色扮演型网络游戏使他们接触到一个全新的环境。这个环境全方位地模拟了现实环境，在这个环境中每个成员的起点都是平等的，完全要靠个人的努力获得进步。在这个进步的过程中每个成员都需要和各式各样的人打交道，有的人获得了虚拟的财富和装备，有的人获得了友谊，有的人则受骗上当，遭受了惨重的损失，然而每个人都增长了阅历。

3. 网络游戏具有书面语言、匿名性、多对多、即时性、范围广、自由度高等特点，可充分发挥用户的主观能动性。网上交流可以不受现实生活中的道德准则和社会规范的约束，从而使人际交流变得更有吸引力。

乙方委员张连起：

过度地玩网络游戏会影响生活、学习。长时间玩带有充值类型的网络游戏，会产生不良的攀比心理，给生活带来不必要的负担。沉迷于网络游戏会降低学生的生活质量。陷入网络世界的旋涡无法自拔，人性产生扭曲，现实世界与网络世界合并化。长久地玩网络游戏对身体的健康有一定的影响。

主持人朱永新：

引用王欢委员的原话——游戏是一种发生在各个年龄阶段和各种文化中的普遍现象，但游戏对于儿童而言又具有特殊意义，它既是儿童发展的一个方面，也是儿童发展的源泉。游戏对于儿童获得最大限度的发展和最佳学习效果至关重要，尊重儿童的游戏就是尊重“全面发展的儿童”。

乙方委员雷鸣强：

孩子之所以喜欢网络游戏，除了网络游戏本身的特点满足了孩子们的各种需求如角色扮演，适合每一个孩子水平的激励目标，可以讲真话的虚拟空间之外，更主要的是弥补了我们教育生活缺失的现实，比如学校教育和家庭教育千篇一律、不因材施教、缺少角色扮演，缺少一级一级前进的阶梯，也不能平等自由地讲真话，从而学得枯燥、学得无味，因此转向虚拟的游戏世界。要想把学生从网络游戏的迷茫中拉回来，我们一定要深刻地改革我们的家庭教育、学校教育，让家庭教育和学校教育充满平等，充满因材施教，充满人人都可以找到的奋斗目标。如何转化：1. 网络游戏学校化；2. 学校教育游戏化；3. 网络游戏与学校教育融合化。

甲方委员郭媛媛：

未来，希望在人与新技术协同中，能将儿童教育形式有机融入游戏情境。

甲方委员倪闽景：

我想问一下，各位委员玩过王者荣耀、吃鸡、阴阳师这些游戏吗？这些游戏和俄罗斯方块、消消乐、棋牌等中老年人玩的游戏十分不同。

乙方委员张连起：

一个让学生沉迷的网络游戏，比如王者荣耀等，弊大于利。如果是健康的休闲网络游戏，以及符合青少年成长的电子竞技游戏，是利大于弊。我玩过网络象棋，不至于使学生沉迷，利大于弊。

主持人朱永新：

现在游戏针对青少年心理特点设计，让人欲罢不能。

乙方委员雷鸣强：

我认为防网络游戏沉迷，既要“堵”，更要“疏”。

但要疏之以“情”：

1. 父母应积极与孩子进行平等的交流沟通，加强对孩子的精神关怀，了解他们的内心世界，了解孩子所需所想，给孩子更多理解与关怀。2. 如家长可经常与孩子聊孩子感兴趣的事情，共同参与孩子感兴趣的、有意义的活动，尊重孩子的认知，满足孩子对精神之爱的需求，减少孩子上网的欲望。3. 同时，还应该培养孩子正确认识自我、评价自我，接受现实自我，树立正确的世界观、人生观、价值观。此外，加强对青少年心理健康的教育，对青少年网上心理健康进行有力的维护与引导。4. 家庭和学校应进行经常性沟通，建立起有效的监控系统，控制有网瘾的孩子的作息时间，以此构建一个良好的外部小环境。

疏之以“理”：

青少年自身心理品质尚未定型，自我控制力较差，容易沉溺于网络游戏难以自拔。1. 应该引导他们在实践中学会区分游戏虚幻世界与现实世界，不把上网玩游戏作为逃避生活问题和调适消极情绪的主要工具。2. 对一些现实生活中的困惑，要积极与外部沟通，寻求父母、老师、朋友等的外部支持。3. 此外，青少年应加强自身情操的陶冶，树立坚定正确的奋斗目标，以此为动力培养自己的控制力与忍耐力。4. 同时还应正确利用网络资源，养成良好上网习惯，避免游戏成瘾症发生。

专家、教师、政府要研发推荐一些有益的网络游戏给学生“绿名单制度”，也要公布一些“黑名单”。

甲方委员倪闽景：

首先我们有一个共识，就是孩子需要游戏，孩子们在游戏当中成长。我们小的时候会玩过家家、地雷战、躲猫猫游戏，也会玩跳房子、翻洋片等弄堂游戏，但是现在的孩子往往是一个人在家，他们的游戏需要只能从网络游戏里满足，这给他们身心健康提供了重要支撑，从这个角度讲网络游戏对孩子成长来说是利大于弊的。

现代社会也和几十年前不同，有了一个无限的虚拟世界，我们每个人在这个虚拟世界中生活的时间越来越长，它已经成为孩子们未来生活的重要部分。孩子们在网络游戏中学会了虚拟世界的交往，这是十分重要的生存能力。这是网络游戏的第二个好处。

很多孩子在网络游戏当中也会学到很多历史知识、科学知识、谋划、协作、坚韧和规则意识，甚至学会了外语和计算机语言。这是网络游戏的第三个好处。

一些设计类游戏、射击类游戏、格斗类游戏对于学生未来工作的环境、未来战争环境，提供了一个启蒙性的影响，这是传统游戏无法替代的。这是网络游戏的第四个好处。

网络游戏另外一个好处是游戏本身将成为未来的重要职业，这和从事唱歌跳舞是一样的，现在电游产业快速发展，已经成为增速最快的行业。现在有很多孩子在网络游戏中扮演教练角色，已经开始成为导师，未来社会会有很大一部分人以游戏为生，就如我们每天工作觉得十分有意义一样。

乙方委员雷鸣强：

要开发游戏新品种“线上线下融合式游戏”，还要开发“教育学习类网络游戏”，与基础教育的教育内容相配套。

乙方委员阎晓宏：

未成年人，由于自控能力差，使用和成人一样的移动终端，选择和成人一样多的网络游戏等内容，难免沉溺网络，必将影响他们的健康成长。建议：推动使用未成年人专属的移动终端，这种移动终端的内容是有限的，并由社会各界经过严格选择；使用的时间是有限制的；坚持基于自愿的原则。未成年人的监护权在家长，未成年人专属的移动终端在教育部门和家长的支持下，基于自愿选择使用。坚持市场与公益性结合的原则，支持网络运营商和内容提供商以及移动终端生产商，坚持微利原则，提供服务。

主持人朱永新：

针对青少年儿童自控力不够等问题，我今年两会也提出了网络游戏分级的问题。西安铁路一中模拟政协的同学们给我准备了大量资料。从网络游戏类别、认证、时长、充值方面建立网络游戏强制分级制度，并由相关政府部门审核监管。根据目前社会发展的客观实际和网络游戏内容，比如是否包含暴力内容、不良语言、性内容等，可以从早教类、管控类、限制类、禁止类等方面划分，对不同年龄段的未成年人建立网络游戏产品分级制度，其中包括实行用户注册登录实名认证分级，通过未成年人及其监护人身份证信息、手机号或人脸识别等方式实行未成年人登录网游时段、时长监管分级，实行游戏充值限额分级等。游戏分级与电影分级、图书分级一样，对于青少年成长是有好处的。

乙方委员雷鸣强：

建议把“野蛮生长阻碍发展的社会性网络游戏”转化为“有序生长促进发展的教育性网络游戏”。很重要的是，我们的家庭教育、学校教育有问题，吸引力不够，把学生推向了网络游戏。所以一方面解决网络游戏的问题；另一方面，要优化改造我们的家庭教育和学校教育，使之充满探究、平等、自由、互动的氛围。

乙方委员张连起：

如果有关准则制定得过细过苛，就难以落地。监管导向不能因噎废食。

某种程度上，网游是这个时代虽不满意但可接受的一种代价。我认同适当监管，但不认同制定过细过苛的条例。如果导向是堵，将会证明是一个失败的思路。

召集人丁伟:

电影分级也一直是个讨论多年、呼吁强烈但未解的难题。

主持人朱永新:

今年7月,“反网游家长联盟”发布了《关于强烈要求国家全面禁止网络游戏的呼吁书》,大家如何看?以下是呼吁书内容:

国家网信办等各有关部门:

网络游戏严重毒害了我国青少年一代,青少年们沉迷游戏,终日沉浸在充满刺激的虚拟世界中,为了过关冲卡,用夜以继日、通宵达旦、废寝忘食来形容一点都不为过,其成瘾性等同于精神鸦片,其导致的严重后果就是青少年失去了其他的兴趣爱好,没有了人生的理想与追求,学业荒废,性格孤僻暴躁,与父母关系冰冷,由于长期熬夜玩游戏导致身体瘦弱,视力低下,身体机能低下,凡此种种,已成为一个严重的社会问题,国家再不重视,祖国的花朵都废在旦夕,长此以往,恐如林则徐所说的一样,将无可缴之粮,无征战之兵,无可塑之材!恐将成了真正的东亚病夫。

网游有多可怕?一位反网游人士在一次演讲中说,某网游公司为了提高网游收入,专门成立了一个研究小组,研究如何在五分钟内让人上瘾的游戏!五分钟就让人上瘾,就连万恶的鸦片和被国家严防死守重拳打击的新型毒品也做不到!

另据2017年的《中国游戏产业报告(摘要版)》统计数字,2016年中国游戏市场实际销售收入2036.1亿元(折合309亿美元)。它足以让中国在全球继续保持第一,比第二名美国多5亿美元。但在背后,却是“全民游戏时代”。由于游戏市场暴利,中国还有多家游戏企业正在筹备上市或在上市途中。

有人把中国网络游戏产业称作是文化产业的最强主力军,真是无稽之谈，用心险恶。照这个逻辑，吸鸦片吸毒也可以称之为“鸦片文化、K粉文化”。我们不能因为有钱赚，就丢掉做人的底线！文化从来都不欢迎毒害心灵的东西！更何况网游毁掉的不仅仅是人的身心健康，还有整个民族的未来！

少年强则国强！少年智则国智！我们不敢想象，一个少年只知道玩游戏的国家，这个国家的希望在哪里？在哪里！

在此，我们强烈呼吁国家重拳出击，对那些榨取父母血汗钱、毒害孩子成长的网游进行严厉打击，严格审查网游内容和游戏规则，绝不容许出现引诱孩子充值、欲罢不能、脱离现实容易让孩子陷进去的游戏出笼！

我们呼吁所有受网络游戏毒害的孩子家长组成“反网游家长联盟”，从现在开始搜集游戏对孩子产生毒害的证据，把相关网游公司告上法庭，向他们索赔游戏给孩子带来的巨大损失！

希望深有体会的广大家长们转发让国家重视起来！我们欢迎法律界有识之士加入，为我们提供法律援助。

甲方委员倪闽景：

网络游戏的问题在于会让孩子沉迷于此，对于大多数心智未全的孩子来说，是无法抗拒的诱惑。所以确实要对网络游戏实施分级、限制时间等措施。对于网游公司要像烟草公司一样用禁止广告、高额税收来限制其无限发展。

乙方委员张连起：

我第一时间注意到了网游家长的呼声，但其中某些观点显然偏激了。一些网游确实产生了社会问题，但我们的时代与社会自身有过滤机制。不能认为国家一管就“有希望”，否则就无望。有些少年不沉迷于网游，就沉迷于其他。按下葫芦浮起瓢。如同菜刀，是不是因为有人用来伤了人，而禁止菜刀呢？我们的监管部门往往有“管”的冲动，往往好心达不到好的效果。

甲方委员王欢：

其实学生不管是通过什么样的游戏体验、体悟，还是什么方式成长发展，有一点，就是孩子的自我约束力、自控力的锻炼。

甲方委员倪闽景：

孩子们需要更多的有趣活动，学校和家庭要创造更多的体育、家庭游戏等活动，来减少孩子们对于网络游戏的需求。

今天下午我去一个马场看孩子们学马术，一个家长对我说，自从孩子喜欢上了马术，几乎不再沉迷于手机了。

目前大的一些游戏公司已经能通过实名注册等方式，对于孩子们的游戏时间进行精准管理。

主持人朱永新：

实名注册是有效的办法之一。

乙方委员雷鸣强：

呼唤科学、有度、有效开发运用好的教育性网络游戏促进学生健康成长！

主持人朱永新：

要让孩子们知道，世界上有许多比网络游戏更好玩的事情，比如读书。

甲方委员张兴赢：

其实关于网络游戏的问题，一直都是社会高度关注的热点，当前发现网络游戏造成的各种弊端，其实是有一个前提的，那就是因为孩子过度沉迷网络游戏造成的，而实际上网络游戏作为新科技时代下的产物如果能加以利用，是可以发挥很好的正面作用的。关键在于我们如何正确引导和使用。

主持人朱永新：

不知不觉，又是一个半小时过去了。

委员的讨论仍然意犹未尽。交锋中有共识。甲方虽然认为孩子玩网络游戏有好处，也列举了许多具体的好处，但是也看到了网络游戏的弊端。乙方虽然认为孩子玩网络游戏危害大，分析了网络游戏的具体问题，也不否认游戏有好处。

这就避免了生活中经常出现的极端化，要么不管不问，任由孩子玩游戏；要么视游戏如洪水猛兽，赶尽杀绝。所以，关键是加强管理，如实名注册、时间管理、黑绿名单等。

其实，孩子们需要游戏。游戏使用得好，是可以帮助孩子培养学习兴趣的，也是有助于孩子身心发展的。如深圳宝安区天骄小学一年级的“互联网＋游戏化”全课程“小蜗牛主题学习”中，孩子们跟着小蜗牛认识了动物世界昆虫、植物；在小蜗牛的陪伴下闯关，除了识字、阅读，还在活动模式下开展音乐、美术、体育学习，一个个游戏将学习任务串联起来，学科知识相互融合，学习不再枯燥无味，而是生动活泼，兴趣盎然。

所以，关键是“度”。一方面，不要完全禁止游戏，让孩子与游戏世界完全隔绝；另一方面，要帮助孩子学会控制自己，不要沉溺游戏。游戏的商家要“科技向善”，探索用新的数字技术为未成年人打造一个健康友好的网络环境。网络平台和互联网企业为未成年人提供网络空间和内容，应承担相应的社会责任，为未成年人网络保护贡献力量。应鼓励企业探索通过产品或技术来实践对未成年人的网络保护，上线青少年版，建立防沉迷机制等。

同时，网络素养教育体系中应当将家庭纳入其中，首先让父母懂网，也懂得如何在网络问题上与孩子建立开放友好的沟通。

今天的讨论就到这里。感谢各位委员的热情参与、踊跃发言。

7

成人与成才、幸福与成功哪个更重要

时间：2020 年 12 月 7 日 20：00—21：30

召集人：丁　伟　主持人：朱永新

主持人朱永新：

不要让孩子输在起跑线上，是许多父母的教育信仰。

考名校，找好工作，高薪、豪宅、名车，也是许多父母对孩子的期望。

人生的意义究竟是什么？

教育的核心目标是激发人的内在潜能，使其各方面得到最充分的发展。但同时社会资源的有限，又使得竞争成为一种社会常态。因此有一个问题经常被摆在每一个教育者和被教育者面前：成人与成才、幸福与成功哪个更重要？

今天，我们将就此展开讨论和争辩。

甲方：成人比成才更重要，幸福比成功更重要。

乙方：成才比成人更重要，成功比幸福更重要。

甲方委员丁元竹：

今天晚上的话题非常重要，也非常有意思。成人与成才、幸福与成功，在我看来它们相辅相成，我谈谈个人的一点儿经历，供双方参考。

先说说我个人的经历，成人和成才是相互联系、互相促进的。记得90年代初我博士毕业，答辩会的第二天，我去见导师费孝通先生，他问我自己感觉答辩怎么样？我说：答辩委员们都说挺好的。老先生跟我说："小丁啊，你太不懂社会了，人家说你好，是看了我的面子。"

他又跟我说："你毕业后要留北京大学教书了，我送你六个字：著书、立说、立人。在北大工作，不写书，你立不住；写了书，没有自己的观点，这书没有用，在学术界也立不住；写了书，有自己的观点，做人不行，最后一切都完蛋。所以，要全面、严格要求自己，做一个各方面都严格要求自己的人。"

费孝通先生的这些话，我一直记着，不敢忘记。每每遇到一些挑战的时候，总是想到这些话。我也把这些话跟我的学生、博士生讲，希望他们也能够这样去做事、做人，在社会上有立足之地。

乙方委员张兴赢：

成才是成人的终极目标，只有成才了才可以造福社会，而成功是通往幸福的桥梁，如果没有成功的喜悦幸福感从何而来？每个孩子在成长过程中都是从一次次成功中感受到喜悦和幸福的，每个孩子都是在奔着成才的路上不断成长，所以成才和成功对孩子来说是更重要的，只有成才了才能获得成功，从而获得幸福感。

乙方委员雷鸣强：

成功比幸福重要，成才比成人重要，因为"幸福是成功创造的，成人是成功累积的"。

"成人"的内涵。在汉语中，有两种解释符合本义。一是指达到发育成熟，与"成年"是同义词；二是"造就人"，即培育人的意思。可见"成人"包括生理成人和社会成人。其中社会成人就是一个人从刚出生时无知无识、无能无力的"动物实体"转化为有知有识、有能有力的"社会成员"，其标志是既能独立享受宪法和法律赋予的全部权利，又能独立承担宪法和法律赋予的全部义务。世界上许多国家，对一个人的成人都非常重视，一般都要举行专门的仪式加以确认。根据中共中央《爱国主义教育实施纲要》（1994 年 8 月 23 日）中的规定："进行爱国主义教育，需要提倡必要的礼仪……提倡各地组织年满 18 周岁的公民举行对国旗宣誓的成人仪式。"在日本、韩国、以色列、德国、俄罗斯等国家都有形式不同的成人仪式。一个人由动物实体向社会成员转化的过程，就是社会化和个性化的过程，即造就人的过程。"人的生存与发展的根本要求，对任何人来说，首先是求得与社会的适应，能成为社会中合格的成员，而这就叫社会化。"文化是社会化的主要材料，"人只有在后天获得文化才能获得禀赋的发展，才能成为社会的人，而这就是一个人的社会化过程。'成人'一词的根本含义即在此"。教育是社会化的基本手段，"人只有通过教育才能成为一个人，人是教育的产物"。手段是为目的服务的，使人社会化和个性化，即使人成人就是目的。"教育最基本的目的，就是要把社会发展对人的发展要求转化为受教育者的素质，或者说，把受教育者的素质提高到社会发展所要求的水平上来……由此看来，教育就是促进人转化的活动。这个转化过程，就是促进受教育者社会化与个性化的过程。"所以，教育是为促使人转化成合格的社会成员，即为促使人首先成人服务的。在我国，一个人在成人（18 岁）之前所接受的学校教育，一般都是基础教育。因此，基础教育是以"成人"作为目标追求的。

"成才"的内涵。所谓成才，汉语中表述为成为有才能的人，即成为人才。我国早期的人才学研究者认为："现在我们所说的人才，是指那些在各种社会实践活动中，具有一定的专门知识，较高的技能和能力，能够以自己的创造性劳动，认识、改造自然和社会，对人类进步做出某种较大贡献的人。人才是人群中比较精华、先进的部分，是人民群众推动历史前进的代表。"按照《国家中长期人才发展规划纲要（2010—2020）》中的解释，"人才是指具有一定的专业知识或专门技能，进行创造性劳动并对社会作出贡献的人，是人力资源中能力和素质较高的劳动者。"前后解释，虽然表述上略有差异，早期的解释带有明显的时代特点，但是对“人才”概念本质的揭示是一致的。从对象来说，人才是人群中能力和素质较高的人，即人群中的精华，但是，作为基础教育来说，不是培养人群中的“精华”，而是培养“人群”，即使每个孩子都得到公平的培养而成人；从内容来说，对人才培养是进行专业知识的教育和专门技能的训练，而基础教育是对青少年儿童进行非专门、非定向的普通文化知识的教育和公民基本素质的培养。所以，“成才”是专业教育所追求的目标，因为只有专业教育才能培养出具有一定的专业知识或专门技能的人。专业教育，亦称“专门教育”，是培养某一领域专业人才的教育。在一个国家的学制结构中，一般既设有不同层次的进行基础教育的普通学校，又设有培养各种专业人才的专门学校。中国实施专门教育的机构是各种类型的高等专业学校、中等专业学校、职业学校。

主持人朱永新：

成功、成才就一定幸福吗？

乙方委员张兴赢：

人是社会的个体，只有被社会和他人认可，才能找到存在的意义，而之所以能被他人认可，是因为个体在某方面做得很成功，所以成功是幸福的前提。

主持人朱永新：

我在《开讲啦》讲了一个故事。夫妻二人都是海归，结果他们的孩子学习很不好。开始他们很不能接受，自己都是高智商，又是完全按照教育的规律在培养孩子，学习成绩就是上不来，着急呀。但是，他们后来想通了，因为如果你用学霸的标准去看他，他就是学渣，但是你要用一个人的标准去看他，他是个好孩子，这孩子很善良，非常乐于助人，很喜欢做菜，10 岁的孩子能做一桌好菜。他觉得他能够享受他的人生，以后就做个好厨师，为什么不行呢？三百六十行，行行出状元。

乙方委员张兴赢：

是啊，那是因为他在厨艺行业成功了，所以找到了价值，感到了幸福。

乙方委员雷鸣强：

成功、成才的过程是努力克服困难从而实现目标的过程，总体上是幸福的，会有些痛苦，但“痛苦并幸福着”。

甲方委员王欢：

成人与成才、幸福与成功既是千万家庭对孩子成长的诉求点，也是学校育人价值取向的抉择点。

成人与成才、幸福与成功，这两组概念可以打通来看，即“成人→成才→成功”和“幸福”。三“成”同属成长序列，而幸福是对成长的积极体验。我的观点是：在孩子成长过程中，基础教育应以“成人”为本，本立而道生，孩子幸福随之而来。而这也是我们的教育幸福所在。

我们认为，教育即成长，教育就是给予学生“成”的力量、尊重学生“长”的过程。“成”的力量源自立德要求，“长”的过程基于树人规律。基础教育立德树人，关键是在促使学生成人的过程中给成长创造无限可能。教育对人成长的作用，根本上体现为促使受教育者成人。“成人”有两种含义，一是指达到发育成熟，与“成年”是同义词；二是“造就人”，即培育人的意思。可见，“成人”包括生理成人和社会成人。其中，社会成人就是一个人从刚出生时无知无识、无能无力的“动物实体”转化为有知识、有能力的“社会成员”。这是一个社会化和个性化的过程，即造就人的过程。

主持人朱永新：

成人与成才有必然关系吗？

乙方委员雷鸣强：

不成才，难以成人，如可成人，也是基本成人；不成功，难以幸福，如有幸福，也是低水平的。

主持人朱永新：

成功就一定幸福吗？成人与成才、幸福与成功是必要条件，不是充要条件。也就是说，两者之间没有必然关系。成人是教育的根本目的，幸福是教育的最高追求。亚里士多德说，幸福是人的最高目的，也应该是教育的最高目的。

甲方委员王欢：

1.“成人”的社会向度。人是教育的产物。教育最基本的目的，就是要把社会发展对人的发展要求转化为受教育者的素质，或者说把受教育者的素质提高到社会发展所要求的水平上来。所以，我们的教育就是促使人成长为德智体美劳全面发展的社会主义建设者和接班人，即首先促使人成人。特别是一个人在18周岁之前所接受的学校教育是基础教育，基础教育更应以“成人”为目标追求。当然，如果把“成人”看成是未完成的存在，那么，成人是伴随人一生的事情。在此过程中，“成才”只是人发展到特定阶段的成人的形式而已，“成功”也只是人在特定发展阶段获得某种程度的外界认可而已。

2.“成人”的自我向度。教育还有丰富人的精神生活、培养人健全人格的内在价值。雅斯贝尔斯说：“教育是人的灵魂的教育，而非理智知识和认识的堆积。”人是因精神充实而感到幸福的。尤其重要的是，人是整体的人，身心完美融合、追求人的全面和谐发展是教育理性和实践的共同追求。致力于人的全面发展的教育必定是“去功利化”的。全面发展是对人的身心素质的综合衡量，而不是对人所获得的某种外部要素的评价，人的立体发展体现在身心智趣各个方面，尤其是美德养成上，而这正是“成人”的内在规定性，是“成才”与“成功”涵盖不了的。

甲方委员张连起：

教育的目的是什么？是锚定多数人的“成人”，这里的成人是个性化与社会化的统一。“成人”显然不能简单理解为“长大”！什么是成功的标准？难道就是当大官、挣大钱，或者被称为什么家？如果是这样的定义，那么沉默的大多数都与成功无缘，包括本委员在内。但子非“鱼”，安知“鱼”不幸福？无数受过教育的精神健全的普通人，虽然不符合习惯的“成才”定义，但无数的“成人”构成了社会的脊梁，撑起了我们这个民族走向现代化的一片天。

甲方委员郭媛媛：

我同意成人比成才重要。

在我看来，成才一定程度上可以说是在社会中佐证成人、增强成人、壮大成人的一条社会化的、具有专业表征的路径和表达。要实现身心强大的成人，成才可辅佐之、加速之、强化之。成才更多为社会，并在社会中找到社会中的自己；成人为自己，在从容立世的强大身心、自洽中，不仅取得与他人、社会的和谐，还取得与自己的和谐。

乙方委员雷鸣强：

一般情况下，人人都可“成人”，但不是人人都可“成才”，所以我们把更多的精力放到“成才”上。

甲方委员王欢：

教育并不仅仅是为了眼前，而是为了未来。基础教育具有未来性，人的成长具有超越性。叶澜教授认为，基础教育是人生接受正规教育的起步阶段，它的价值不只是满足眼前的需要，还要为“未来”的发展奠定基础。这个“未来”是指我们所处的社会之未来和作为个体的人生之未来。所以说，我们对“成人”的努力比单纯的对“成才”或“成功”的追逐更加符合基础教育的自身要求。

基础教育只有把“成人”作为自己的目标取向，才能让教育本身返璞归真，也唯有如此，教育本身才会是充满生命气息的，学生接受教育的过程也才会拥有无限幸福感。有了这样美好的成长体验，学生就能被课堂牢牢吸引，被教师深深吸引，被学校久久吸引，最终成长为全面发展的人。

成人比成才、成功更重要。成人决定成才的性质，成人规定成功的方向。古今中外的教育事例比比皆是。成人与成才、幸福与成功之辩的背后，是对“教育三问”的深刻思考。我们要志当习总书记提出的塑造学生品格、品行、品位的“大先生”，站在“国之大计、党之大计”的政治高度，深入落实立德树人根本任务，为培养和造就一代又一代“担当民族复兴大任的时代新人”而不懈努力！

主持人朱永新：

幸福和不幸福其实有几种组合，一种是现在不幸福、将来不幸福，这个父母亲不干。现在不幸福、将来幸福，绝大部分父母亲都在做这样的事，他以为我要让他未来幸福，现在就得吃点苦。还有一种，叫现在幸福、将来也幸福，这恰恰是教育最应该做的，所以很奇怪的事就是，我们为什么不选择现在幸福、将来也幸福，而偏偏要去选择现在不幸福、将来幸福这条路？

我在和俞敏洪委员对话的时候说过：幸福是一条河流，这条河流是川流不息的，没有幸福的童年永远不可能有幸福的人生。教育，本来就是个培养人的活动，把人真正地培养成人，培养成一个理想的人，培养成一个不断追寻向上的能够更美好的人，我觉得这就是教育应该做的事。教育的本质，就是要过一种幸福完整的教育生活。亚里士多德曾经说过，幸福是人类的最高目的，教育应该是围绕着人的最高目的来做。人幸福最重要的原因就是让他成为自己，他找到了真正属于他自己的东西，找到了自己的挚爱，找到了他自己不断向上的路径，那么他就会幸福，所以在我看来，幸福和完整其实是定义教育本质非常重要的两个关键词。

甲方委员张连起：

成功就幸福吗？当然不是！且不说成功的标准有百种千样，某些人眼中的成功，在另外一些人的眼中未必就是成功，单说就算“成功了”，幸福的感受就一定多？这既是一个价值判断，又是一个事实判断。结论是，成人更重要，幸福更重要！

乙方委员雷鸣强：

幸福有两种，一种是基本的浅层次暂时的幸福，一种是根本的深层次的长远幸福，这就要靠“成功、成才”来支撑。国家“自立自强”的科学技术创新，需要以千千万万高科技人才的“成才、成功”为基础。

主持人朱永新：

成功毫无疑问不等于幸福。有企业家资产过亿，但是睡不着觉，不幸福。成才也不一定成人。有人考上名校、拿到博士学位，但是品格不怎么样，做人不怎么样。

乙方委员雷鸣强：

为什么成才先成人？

基础教育应该以“成人”作为其培养的目标取向，“成才”是专业教育的价值追求。正如有的研究者所说的那样：“一般说来，人才总是具有一定的职业性和专业性，因此很难说基础教育是培养人才的。按照国际社会的共识，基础教育……是现代社会中每个人为在社会中生存和发展所必须接受的最低限度的教育，强调的是人的基本素质的全面而协调的发展，而不是职业和专业素质的培养，它实施的是基本的普通科学文化知识的教育，是非定向和非专门的，与职业性和专业性的教育有着性质上的不同。因此，基础教育的目的定位于培养‘人才’显然不合适。‘成人’先于也重于‘成才’。”

当然，如果把“成人”看成是未完成的存在，那么，成人是伴随人一生的事，“成才”只是人发展到特定阶段的成人形式而已。但是，如果站在人发展的阶段性和教育对人发展所起作用的阶段性立场，就教育与成人的关系来说，专业教育是以成才作为目标追求的成人形式，而基础教育是以成人本身作为目标追求的。

甲方委员张连起：

岂不闻：有德有才是正品，有德无才是次品，无德无才是废品，有才无德是危险品。成人比成才重要！

司马光在《资治通鉴》里分析智伯无德而亡时写道：“才德全尽谓之圣人，才德兼亡谓之愚人，德胜才谓之君子，才胜德谓之小人。凡取人之术，苟不得圣人、君子而与之，与其得小人，不若得愚人。何则？君子挟才以为善，小人挟才以为恶。挟才以为善者，善无不至矣；挟才以为恶者，恶亦无不至矣。愚者虽欲为不善，智不能周，力不能胜，譬之乳狗搏人，人得而制之。小人智足以遂其奸，勇足以决其暴，是虎而翼者也，其为害岂不多哉！夫德者人之所严，而才者人之所爱。爱者易亲，严者易疏，是以察者多蔽于才而遗于德。自古昔以来，国之乱臣，家之败子，才有余而德不足，以至于颠覆者多矣，岂特智伯哉！故为国为家者，苟能审于才德之分而知所先后，又何失人之足患哉！”有鉴于此，成人比成才更重要！

甲方委员任芳：

我们在追求美好生活，而美好生活既靠自己，也靠社会力量共同实现，每个人的小小幸福，汇聚成整个社会的美好幸福。幸福的人人格健全，既成人也利于成才，幸福教育和成才教育都不可少。

乙方委员雷鸣强：

“成人”是“德智体美劳基本发展”，“成才”是“德智体美劳基本发展”＋“专业性发展”。

甲方委员刘慕仁：

成人比成才重要。成人是成为有理想、有道德、有文化、有纪律的人。成才是成为有才能的人。有文化包含了有才能。

从这样的角度来看，成才只实现了成人目标的一部分，成才距离成人还有一段距离。对教育而言，教育要德才并育，不能光停留在育才上。德智体美劳全面发展，才是我们教育发展的目标。

对个体而言，不能只注重提高自己的才能，只看重自己的才能是否高人一等，更要注意自己的德行修养，要做到德行修养不输他人。只有才能是靠不住的。俗话说，德不配位，必有灾殃。

乙方委员雷鸣强：

怎样引导孩子？成人、成才，两不误。

一旦基础教育把“成人”作为自己的目标取向，就能让教育返璞归真，教育本身就是充满生命的，学生接受教育的过程就是一个能使人获得乐趣、拥有成就感和幸福感的过程，就是一个彰显人性、培育人性的过程。“人性是趋向于在愉快而不是不愉快，富有乐趣而不是充满痛苦之中寻求动机。”有了这样的过程体验，学生就能被课堂牢牢吸引，被学校牢牢吸引，最终成为健全充分发展的人。

从人一生的发展逻辑来说，应该是先成人后成才，成不了人也就不可能成才，至多是畸形的才；无论是成人还是成才，都离不开学校教育功用的充分发挥，而人最先接受的学校教育是基础教育，其后是专业教育，所以，“成人”是基础教育培养目标应有的价值取向，“成才”是专业教育的终极价值。

乙方委员张兴赢：

幸福感来自哪儿？我不信自己当着乞丐还有幸福感。幸福一定是来自于自己在某一方面成功了，可以是个好厨师，可以是个技术过硬的车间工人，可以像当一个让村民敬仰的乡村教师，他们都是在自己的领域成功了，所以他们感到幸福。所以成功非常重要。

主持人朱永新：

中国古代讲德才关系——其实类似于成人与成才。有德有才是圣人，有德无才是贤人，无德有才是小人，无德无才是废人。

甲方委员郭媛媛：

成人，是要成为“大写的人”——有深度、有力度、有广度的独立的人，而不是一个为物役、为时役的空洞之人。

一个人的成人，既是个体“物质成人”——即生理成人，也要“精神成人”——心理成人。

乙方委员雷鸣强：

我的理解，“成人”是教育的基本要求，“成才”是更高要求，“成功”是教育的秘诀，“幸福”是教育的境界。

主持人朱永新：

今天的讨论，对于家庭教育是一个根本性的问题。立足于幸福、成人，把幸福与成人作为根本的目标，即使孩子是一个平平凡凡普普通通的人，也能够坦然欣然。

甲方委员郭媛媛：

面对真虚融合的生活场域，面对全球文化的开放互动，面对民族国家的基础，每个人都需要在人与自我、人与国家、人与世界的三重主体关系和维度中，建构成人的层次。

身处全球化时代，要从知识、技能，再到智能与心性，培养具有世界眼光的人；要从民族身份的认定、民族自信的保有，完成个体对自身站位的确认。从中建立的人文个体，应以民族文化自信与自豪感，立身国家立场，却也拥有国际化的宽阔胸襟与视野，能从容面对更广阔的世界与更剧烈的世事变迁。

成人，是要借助教育，不断完成作为坚强而健全的人的主体的塑造，让自己具备一定的人文精神，通过成长，无限接近“认识你自己”，持续长大“成人”。

主持人朱永新：

一个星期的讨论就要结束了。

感谢大家 7 天以来积极参与讨论。每家都有孩子，每家孩子的教育都有一本难念的经。通过一周的讨论，许多观点渐渐明朗了，也达成了基本共识。我们今天的讨论，其实对于家庭教育是一个根本性的问题。立足于幸福、成人，把幸福与成人作为根本的目标，即使孩子是一个平平凡凡普普通通的人，也能够坦然欣然。

作为主持人，我的观点比较倾向于成人比成才更重要，幸福比成功更重要。

当然，更加需要指出的是，成人与成才、幸福与成功之间并不矛盾。鱼和熊掌兼得最好、最理想。但是，当鱼和熊掌不能够兼得的时候，就要注意，把幸福还给孩子。这才应该是人生终极的目标。

今天的讨论就到这里。感谢各位委员的热情参与、踊跃发言。

召集人丁伟：

在过去一周中，我们围绕家庭教育这个重要且具有广泛社会意义的主题，聚焦七个具体问题展开了热烈、坦诚、富有建设意义的讨论。委员们在深入交流互动的基础上深化了认识，在许多基本问题上达成了共识。

这是一次具有探索意义的读书交流活动，取得了很好的效果。

在此，感谢参与讨论的各位委员，感谢为确保主题周顺利进行提供服务的组织保障团队。

（“家庭教育七日谈”组织支持：王相伟　贺春兰　张惠娟　韩　雪）

第二辑

家教故事精彩汇

家庭给了孩子自然的基因，也必将带给孩子有关价值观和文化特质的“文化基因”，而这种文化基因将作为性格和人格底色影响孩子的一生。这种“文化基因”既是显性教育的结果，更是家庭每个成员间尤其是亲子之间耳濡目染、润物无声的结果。全国政协委员中多各界精英，他们可能是优秀的校长、出色的企业家、名医抑或知名学者，本辑通过他们讲述自己从原生家庭里、从父母处的“获得”或者自己做父母的经历和感悟，告诉我们什么是委员们心中的优秀和幸福。他们的优秀何以炼成。哪些东西他们又着意传承给孩子。什么支撑着一个人的幸福感。什么才是我们最该给予孩子的人生财富。每个家庭各有不同，但幸福的孩子从父母那里得到的传承却有很多共通之处。

在许多家庭为孩子所困的时代背景下，让我们和全国政协委员们一起探讨、感悟如何做父母。

亦父亦师

朱永新

朱永新，第十二届、十三届全国政协常委、副秘书长，民进中央副主席，中国陶行知研究会会长，中国教育与社会发展研究院副院长，中国教育学会第八届学术委员会顾问。苏州大学教授、博士生导师，北京大学、北京师范大学、同济大学等兼职教授。新教育实验发起人。先后任苏州市副市长、十一届全国人大常委会委员、叶圣陶研究会副会长、中国教育学会副会长等。著有《朱永新教育作品》（16卷）等，著作被译为英、法、日、韩、俄、蒙、阿拉伯语等27种文字。

我人生的第一位老师是父亲。父亲是念师范的，那个时代的师范生，基本素质很好。我曾看过他拉手风琴的照片，那是一个洋溢着青春气息的年轻人。

“文革”期间，父亲在一所乡村小学当校长。星期天，他带我到他的学校去，看到校园里贴满了批判他的“大字报”，我惊恐万分，他却不动声色。他那如山的静默沉稳，让我也不知不觉镇定下来。晚上，校园里就剩下我们父子俩，这时我听到了父亲的歌声。虽然他不再操琴，但开心时会情不自禁地唱歌。半夜里，我还听到了“猫叫”，我呼唤父亲，他却开心地笑了起来，说是他在吓唬房间里的老鼠。我从此也学会了这一招。

父亲的敬业精神更是给我留下了深刻的印象。无论做小学老师、做小学校长，还是后来当镇里的文教助理、县聋哑学校的校长，他都兢兢业业、全身心地投入。他曾自豪地对我说：“我要么不做，要做就做最好的。”1984 年、1986 年、1987 年他先后三次受到大丰市委、市政府的表彰，1989 年 9 月原国家教委、人事部、全国总工会授予他“优秀教师”的荣誉称号。

这些荣誉或许就是对他多年追求的最好褒奖。

父亲的许多故事，我是在他去世以后才通过各种途径知道的。如他曾经工作过的大丰南阳小学的校长周荣在他的追悼会上曾经说：“他是一个对教育追求一生的人。他是一个有着教育理想的人。他是一个一生认真，不停追求的人。在我的记忆中，他一生中最辉煌的是他担任我们南阳乡文委的时候，那时他们乡是我们全市教育工作最好的一个乡。他们那里的文体方面的很多活动在全市和全省都是有影响的。”

大丰市教育局的领导在主持告别仪式时也讲述了父亲退休前后一段时间工作的情况：“90 年代初期，大丰全市开展农村教育综合改革，朱明昌同志创造性地依托成人教育中心校，实施农科教结合，科学技术进村入户到田头，为教育富民闯出了一条新路子，使南阳的教育工作成为大丰的一面旗帜。为此，省政府曾授予南阳镇‘江苏省农村教育综合改革先进乡

（镇）’称号。”

父亲曾经教过的一位小学生，她的回忆文章也让我沉睡在大脑中的父亲的许多教育“细节”变得清晰起来：

“朱校长夹着木制的大三角尺给我们上数学课；朱校长带着我们参加全镇的文艺比赛；朱校长鼓励我们参加武术小分队；朱校长组织学生敲锣打鼓把‘三好学生’的喜报送到家里；还有校长办公室里各种各样的奖章。有一年的冬天，天气特别的寒冷，河里结了厚厚的冰，贪玩的、不懂事的我们在冰上玩耍了起来，朱校长知道后把我们狠狠地教训了一通，并罚我们站在操场上，让我们从此永远记住要珍爱自己的生命；农村学校，条件十分简陋，我的舅舅阿姨、兄弟姐妹、邻居伙伴甚至我的侄辈等都在这个学校读书，都曾得到朱校长的教诲。

“记忆中，每次无论文艺演出还是武术表演，各项活动我们都得第一。我们的文艺小分队第一，直到现在我还能想起当时我们排练节目的一些场景和独特的造型；我们的武术小分队曾多次代表我们南阳镇到其他各个镇巡回演出、代表大丰县参加盐城市的比赛、代表盐城市参加过全国的武术比赛，也正因此，小小年纪的我经历了很多的大世面，还被派到过其他学校当武术小老师；从我们这个学校考取镇上的重点高中到后来考取大学的人数相对于那个年代是比较多的；如今国内外各行各业都有我童年的伙伴。当我有机会走上讲坛体验教育的喜乐、当我们轰轰烈烈开展素质教育的时候，我就在想，曾经的朱校长不就是一个很好的素质教育的典范吗？

“七年里，我不记得我们去过多少次朱校长的家，也不记得在朱校长家吃过什么饭，反正每次去镇上，三间红瓦的平房是我们最好的落脚点，吃饭、化妆、排练节目，是我们应做的事，至于那锅碗瓢盆灶火柴一概与我们无关，现在想来真不知当年朱校长和朱老太太在幕后为我们付出了多少。”

是的，父亲当时在农村小学做校长，而我们在镇上的家，就是父亲学校的后勤部。父亲的教育生涯，就是当时许多农村教师的真实写照。

当然，对于我来说，父亲给我一生最大的影响和财富就是每天早起习惯的养成。大概从小学一年级开始，父亲每天早晨5点半就会准时把我从床上拖起来，做一件我很讨厌的事：习字。无论是酷热难熬的夏日，还是滴水成冰的冬天，我都要千篇一律地临柳公权帖。其实，也是小和尚念经，有口无心，自然没有练好字。尽管如今我的字还过得去，也有人说我的字有“风骨”，但终究没能成为书法家。

只是歪打正着，有心练字字未练好，却养成了一个好习惯：早晨睁眼即起，每天至少比一般人多工作两个小时。当人们还在梦中酣睡时，我已经挑灯早读了；当人们起床洗漱时，我已经工作了两个多小时。

小时候还经常埋怨父亲，甚至在心里把他比作半夜鸡叫的“周扒皮”。现在看来，这是父亲给我人生最大的财富。如果每天比别人多工作两小时，一年就多了730个小时，50年就多了36500个小时，也就是多了整整1520天，差不多延长了4年的生命！这是每一分钟都有效的生命！

现在，当我每天早晨5点左右起床，在写字台前伏案工作的时候，脑海里经常会浮现出父亲的身影。

这是父亲的礼物，更是我一生的财富。

（组稿：贺春兰）

我的家乡和亲人

李　山

李山，第十三届全国政协委员，香港紫荆党主席、瑞士信贷集团全球董事会成员。曾任中国国家开发银行首席国际业务顾问、瑞银亚洲投资银行副主席、中银国际控股有限公司首席执行官、高盛投资银行执行董事和首席中国经济学家。曾担任清华大学国家治理研究院副理事长、麻省理工学院经济系和斯隆管理学院金融顾问委员会委员、哈佛大学肯尼迪政府学院院长理事会成员。

一

我是四川省威远县人，那里的地貌非常特殊，据说全世界70%的穹隆地貌都在我们县，威远因此被称为“中国穹隆之乡”。这个美丽的地方曾经非常闭塞，闭塞造成了贫穷，但也因此保留了一些中国文化中非常传统的东西。家乡“天下兴亡，匹夫有责”的传统和学术环境都在我的成长中留下了深深的印记。

我就读的威远小学是四川省最早成立的三所现代小学之一，前身是凤翔书院。主持书院的是曾参加“公车上书”并被当时的四川学政张之洞视为“能够树立的豪杰”的林朝圻进士。书院虽小，却走出了很多人才，其中一位是从邻县来求学的吴玉章。他后来成了大名鼎鼎的中国共产党元老、中国人民大学首任校长。

威远贫穷、闭塞，但却能在那样闭塞的条件下率先成立新式小学，全靠首任校长吴天成举人推动。他率先到日本考察教育，促成包括民盟创始人、新中国第一任副主席张澜等300余名四川学子留学日本。邓小平、陈毅等留法学生，朱德等留德学生也都是从四川走出来的。和现在社会中年轻人喜欢去大城市不同，当时很多有学问的人都在学成之后回到家乡。正是因为穷乡僻壤也有这样一批有识之士，当时的中国才能够人才辈出。

威远小学的第三任校长刘泌子就是我们县最早的留学生。他在日本东京加入同盟会，中华民国成立后任孙中山临时大总统府秘书。威远小学早期的学生中有后来担任《人民日报》总编辑、社长的胡绩伟。他的岳父胡驭垓是一位杀身成仁的同盟会会员，在武昌起义之前就率众攻下威远县城，宣布独立，后被封建势力杀害。民国政府为他建立的烈士纪念碑一直保留在我小时候就读的幼儿园大门口。

威远既有关心家国命运的传统，也有读书的环境，其中一位读书人就跟清华有关。

我 1981 年考上清华大学，当时全县都轰动了。作为我们县城第一个考上清华的学生，我被写入了县史。但是后来我发现这个说法不太准确，严格地讲，我是县城第一个考上清华大学的学生，很久以前我们县已经有一个考上清华留美预备学校的学生，叫罗念生。他也许不是清华历史上最有名的校友，但他绝对是杰出校友之一，因为他对国家，甚至对人类文明都做出了巨大贡献。

罗念生离开清华大学后，去哥伦比亚大学留学。在美国学习期间，他发现美国并不是西方文明的发源地，西方文明的摇篮在希腊。在当时国家积贫积弱的背景下，他渴望寻求西方先进文明的本源，于是成为第一个留学希腊的中国学生。后来罗念生致力于希腊文学、戏剧的翻译研究。现在我们所读的荷马史诗、古希腊悲剧喜剧、亚里士多德《修辞学》等希腊名著很多都是由他翻译成中文的。

罗念生把希腊文明介绍给了十几亿中国人。1987 年希腊政府授予罗念生“希腊最高文学艺术奖勋章”，以感谢他为弘扬希腊文明做出的巨大贡献。

2019 年习近平主席访问希腊时，在希腊《每日报》上发表署名文章《让古老文明的智慧照鉴未来》，特别提到了中国翻译家罗念生。

罗念生上清华大学前住的家宅经过世纪变迁，后来成了大杂院，六户老百姓共同居住在里面。其中一户就是我们家。相隔半个多世纪，从这个院子里再次走出了一名清华学生，不能不说是一种神奇的缘分。

我曾在清华大学经管学院开设政治哲学课，第一堂课讲述荷马史诗《伊利亚特》中阿基尼斯对人生意义的思考。我惊喜地发现该书是由罗念生前辈翻译的。几年前我担任清华大学国家治理研究院的首任执行院长，办公室设在清华校园内的胜因院，与罗念生当年回清华任教授时住的独幢别墅仅相隔几十米。

家乡就是这样一个既有人文传统，也有革命精神的小地方。我很爱我的家乡。

二

我家是普通人家，父亲这一代很穷，除了他是小学毕业，其他人基本上都没读过什么书。根据家谱看，我是客家人，老祖宗有一支到了福建上杭，始祖是李火德公。我们家的先辈后来离开福建，落户广东梅州，晚清时辗转来到四川。

祖上在威远定居后，知道这里出产铁矿石，就自己建了钢铁厂。抗日战争时期，国民政府把民营钢铁厂整合成威远钢铁厂，就是今天的川威集团前身。川威集团现在是四川最大的民营企业之一。

在钢铁厂收归国有的过程中，我的幺公发挥了重要作用。幺公是我祖父最小的弟弟，当年在保定陆军学校、黄埔军校深造，回来后成为川军少将。抗日战争时他率军出川，参加长沙保卫战。为了保障抗战期间的钢铁生产，他率先把自己家的钢铁厂交给了国民政府。

家中有这样一位军人，我父亲自幼受到川军报国思想的影响，13 岁就参加了中国人民解放军。抗美援朝时，他年纪太小没法上战场，就退伍回到了老家。因为父亲在部队里学了画画，就到了我们县文化馆工作。

我的性格继承了李家的传统，具有客家人能吃苦的个性，但是智商可能还是得益于母亲。

我母亲姓彭，她从小生活在重庆，是大城市的姑娘，家里是书香门第。她之所以来到威远农村，只能说是造化弄人。

母亲 20 世纪 50 年代在重庆西南师范学院中文系读书。政治斗争掀起波澜时，她其实并没有参与，是一个地道的逍遥派，所以最初也没有受到影响。但是后来她有越来越多的同学被打成右派，于是母亲心想：我的好朋友被打成了右派，那我是不是也有问题？于是主动把自己的日记上交给了班党支书。母亲就这样被打成了右派，毕业的时候不能留在重庆，被下放到我们县的泥河村教书，然后“下嫁”给了我的父亲。

农村的条件很艰苦，母亲怀孕的时候大着肚子去水田里洗衣，导致我才七个月就早产了。深夜里母亲在煤油灯照明的村舍生下我，隔壁是放暑假就改为牛圈的教室。村里没有医生，家人对我是否能活下来都很怀疑。好在我命不该绝，顽强地活了下来。

母亲一直很思念她的故乡重庆，重庆又叫山城，于是母亲给我起名山。我父亲也很喜欢这个名字，因为泥河村属于父亲的故乡山王镇。我的名字里是满满的乡愁。后来有人说，我这辈子太折腾，是因为名字取得不好，建议我改一个字，把“山”改作“舢”。我坚决不改，如果这个名字是我的命运，我接受这个命运。

母亲生下我需要有人帮忙带孩子，就把我的外祖母从重庆请来了。

三

外祖母年轻时有段传奇经历。她当时是重庆女子高等师范的学生，老师中有张闻天、萧楚女等中国共产党早期领导人。受他们影响，她很早就勇敢地投身到爱国学生运动中，成为重庆学生领袖之一。

1927 年 3 月 31 日，为抗议英国军舰开炮打死打伤庆祝北阀胜利的南京市民，重庆各界举行抗议示威大会。四川军阀派兵血腥镇压，造成震惊中外的“三·三一”惨案。当时站在大会主席台上的十来位集会领导者里，只有一个女生，就是我的外祖母。

外祖母不仅胆识过人，而且非常聪慧。她祖父是位举人，她在女子高等师范读书时学习成绩名列前茅。我第一次得一百分的小学作文就是外祖母一个字一个字教我写的。外祖母是家里对我影响最大的人。

可能是遗传了外祖母的聪慧，我从小学一年级开始，考试永远是班级第一名，上清华以前从没拿过第二。当时小学里的孩子争当红小兵，中学里叫红卫兵，就像现在的少先队员。因为母亲是右派，虽然我的学习成绩是班上最好的，班级活动表现也很积极，但我小学、初中都是落在班上大多数同学后面入队。幸运的是老师们都不歧视我，喜欢我聪明用功。进清华之前我母亲的右派问题已得到平反，我成为威远中学共青团团委委员。

（组稿：张笑竹）

父亲的影响深刻绵长

李有毅

李有毅，第十三届全国政协委员、第十五届北京市人大代表，北京市第十二中学联合总校校长，数学特级教师，正高级教师。兼任中国创新人才教育研究会副会长，中国教育学会高中教育专业委员会副理事长，北京市教育学会高中教育研究分会副理事长，北京市学校德育研究会副会长。曾荣获“全国先进工作者”“全国五一劳动奖章”“全国教育杰出贡献校长”等荣誉称号，享受国务院特殊津贴。

我的人生中有许多人对自己产生过影响，但影响最大的是我深爱的父亲，他除了给我提供一个遮风避雨的温暖的巢穴，同时也给了我一对能够展翅高飞的羽翼……

在我记忆的河流中，父亲有两次嘱托，给我留下的印象尤为深刻。第一次是在1982年初春节刚过，刚刚大学毕业的我，从安徽师范大学的校门跨入了芜湖十二中的校门，实现了从学生到教师的角色转换，其实教师这个称呼对于我而言并不陌生，早在读大学前我就教过几年学，这一次我格外的意气风发，全身都充满力量，铆足了劲儿决心为梦想而战。我记得上讲台前的第一个夜晚，我站在书桌边，对着镜子大声准备着我的第一堂课，当我认为自己的语调和手势都已到位，准备很充分时，我父亲进屋对我说："第一节课必须上好，你刚刚走上工作岗位，在业务上一定要对自己高标准严要求。作为一个年轻的老师，还务必要每天提早半个小时到单位，先打扫卫生，平时要多为同事们做一些力所能及的事情，这些事情也许你现在不理解，但慢慢你会明白的。"

当时我父亲已经是芜湖市人大副主任，虽然对父亲要求我天天去打扫卫生不是太理解，但是我还是这么去做了，我一直坚持了很多年。

父亲的第二次嘱托是15年后，而且是通过母亲转达给我的，那是1996年，我放下了天时、地利、人和的生活工作环境，随爱人调到了北京工作。临行前母亲语重心长地对我说："你爸爸早预料到你可能会去北京工作，在他病重时就不放心，让我在你要调工作前告诉你：第一，不要讲你过去的辉煌，那已经成为历史了。第二，不要过问教书以外的任何事，要老老实实地教书育人。第三，一定要在业务上站住脚。"母亲一再嘱咐我要记住父亲所说的话，要做个工作认真负责的人。

许多年来，我每每想起父亲，耳边都会想起这两次爱的嘱托，虽然有些莫名的伤感和心痛，但还是会沉浸在浓浓的父爱之中，感受着父亲一生积攒的种种力量在慢慢地渗透到我的生命中来。

父亲一生规范行医，医德高尚，医技精湛，教书育人，潜心科研，平生博览群书，立足实践，他总是把金钱看得很淡，经常拿钱和粮票去资助那些没钱治病的人，从来不求任何的回报。“文革”期间曾有不少人向父亲借钱打过许多借条，姐姐觉得借的东西是应该还的，父亲知道后责怪了她，父亲说“金钱是身外之物，能救人也是幸事”，就把所有的借条都撕掉了。

父亲不仅影响了我的一生，也同样影响了我的兄弟姊妹们的一生，我的姐姐有这么一句口头禅，“当你孝顺父母的时候，就认为你是一个独子；当父母有财产的时候，你就想到你父母是农村的，是要你赡养的”，正因如此，即使在父亲重病住院的时候，哥哥姐姐们也从来没有要求我回家伺候，没有影响我的工作，他们主动承担起无微不至照顾父亲的责任，而且哥哥姐姐们在工作岗位上个个都很优秀。

我的教育之梦始于家中那一缕萦绕不散的书香。我家是一幢老宅子，家中医书有近万本，父亲的学生经常到我家来查阅资料，正所谓“谈笑有鸿儒，往来无白丁”，油墨的清香弥漫在我们这个温馨的家园之中，父亲不仅给予了他人更多的关照，与此同时也满足了儿女们一切阅读愿望，在我的记忆里孩提时最美好的事情莫过于和父亲逛新华书店，父亲几乎每周都会带我去新华书店，但凡我想读的书，父亲都会毫不吝啬地倾力满足。还记得母亲为此曾经责怪父亲：“你一买书就买这么多，这些书里很多都是重复的，他们都有用吗？”我父亲说：“这些书即便99%是重复的，但只要有1%的东西在别的书上没有看到，我觉得这本书就值得买。”父亲虽从事了一辈子医学工作，但家中的藏书却涉猎很广，从经史子集到诗词歌赋，从思想理论政治历史到经济科普文学，即便在病中他也一直关注知识界的动态，思想从不落伍。

在我的生命中，父亲无疑是给我最大能量的人，父亲的爱深沉而厚重，父亲对我的影响巨大深远。

在几个子女之中，我在父母身边生活的时间最长。在和父母生活长达40年的时间里，父母相濡以沫，互敬互爱，给了我很多东西，这些东西不是后来的教育就能改变的，家庭教育在潜移默化中对子女的熏陶，会让你在今后的工作中，不自觉地显现出来，时时刻刻伴随着你。我们姊妹也特别的团结，到现在，我们姊妹在一起的时候，总会谈起父母是怎么教育我们的。

（组稿：贺春兰）

我的父亲母亲

李云才

李云才，第十三届全国政协委员，九三学社湖南省副主委，湖南省供销合作总社一级巡视员。曾获全国绿化委员会先进个人、全国绿化委员会荣誉勋章、湖南省人民政府记一等功、国土资源部地籍研究一等奖，先后获省政府和中央部委先进个人5次。获国家和省科技成果奖10余次，其中“多领域多结构生态农业研究”获国家科技进步二等奖。多部专著获奖，其中《塑造未来——中国21世纪可持续发展之路》获第六届全国优秀青年读物二等奖。

最近，贾玲导演的电影《你好，李焕英》火了，剧中主人公直接用的是她母亲的真名李焕英，贾玲第一次当电影导演，第一次冲进春节贺岁档。据传贾玲对该剧执意上黄金档是因为她太思念已故的母亲了，在春节怀念母亲是最佳的，是来自内心最真实的感受。据报道，该剧已创造了50多亿元的票房收入。这也许不仅是靠创作该剧人物的勤奋、坚持和智慧，还有对一个孝顺有加的人的深层回馈。“欲翠青山起父茔，难别盛世舍亲情。”每当谈及父亲母亲，我便情不自禁地升腾起一种莫名的怀念、悲伤甚至痛苦。母亲高寿，过了鲐背之年走的，虽然已过去了一年多，但仍然不能释怀。父亲走得太突然，所以无论时间怎样流逝，也无法淡忘那不舍的过去。每当触碰父母仙逝这一心头之痛，眼睛就会湿润起来。岁月带走了时间，但带不走思念，带不走血液中流淌的至爱深情，带不走灵魂深处难以磨灭的星光。今年春节回老家，在父母坟前那种“何日再耕陇上地，三更梦见泪无声”的凄凉油然而生，往年总会在老家住上几晚陪陪母亲，尽管是母亲忙着整满一桌子饭菜，辛苦操劳。母亲走了之后，姐说去她家，侄儿说去县城，但心里还是有那种“一寸相思千万绪，人间没个安排处”之感。那天在亲戚家聚餐后不知去何处，更是有一种“不见去年人，泪湿春衫袖”的阵阵痛感，再折返几十公里回老家待上两三个小时，然后再返程，不料傍晚因车流量太大，高速入口已封闭，等上近一小时仍无放行迹象，只得再去他处，游子之感“才下眉头，却上心头”。那句“父母在，人生尚有来处。父母去，人生只剩归途”顷刻又涌上心头。一幕幕往事电影般涌来。

停不下来的“牛”

把父亲比作停不下来的“牛”，可能一点也不为过。父亲感觉白天时间不够用时，就会利用星光、月光、晨光干农活。还有正月初一的“开门红”、破冰打凼的“雪里红”、毛毛细雨是好天的“实干红”、治山治水的“愚公红”，常常干到身体不支才回家，那劳动的强度难以形容。是那种名副其实的“块块荒田水和泥，深翻细作走东西。老牛亦解韶光贵，不待扬鞭自奋蹄”的“老黄牛”。如果说父亲的忘我劳动记录了那个时代，记录了当时的生产力水平，记录了不堪回首的那段历史，但他放弃优越的工作条件“回乡”却更是彰显了一种“老骥伏枥”的精神。早在20世纪50年代父亲靠着自己的勤奋，早已在城市扎稳了根，全家户口也迁到了城市，在那大灾荒时期，父亲已在国有企业当了一名管理人员，在计划经济体制下的国有企业属体制内编制。但父亲对当时连年的大干旱这一特大自然灾害心急如焚，毅然决然响应国家的号召申请回乡，当企业反复做工作要他留下，并说“你已是快四十的人了，已不年轻，加上因公致伤的身体，就留下吧”，但他婉拒了企业的好意，执意回到农村，披星戴月干农活。在农村，父亲后来当了天下“第一小的官”——大队小组长，干活在前，危险在前，处理矛盾在前，分配在后，所得在后。当水利先行时，在修建中型水库峡山塘水库时，他没日没夜修水利，一次意外被重石压伤骨折，他请骨伤中医治疗，多次抽出淤血——一滩滩血，深沉而暗红。我不禁打了个寒战。这不是一滩血，而是一颗忘我的心。伤势稍有好转，就上阵干活了。真是轻伤不下火线，重伤稍有好转就接着干。

在那时，我虽然幼小，但能看到组里有事会商量，有事好商量，有事多商量。干事创业的牛劲荡漾在每一名社员的身上，谦让和煦的小组集体氛围较为浓烈。还清楚地记得，到了年底，一个小组分了一斤红糖、一斤橘饼、一斤砂糖等，但报名购买的都不“积极”，现在回想起来，当时不仅仅是因为“银子”不多，还有着互相谦让的“雷锋精神”。

一面墙的奖状没能赢得笑容

在父亲的影响下，我已记不清几岁就下地干活了，但能肯定的是上学前就成为“小劳动力”了，打野草、放牛、早晚稻插秧等农活样样都干。到了读小学和初中阶段，利用“学前学后”和节假日的时间，参加组里的农活，劳动强度自然升级了，除了翻耕、插秧、打野草外，还有打蒲滚、挑煤炭、手力抽水等十几种活，只有人力当牛翻耕稻田因力气实在不够作罢外，几乎所有的农活都干。要过几公里肩挑重担的“肩膀关”；五六十亩地几个小孩“包干”的“双抢”（早稻抢收、晚稻抢插）、“手插稻苗关”；“游击”夜战抗旱的“脚力关”；读中学时每天往返要过十多公里的山路“跑步”“上学关”；以及“学”“劳”双优尽可能多干点农活的“工分关”。这“五关”稍有差池就没法交代。读书时，每获得一张奖状就会贴到客（餐）厅那面土墙上，奖状只要用米汤就可以贴上去，不需要花一分钱。当“三好学生”“喜报”贴满了整面墙时，就往两个睡房的墙上贴，没想过有啥用，只用来鼓励自己。也许由于家庭生活的艰难，也许由于当时缺乏“书香”一说，也许受到太多孩子读书不多的影响，偶尔父亲会说起某某家的孩子不读书了，某某家的孩子又干了啥农活，读小学时没在意听，但到了读高中时何处何从自然摆在每一个学生的面前，每当听到“不读书也可以”时，心里会升腾起一种莫名的恐惧，但在一旁的母亲默不作声，每当母亲不吭声，我就感觉到母亲“没表态”，读书应该有希望。正是这种“无声胜有声”，让我感觉到了母爱的伟大。后来我们高中的老师说：“你是被学校请来读书的”（当时读高中要指标，未分配到指标），听后感慨万千，也无限感谢母校的挚爱。也许是那个年代特殊的社会状况和生计的不易，尽管读书有乐，奖状满墙，但未能发现它给父亲母亲带来多少笑容，当然它也许深藏在父亲母亲的心底，深藏在汗水与泪水背后的梦乡里。尤其难以忘记的是，每每母亲拿零钱给我去买家庭用品时，剩下的小零钱并不索回，没有哪个孩子不爱零食，但我把它放到一个小罐里，集腋成裘，到了开学时当了部分学费，母亲的这份信任让我刻骨铭心。

留下“回味无穷”的精神密码

大学毕业刚参加工作不到一年，一天傍晚突然接到一个电话：“你父亲舍己救人牺牲了”，犹如晴天霹雳，父亲的事迹很快传遍了三湘四水。父亲就这样走了，不敢相信自己的耳朵，不敢相信这是事实。父亲虽然不善言辞，但他却用行动、用那伟岸的身影时刻影响着我，告诉我什么是“老黄牛”精神，什么是自力更生、艰苦奋斗，什么是先人后己的高尚情操。父亲去世后的几十个春秋里，母亲总会在我最艰难、最低潮的生活里说一句“没关系”。这也是母亲说得最多的一句话。它深藏着母亲对世间万物洞察的最深刻而又最简单的表述，深藏着母亲在近一个世纪里百“忍”成钢的不屈性格，还深藏着对儿女看淡功与名的谆谆教诲。在没几件家具的土砖屋里，倒是有一件“老古董”——破旧的碗柜，在其左右两边的柜门上各镶嵌了四个字：勤俭持家，俭以养德。这也成为治家的“座右铭”。“新三年、旧三年，缝缝补补又三年”成为家庭常态，我也因此早早学会了给衣服“打补丁”，成为独自动手的一项手工活。衣服是否能穿，不是看打了多少补丁，而是看补丁是否补上了。母亲到了耄耋之年后，陪母亲散步走遍了长沙古城古街古巷。她在寻找20世纪50年代曾在长沙住过的那段岁月的痕迹。她讲述了湘江码头的旧韵、天心阁的沧桑、爱晚亭的枫叶红、白沙井泉水的甘甜、太平街的绚烂多彩、小街小巷的泥泞……对她讲过的故事、生活的艰辛、人生的磨炼大多我都或当即记下，或回家后整理。那也许是“流水账”，但它是真切的、深沉的、难忘的，也是她唯一讲述得最全的，她那种热爱生活、刚烈不屈的精神是永恒的。父亲母亲用那勤劳节俭的双手托起一个家，供我们姊妹上学，实属不易，但同时又告诉我们什么叫“淡泊名利”，什么叫先人后己的高尚情操。父亲作为革命烈士、母亲作为近百岁老人，没有留下豪言壮语，没有留下励志格言，却留下了使后人忘不掉的身影，留下了舍生取义、舍生忘死的实际行动，留下了大爱无疆、人间真情的生命的价值取向，留下了大道至简、疼爱儿女的心底泉涌。

（组稿：韩　雪）

善教子者 教于孩提

——三个小孩的成长故事

佘德聪

佘德聪，第十三届全国政协委员，香港德辉国际集团有限公司董事长、厦门华天涉外职业技术学院董事长、全国侨联常委、福建侨联副主席、香港福建社团联会副主席、香港乐群慈善基金会常务副主席、世界佘氏宗亲联谊总会会长等。曾获福建省人民政府颁发的“福建省捐赠公益事业特别贡献奖”。

我不是教育家，不能从理论上系统地阐述家风家教，我仅用自己家庭教育小孩的历程和故事与大家分享。

我太太胡月宾，出生在书香世家，从小受儒家思想熏陶，后又接受西方教育。既有中华的文化蕴涵，又有广阔的国际视野。由于我忙于商务，小孩的教育主要就落在她的身上。她付出所有精力、爱心和智慧培养出三个品学兼优的孩子。令我欣慰的是孩子们都能传承中华传统文化美德，更有家国情怀。在国外学成归来，事业小有成就。

女儿佘诗颖是纽约大学的最优生，26 岁取得美国哈佛大学法学博士学位，现在港工作，拥有自己的事业。

大儿子佘启光毕业于纽约大学斯特恩商学院，应爷爷意愿回国就读，24 岁取得清华大学工商管理硕士学位，现在港从事金融业服务。

小儿子佘启宗 21 岁在美国康奈尔大学以优秀生毕业，毕业后自己创业，2020 年取得康奈尔大学电脑工程硕士学位。

经常有人问她，如何培养出德、智、体兼优的子女？她的回答既简单又复杂，一分耕耘一分收获。教育小孩，有很多关于人性方面、感情方面的工作。适当的奖罚是必需的，教育因人而异、因时而施、因性而教。家长要以身作则、与时俱进，学会和孩子沟通。

观点一：运动很重要

运动促进孩子身体健康和大脑发育，提升学习效率和注意力，增强身体素质，要经常保持适量的运动。

观点二：因材施教、因时施教、因性施教，多管齐下

“因材施教”是以人为中心，因应不同的性格、认知水平和学习能力，提供适当的教导，激发学习的兴趣，树立学习的信心。

“因时施教”是以时段为中心，不同的年龄时点有不同的教育方式。例如，音乐和语言应在幼年培养，诗词曲赋则应在小学时吟诵，到中学时就可以反刍吸收。

“因性施教”是以性别区分，根据两性心理特征和生理发育存在的问题和原因，给予正确的辅导，以保证小孩心理和心身健康。

小故事：胡须猫

女儿诗颖，奶奶在她周岁时送了一个玩具猫给她，由于猫嘴上有撮黑色的毛，所以取名为“胡须猫”，这是她唯一的玩具。吃饭睡觉上幼儿园都形影不离，直到有一天妈妈去接她放学时，舞蹈老师说：“诗颖如果再带她的玩偶来上课，就不用来了，因为她抱着玩偶不能跳舞，也影响其他同学的学习。”妈妈听后知道不能这样下去，在回家的路上她对女儿说：“是时候和胡须猫分手了，本来妈妈可以在你不知道的情况下，偷偷把它扔掉，但是妈妈决定让你自己做选择。你可以带着胡须猫下车离去，以后就和胡须猫一起过自己的生活；或者你亲手把它扔进垃圾桶，然后跟妈妈一起回家，没有其他选择。”她抱着胡须猫一直哭，最后还是答应放弃胡须猫。妈妈为了让她有足够的时间和胡须猫告别，就在车上等着，但她就是不愿意扔掉。妈妈只好缓缓开动了车子，她抱着胡须猫在后面追，天色已晚，这样反反复复扔了，走几步，回头又抱起来，最终舍弃后才依依不舍地上了车。回想那天夜晚，秋风萧瑟，加上她的哭声，那种凄惨的情景，身为母亲心如刀割，但不得不狠下心来。妈妈曾怀疑过这是否太绝情，做了一个错误的决定。直到十多年以后，有一天她收到女儿诗颖发来的一篇作文，题目是“母亲的决定”，内容是讲述她与胡须猫深厚的感情、分离时内心的痛苦和她立志学习的经过。她说纽约大学的教授看完她的文章流下了眼泪，同时把这篇文章分发给同学分享。直到这一刻妈妈才如释重负。

观点三：养成阅读的习惯对孩子非常重要

书本是知识的来源，要从小培养主动阅读的习惯，提高阅读的能力和乐趣。通常父母会在学前给孩子买儿童书籍讲故事，开始时太太也不例外，但她发现这种阅读是被动的，小孩只喜欢听故事。后来她改变了方法，把孩子带去图书馆，让他们选读自己喜爱的书籍，要求读完讲故事和大家分享。她总是耐心地听他们讲故事，过程中不吝啬赞赏和奖励，这样可以增强孩子的自信心和成就感。这方法很有效，小孩逐渐形成了爱好阅读的习惯。

小故事：学长的台词

有一次，她去接8岁多的小儿子启宗放学，礼堂内高年级的学生正在排练莎士比亚名剧《罗密欧与朱丽叶》。小儿子上车就说："他们的台词读错了，把不同版本的《罗密欧与朱丽叶》混合在一起。"她当时不信，几天后在学校碰上当天指导排练的老师，求证了启宗的说法，老师笑着拍着启宗的肩膀说："你真厉害，英文和法文两个版本你都看过而且还记得。"从这一点可以说明阅读给人带来知识！

观点四：要重视小孩品德与人格的培养

她特别重视小孩品德的教育，忠孝仁爱、礼义廉耻，是人类良知与规矩的基本。人生没有正确的价值观就容易背离正道，甚至危害社会，如果没有道德的规范，社会将不会和谐。

小故事：彩色的石头

启光四年级那年，有一天在学校上科学课时，把两块五彩斑斓的小石头偷偷带回家。当妈妈发现时感到问题的严重，必须好好教训一下。晚饭后她召开家庭会议，耐心教导严肃指出他的不当行为。开完会她连夜开车，带着小孩一起去了警察局，要启光自己向警察坦白事情经过。警察对他说这是违法行为，你现在小，不追究你法律责任，如果你长大犯法是会受到法律制裁的，坐牢不仅失去自由，还会失去家人和朋友。之后，他向学校坦白并把石头归还给学校，保证以后不会再犯。学校虽然批评了他，但也赞扬了他这种坦诚的勇气。

观点五：学会对孩子包容

孩子的问题永远比想象中多，需要沟通理解，只有理解他们的内心世界，才能更好地包容和引导他们。

小故事：启光的蜕变

启光不到15岁就去美国读书，圣诞回来时，斯文整洁的他变成嬉皮士，一身饰物，宽大的牛仔裤挂腰下，肢体语言比说话还多。家里的大人都很生气，不停地骂他。但他却觉得自己酷，是大人不懂欣赏，干预他的自由。妈妈了解他的性格，也明白年轻人容易被同辈感染，认为这是一时的哗众取宠、标奇立异而已，不可能长久，时间会改变一切。他生活在中国文化的家庭，身上有着中国人传统基因。果然不出所料，时间不久，他又回到斯文儒雅的模样。

小故事：启光辍学

启光在纽约大学的第二年春，突然电邮告诉妈妈说他已经退学了，并把退回的钱用来租了一个房子，叫我们不用担心。他不想我们知道他的地址，免得强迫改变他的选择。这突如其来的既成事实，每个人都震惊不已。妈妈回他信说："尊重他的决定，可能以往对他的要求太高，这是妈妈的错，但请他相信家里人对他的爱是真诚纯洁的，没有附带条件的，希望他能和家人保持正常交流。"几天后他告知妈妈，已找到工作，在当大厦管理员，兼职做地产经纪，虽然累，却很开心轻松，没有压力，如果人人都要做比尔·盖茨，那太累了。开始时，母亲怕他误入歧途，后经朋友帮忙，证实他真的在工作。妈妈就说给他一个冷静期，让他在磨难中成长，我们要用爱来开导和引领他重回校园。经过不断的沟通，他渐渐明白亲人的爱和关怀是伟大的，勇于面对困难、克服困难才能拥有理想的人生。

启光从小品学兼优，大学之前从来都是学校的佼佼者。但在纽约大学，个个都是勤奋的天才，当他的成绩不如别人时他感到耻辱，因而产生对学校的厌恶感，他最担心的是成绩让大家失望。

三个多月后他认识到自己当时的决定是错误的，愧对父母和家人。他说现实没有想象中容易，觉得自己学识不够，无论多么努力，都只是事倍功半。他想回学校继续学业，希望妈妈原谅，他会更努力，不辜负大家的期望。

人生百年，立于幼学；善教子者，教于孩提。孩子如今取得的浅薄成绩，离不开我太太几十年如一日对他们悉心的照顾与教诲。我欣赏和支持她对孩子教育的理念，佩服她在孩子教育上的掌控力与执行力，更感激她对孩子和家庭的付出。

（组稿：张笑竹）

母亲留给我的

赵瑞华

赵瑞华，第十三届全国政协委员，中国中医科学院广安门医院妇科主任，中国中医科学院首席研究员，国家中医管理局领军人才——岐黄学者。现任妇幼健康研究会中医药发展专业委员会主任委员，中华中医药学会妇科分会、生殖医学分会副主任委员，北京中医药学会妇科专业委员会主任委员，国家药典委员会委员，国家中药品种保护审评委员会委员，国家食品药品监督管理局新药咨询专家等。

家庭教育是扣好人生的第一粒纽扣，而母亲是帮助扣好这粒纽扣的第一人。在颁布《中华人民共和国家庭教育法（草案）》的时刻，我愿意分享一些关于母亲的记忆。

2021 年 3 月 8 日（农历一月二十五日）是母亲离开我们三周年的日子。三年前的今天我第一次参加全国政协会议，那时母亲已经病重住进 ICU 病房。母亲离开时我正在参加政协会议，哥哥们商量后没有告诉我，怕我分心，会议结束后我才知晓，迅速赶回山东老家，火化并安葬母亲。我理解哥哥们的决定，也知道这种安排符合母亲的意愿，因为在母亲的心里国永远在家的前面。

以事业为生命的母亲

母亲是一位医生，从 1956 年的“公私合营”到 1965 年 6 月 26 日毛主席指示“把医疗工作的重点放到农村去”，母亲都是坚定的执行者。听党的话，跟党走，是她一生的追求。

2020 年利用暑休，我回到 50 年前儿时记忆开始的地方，我跟那里的老人介绍我是宋振家的女儿，他们没有表情，我说：“就是保健站的宋医生。”他们马上惊喜地说：“你是宋医生的女儿啊！”欣喜的气氛立刻包围了我。于是，他们喊着我的乳名，给我讲母亲当年给他们看病的事情，医术如何好，如何不辞劳苦，如何耐心细致，一边大声招呼围拢过来的老乡，告诉他们我是宋医生的女儿。那时我才明白母亲在他们心中的位置。原来母亲在那里的名字是宋医生！医生是个很亲切的称呼，也是很崇高的职业。我为有这样一位母亲而骄傲！

儿时记忆中的母亲总是忙碌的背影，即使过年过节好像也没有跟我们在一起，我不记得她休息在家的日子，即使姥姥、太姥爷来我们家，她也是安顿好就上班了。记得那时距我们 2 公里的驻军地偶尔会放露天电影，但每逢此时就是她值班的日子，那时已经习惯，从来也没有问起，现在才明白那是把看电影的机会留给了同事们。

响应毛主席“6.26 指示”回到老家农村时，40 多岁的母亲从头开始学习农活，锄地、间苗……没有怨言，只是默默地学习。农村缺医少药，尤其是妇儿疾病往往得不到及时诊治，百姓卫生知识缺乏。那时的母亲经常半夜被人叫起出诊，最多的是去别人家里接生，回来往往已是清晨。有时母亲会说今天真险，怎么之前都不做一下孕期检查呢？有时会说今天还好，比较顺利；有时会说今天总算是把她们劝去医院了，在家里太危险啊。我听到更多的话是一个孕妇两条命啊，马虎不得。做了 30 多年妇科医生的我，现在回想，那时的母亲是怎样天天如履薄冰，为孕妇们提心吊胆！但从来都是随叫随走，不管风寒雨雪，深夜黄昏，好像母亲那时从来都没有生过病。

退休之后仍有很多患者来找母亲看病，于是母亲便开了一个小小的中医诊所。因为母亲认识中药，会炮制中药，所以她的中药都是自己亲自挑选，回家再重新捡净、烘晒，甚至翻炒。我问她，这样做中药重量会减少吧？她说我开诊所，不为赚钱，只想方便大家。现在党的政策好，退休了还可以给人看病，做点好事吧。做医生首先心要正，要认真对待每一个病人，认真对待每一次诊治，不断总结经验和教训，医生就是活到老，学到老……在这样的母亲面前，我必须努力，不枉做她的女儿！

慈祥而严厉的母亲

我们家有很多规矩。譬如，见人要主动问候，要尊老爱幼，别人有困难要主动帮助；做事要认真，做人要诚实，说话要算数，答应别人的事情一定要办到；吃饭不准说话，不准吃零食，饭菜掉桌子上也要捡起来，如果不干净可以洗一下再吃；用过的东西必须放回原地，以方便别人使用；晚上不准外出，得到许可外出后必须按时返回，返回后需要主动向父母汇报情况，等等。

从我记事起，我们兄弟姊妹五人的理想就是要上大学，这是我们家的头等大事。记得小学三年级我们随母亲回老家了。开始很多地方不习惯，我曾一度不想上学了，母亲非常严厉地批评我，然后亲自带我去数学（那时叫算术）老师家里，让老师补习。因为我之前一直学习很好，不肯让老师补习，觉得那样丢人。母亲语重心长地对我说：不会才丢人呢。世上无难事，只要肯登攀。只要你努力，肯定能赶上。后来经过几次补习，加之同学们也慢慢熟悉，我的学习成绩又恢复到从前的水平。

“文革”期间，同学们都不读书了，而我们家里依然坚持在煤油灯下夜读。母亲告诉我们，书到用时方恨少，读书没有错。也是在那段时间，我们 5 个在父母的教导下开始读中医书籍，这为我们后来从事医务工作打下了基础。

记得高考那年，我正要进考场，远远看到一个人骑自行车飞快而来，走近一看是汗流浃背的母亲。我惊讶，不知为何。后来知道母亲听说考试前要吃水饺，她一人半夜起身和面、做馅、包好、煮好，用饭盒装好，骑车 30 里路赶来。我不相信，这是从不迷信的母亲所为！

宽以待人的母亲

母亲和同事、患者关系处得都很好。母亲常常告诉我们：三人行，必有我师。做人要虚心、要善良，不要做违背良心的事情。帮别人就是帮自己，给别人留路就是给自己留路。记得在我上学前，有一年集会母亲给我买了一个金属做的彩色小喇叭，吹起来很响亮，我很喜欢。被一起玩的小伙伴看到，抢过去一吹，可能用力太猛，小喇叭坏了，吹不响了，我便哭起来，母亲看到后说：她又不是故意的，假如是你自己吹坏了怎么办？要知道，那时候大家生活都很艰苦，母亲每年集会给我买的泥老虎（用泥土做成的老虎再刷上颜色）便是我一年的玩具，那年的金属小喇叭显得特殊而昂贵。这就是母亲的为人，永远为别人着想，将心比心。

勤俭节约的母亲

小学三年级之前我用的铅笔盒是装注射剂安瓿的废弃纸盒，书包是废弃的母亲出诊时用的绣着红十字的白布包。母亲的观点是能用就行，勤劳和节省是母亲的本色。后来我们兄弟姐妹相继上学、工作，这时的母亲总是穿我们的旧衣服，她说你们上班、上学需要注意形象，我在家里没有关系。

回到老家生活更加拮据，那一年的春季，家里实在没有粮食可以下锅，我们就把没有成熟的玉米掰下来熬粥喝。母亲从改造土炕、灶台开始，研究出怎样用最少的柴草做熟一顿饭，并在村里推广；那一年的春节我们穿的新衣是母亲用织布机织出的，我们吃的饭菜是母亲带领全家挑灯夜战用野草编织成地毯换来的。但母亲总是乐观地告诉我们，世上没有过不去的火焰山，只要我们团结一心，日子一定会好起来。

坚强而乐观的母亲

母亲在 75 岁那年患脑血栓，半身不遂，饭碗都拿不了。经中西医药治疗，逐渐好转。病情稳定后母亲开始恢复锻炼，初始需有人辅助，后来自己扶器械锻炼，摔倒了再爬起来继续锻炼，日复一日，直至恢复到能自己照顾自己，看到她的人都非常佩服。但脑血栓后损伤了语言中枢，母亲不能说话、不认识文字了。我们非常担心，这样的打击对一向快言快语、干脆利落的母亲是何等残酷，她怎么可以承受？但我坚强的母亲挺过来了。每遇不熟悉的人和她聊天，母亲便会主动、语言蹇涩、非常费力地说“我不会说话了”，她怕别人不知道，以为她不理人家。母亲面带笑容地说着，而我们却心痛如绞。这是怎样一位坚强而乐观的母亲啊！

母亲离开我们已经三年了，回首我 60 年人生之路，从蹒跚学步到走上人生路，从牙牙学语到博士毕业，从一无所知到妇科专家，每一步都有母亲的陪伴。母亲永远是我心中的灯塔！我会用一生来践行母亲堂堂正正做人，认认真真做事的教诲！

（组稿：贺春兰）

父亲，我终生的榜样

施荣怀

施荣怀，第十三届全国政协委员、全国政协人口资源环境委员会副主任，北京市政协常委、港区省级政协委员联谊会会长、香港北京交流协进会会长。2011年被香港政府委任为太平绅士，2015年特区政府授予铜紫荆星章。

大家都说福建人团结，家庭观念重，在福建晋江出生的父亲——施子清便是这样的一个人，他一直教导我们四兄弟，无论对国家、对社会、对朋友，一定要坚守“诚信”二字，更以这份信念建立起属于我们家族的企业，用自己的努力去回馈家乡，回馈国家，他的言传身教更影响了我们的一生，造就了今天的施氏“政协世家”。

20 世纪 50 年代，父亲自移居香港后，一直对家乡怀有浓烈情感，自我有记忆以来，他经常会与我们兄弟四人聊起家族历史，以至福建晋江这个地方早已深深刻在我们的脑海之中，甚至会不自觉地勾勒出关于家乡的美好想象。

直到我差不多 10 岁那年，终于有机会跟随父母回福建晋江祭祖，这亦是我第一次离开香港。犹记得当日天气非常湿热，但因为穿在身上的东西不用打税，为了给家乡的亲友带回更多物资，一家大大小小便套着层层叠叠的衣服过关去，哪怕身体耐不住热一直冒汗，但仍然无阻内心对于“回家”的雀跃与期待。

或许是想象过于美好，所以当我踏上家乡村道的那一刻，面对眼前的泥泞道路，破败村屋，以及远不及自己干净和整齐的村民……心里难免产生落差。不过，转念一想，就算这里称不上好，但家就是家，在踏上这片土地的那一瞬间，打从心底已对这里生出了一份亲近与认同，用比较感性的说法来说，这大概就是与生俱来的“血脉”吧。自此以后，我便知道了，香港是我家，晋江也是我的家。

我第二次离开香港，是为了到美国念大学，当时正值中英签署联合声明的 1984 年，很多同学都特意跑来问我毕业以后还会不会回去，而我每次都很坚定地回答：“是肯定要回去的。”

所以在 1985 年，刚从美国威斯康辛大学毕业，我便选择回港，即使曾经有过继续在外国深造并成为教授的念头，但适逢家族业务刚步入扩充阶段，加上受到父亲的鼓励，最终经过一番思想斗争后，在进修专业与家族企业之间还是选择了后者。

末几，我就接到了来自公司的第一项重要工作，需要到距离香港 2000 公里的北京独自谈生意。这次任务对于“中途从商”的我来说无疑是重大挑战，自然而生的焦虑重重压到身上来，在出发前的两三天更是紧张得睡不着觉，为保一切能万无一失，我又早早把到北京找谁，和人家说什么话都写了下来，还在脑海中一遍又一遍地默念着。

可出乎意料的是，在北京待了足足一星期，谁都没有见着，直到我打电话过去约见面，对方第一句就问：“你爸怎么没来?”接着又问：“那老大呢?”那时才明白原来在生意伙伴眼中，我只是不足以代表家族的“二公子”。

经过始料未及的首次碰壁，一股委屈又落寞的情绪涌上心头，便临时决定去一趟颐和园。当我走在结成冰块的昆明湖上，那扑脸而来的寒气，虽冷得令人发抖，却让头脑清醒过来，我反问自己：“怎么能经历一次挫折，就没有了勇气?”正是这次经历给予了我勇气和开始，之后亦幸得父亲给予我更多的机会尝试，终于在 1987 年，在天津做成了属于自己的第一单生意。

其实在那个年代，有不少香港人因为不了解国家而看不上内地市场，觉得跟他们口中所说的“大陆佬”做生意很低端。甚至有一次在外面吃饭时，隔壁桌的人忽然说道：“你看这姓施的几兄弟，做大陆生意的，连中午都要应酬。”令我印象特别深刻，因为他说话的语气明显是带着不屑的。

当时的我也曾经有过不解，亦问过父亲为什么要去内地做生意，是他告诉我，看到了内地经济发展的大好前景和机会，觉得应该去闯一下，哪怕前路艰难也要“摸着石头过河”。就凭着这一席话以及当中的那份信念，我们以“上阵父子兵”的架势到内地四处闯荡，几经努力，再加上改革开放的政策助推，由父亲一手创立的恒通资源集团经过十多年时间，终于在 80 年代末挨出头来，甚至成为那时的商界新贵。

其时，香港恰恰出现“移民潮”，每年移居海外的香港人都在两三万人以上，“是移居海外还是扎根本土”成了社会热点。父亲为此召开过一次家庭会议，他说：“如果你们要移民，跟我说一声，我一定尊重你们的意见，同时你们每人可以带走一笔家产。”当时我们四兄弟着实对父亲的提议都感到有些吃惊，顿时连屋子里的气氛都显得特别安静。

大家当时并不知道这是父亲的一次试探，但犹豫片刻后，兄弟四人很快便做出了一致选择，坚定地回答父亲：“我们不移民，因为香港是我们的家，我们对中国的发展信心十足!”多年后回头再看，更觉得当初的决定是绝对正确的，历史也证明了香港与内地一直都是唇齿相依，香港过去的发展离不开内地这个平台，未来的发展同样与国家一荣俱荣。只要对国家有信心、对回归有信心、对“一国两制”有信心，最终都会成为国家发展红利下的受益者。

到了1997年香港回归祖国后，家族企业亦正式步入正轨，正当我们兄弟终日埋头生意之际，父亲却鼓励我们要投身“一国两制”事业。他说：“不对你们提过多要求，我最大的希望，是你们做生意之余，多服务社会。”

他本人则充当了最好的示范：连续四届全国政协委员；全国工商联副主席；被国务院港澳办公室、新华社香港分社聘为香港事务顾问；香港特别行政区首届政府推选委员会委员；特区太平绅士……众多头衔与荣誉背后，是他愿意扛在身上的，关于家乡、关于香港、关于祖国的责任。

他为我们以至在港的福建乡亲都树立了爱国爱港的榜样。这榜样力量之大，深深影响着我和我的兄弟，可以说，我对社会公共事务的热情，来自父亲的言传身教；对国家的认同、从事商业活动的理念、对家庭的关注，也无一离得开父亲的影响和教诲。

遥想当年，父亲为我们四兄弟分别取名为荣怡、荣怀、荣恒、荣忻，寓意怀有恒心，就是希望我们能够干出一番事业。到了今天亦如父亲所愿，我是全国政协委员，同时担任北京市政协常委；大哥施荣怡是现任河南省政协常委；三弟施荣恒是现任上海市政协常委；四弟施荣忻是现任深圳市政协委员。令施氏这一个从事纺织的白手起家家族变成“施门五父子，全家皆政协”的“政协世家”。

由于父亲的言传身教，政协委员这身份对我来说，不再只是一份公职与荣耀，更是反哺社会，回馈祖国和香港的重要方式，当下国家正站在历史道路的重要转捩点，政协委员的工作变得任重道远，但我深信父亲的教诲会一直引领我继续前行，以自己的一分力量，让香港和祖国变得越来越好，我们施家有这个信心，亦愿为“一国两制”事业奋斗不息。

（组稿：张笑竹）

家风传承 受益终身

凌 锋

凌锋，第十一届、十二届、十三届全国政协委员。首都医科大学宣武医院神经外科首席专家，中国国际神经科学研究所副所长。曾荣获2004年“全国五好文明标兵户”、2019年“全国最美家庭”和2019年“全国最美医生”集体。

在古稀之年回首人生，我们这一代与共和国同龄的人，经历了波澜壮阔的时代。既有幸福童年对美好人生的憧憬，也有激情岁月为理想奋斗的艰辛，还有在蹉跎起伏中对信念的坚守，更有伟大民族复兴即将在我们有生之年实现的欣慰。奠定我们成长的基础是良好的家庭教育，支持我们成功的基因是优秀的家风传承。

我和我爱人的父辈都是1938年参加八路军的老革命，母亲也是抗日战争期间入伍的老兵，听他们讲述那些出生入死的往事，在我们最爱听故事的年龄段留下了难以磨灭的印象。

故事发生在1941年的秋天，太行山漫山遍野的树叶已经染上金红色。抗日战争已经进入第四个年头，日本鬼子的“大扫荡”又开始了。

河北易县西马王村，全村的老幼和八路军晋察冀边区的伤病员，由一位年轻的女医生带领，上山隐蔽。

女医生是来自天津师范学院即将毕业的大学生，原本是要当老师的。

她出身书香门第，父亲是中国第一代受西式高等教育的土木工程师。抗战爆发时，在天津市水利局任职。

家中兄妹三人，长兄继承父业，也是工程师。她和弟弟还在校读书。她是唯一的女儿——母亲的掌上明珠。

现在，她赤足，草鞋。脸上身上都是山上树枝和岩石划的血痕，血水和汗水混在一起，渗透粗布衣衫。

为了隐蔽，她没有穿军装，头上包的，是普通老百姓的白布头巾。只是她的头巾格外洁白、干净，也许这是她唯一保留的女学生习惯。

……

1937年，卢沟桥事变，抗战爆发。身为工程师的父亲和长兄，撤退到云南昆明，参加修建中国与世界唯一的抗战通道——滇缅公路去了。

中国之大，已容不下一张安静的书桌。上大学的她和弟弟，随母亲一起回到农村老家。

凭着年轻人的血性，姐弟俩很快找到当地的抗日武装，义无反顾地离开家园，上了太行山，参加八路军，走上了抗战道路。

母亲是典型的中国家庭妇女，不识多少文墨。但战乱之时丈夫和大儿子走了，现在眼看着在身边的宝贝女儿和小儿子也突然要离开奔赴远方，去那与死亡面对面的战场。作为母亲，她心中何等地担忧、不舍、痛苦，不难想象。但“天下兴亡，匹夫有责”的道理，她是懂的，咽下所有的话，她送走了姐弟俩。

作为当时八路军中不多的“知识分子”，姐弟俩被分配到晋察冀军区的战地医院，成了国际救援队白求恩大夫的学生，战争中，一边学习，一边手术。

战争年代，前线急需医务人员，很快，他们被分派往战斗最残酷的前线部队。

于是，就有了前面的一幕。

这时的她，已经是有四年经验的战地医生，而她负责的不仅有部队的伤病员，还有当地避难的老百姓，老老少少50多人，全指着她。

据后来幸存的人讲述：

日本鬼子的部队把整个村子包围了，她带着伤病员和老乡躲避到村后的山洞中。但日本人的搜山队伍很快就到了。

日本人当时推行的是“三光政策”，即“烧光、杀光、抢光”。一旦被发现，后果不堪设想。

日本人离山洞越来越近，老百姓中妇女孩子开始哭泣。而她和伤病员们，基本没有战斗力，也没有武器，怎么办?！情况紧急，鬼子的声音已经听到了……

令所有人都没有想到的是，这个平时说话柔声柔气的年轻女医生，突然从山洞中冲了出去，尽力向与洞口相反的方向奔跑，同时大声喊道“打倒日本鬼子!”

大家被惊呆了，然后，又都明白了，为救大家，她是拼上了自己的性命!

果然，日本人被引开，向她跑走的方向追去，并开了枪。

老乡远远看到：她的腿中弹了，鲜血流下来，她跑不动了，接着，另一条腿也中弹了，日本人围上来，她没有武器，只能抓起身边的石块，用尽所有的力气，向日本鬼子砸过去……

荷枪实弹的一群日本兵，竟然无法让一个手无寸铁的年轻女医生屈服，她拼到了最后一口气，直至被日本鬼子刺死！

这是一个真实的故事，因为她，是我爱人的姑姑崔健吾——他父亲的姐姐。所有的故事，是幸存下来的人告诉他父亲的。

他父亲在鬼子“大扫荡”后，曾去当地找过他姐姐的遗体，但一切已荡然无存了。

就这样，在那一年的秋天，年仅27岁的她，在最美的年龄，静静地倒在了太行山的山冈上，躺在满地的斑斓秋叶中，和太行山融为一体了。

像诗句中所说：

生如夏花之绚烂，

死如秋叶之静美！

1949年，天安门城楼上曾办过一个展览，叫“卫生工作者的光荣”。姑姑被追认为“模范共产党员”，她的事迹和画像被展出。

爷爷奶奶在世时，曾享受“烈士家属”待遇，一次性奖励抚恤金800斤小米，通知书上盖有华北人民政府的公章。

20世纪50年代的《人民画报》，登过一篇对姑姑的报道。

1988年中国人民解放军总政治部编辑的《解放军烈士传》第八集收录了姑姑的生平事迹。

……

风萧萧兮易水寒，

壮士一去兮不复还！

听了这样的家庭故事，我们常想：

在她离开世界的那一刻，她会想些什么呢？

她想到疼爱她的母亲吗？——她会多伤心！

她想到曾经的大学吗？——那里可能还有她的初恋；

她想到曾经的理想吗？——当孩子们喜爱的老师……

也许，除了救老乡和伤病员，当刺刀穿透她的身体时，她什么也没来得及想……

她疼吗？

是什么激励着她在那千钧一发的时刻，为了救别人，敢凛然直面刺刀，壮烈赴死。

随着年龄的增长，我们逐渐明白，那是信仰的力量！

这种为民族独立、人民解放、国家富强、民族复兴的坚定信仰，支撑着我们的父辈抛头颅、洒热血，牺牲个人的一切，为理想的实现奋斗终身！

是信仰的力量，使我的父亲从山东一户贫雇农家庭走出来，投身革命，参加了抗日战争、解放战争和抗美援朝战争，在血与火的历练中成长为我军一名优秀的领导干部。

是信仰的力量，使我的母亲坚持学习医学知识，从一个农民的女儿成长为我军著名医学教授，眼科专家。

是信仰的力量，使我婆婆为掩护地下党组织，不幸被捕，面对日伪军的威逼利诱和严刑拷打，坚守秘密，保护了村干部，但健康终身受损。

那时候的干部家庭要求子女艰苦朴素，不搞特殊化，与工农子弟打成一片。这使我们从小就养成谦恭的意识，甚至在调到父亲当院长的医院工作时，更名改姓，自立自强，不靠父母。

我的父母从没为生活待遇向组织伸过手。自 20 世纪 50 年代评定工资后，从未提高级别。他们负责中央领导的保健工作多年，从未为个人利益开过口。一直住在单位分配的房子里，按月缴纳房租。

公公去世时，存折里仅有 2 万多元的工资存款，嘱咐我们留给了保姆。要求我们将他的器官捐献用于医学研究，将骨灰埋在银杏树下。在一块小小的石碑上，留下遗言“我们悄悄地来，也悄悄地走，留下一片绿，庇荫后人”。最令我们感动的是，他要求我们不仅注明生卒年月，还要刻上入党日期……

这，就是信仰的力量！自始至终！

这种力量激励着我刻苦学习，勇攀高峰。1984 年在法国进修结业时，导师让我留下来读博士。但我如期回国，是因为我坚信，中国博士的含金量不比国外低。

这种力量激励我克服各种困难，在国内开展神经介入放射学的引入、传播和发展。2007 年在北京成功举办神经介入放射联合会世界大会，向外部展示了这门新兴学科在中国的蓬勃发展。

这种力量激励我击退国内外的反动捣乱势力，2019 年在北京成功举办世界神经外科全球大会，实现了几代中国神经外科同人的梦想。

这种力量激励我执着坚持 16 年，与世界顶级神经外科专家合作，在宣武医院建成一座超现代化的“大脑型建筑”——中国国际神经科学研究所，为我国神经科学走向世界奠定了基础。

这种力量鼓舞着我连续 8 年在政协提交提案，终于使“医闹”入刑。

这种力量推动我连续 5 年进行游说，使神经外科医师协会首先实行专科培训，为中国医师资格均质化创建了一条现代化的训练机制。

这种力量支撑我 20 年如一日，资助“云南丽江民族孤儿学校”300 余名在校生的生活，共培养出 1320 余名、24 个民族的孩子。

正是这种力量，促使我下决心在 2017 年成立“中国志愿医生”团队，投身国家脱贫攻坚战。3 年来，注册医生 3500 多名，在 22 个省、自治区 206 个国家级贫困县开展医疗扶贫活动，义诊 23600 余人，设立 196 个专家工作站，培训村医 11472 名。还去了埃塞俄比亚、几内亚等非洲国家义诊。未来，我们计划在脱贫后的乡村投放 3 万— 5 万个“康复健康小屋”，为建设美丽乡村继续奉献力量。

为更有效地开展慈善活动，2017 年我成立“北京凌锋公益基金会”，注册资金最低要200万元。我爱人将公公在老年公寓的房子卖掉，解了我的燃眉之急。2000年，经北京市民政局严格考评，我们获得5A级基金会的荣誉称号。只有成立3年以上的基金会才有资格参加选评，我们首次参选即获最高级别称号，实属“凤毛麟角”。

《后汉书》曰：“以身教者从，以言教者讼。”家庭是身教重于言教的最佳场景，是影响我们终生的力量源泉。

（组稿：韩　雪）

让孩子拥有一颗善良的心

顾建文

顾建文，第十三届全国政协委员，中华医学会理事。从事医学临床、科研创新和行政管理30年，作为神经外科专家累计完成6000余例高难手术。擅长显微神经外科颅内肿瘤切除、重型颅脑损伤救治，脑、脊髓肿瘤诊治，脑干及高颈段脊髓肿瘤的精准切除，三叉神经痛、面肌痉挛手术治疗居于国内一流水平。先后获得国家自然科学基金、国家科技部重大专项、军队重点及高新技术项目20项，省部级奖10余项，国家发明专利20余项，出版专著10部，共计发表论著200篇，其中SCI收录90余篇，撰写科普知识7000余篇。

经常有人问我："人世间最宝贵的是什么？成长教育中最重要的是什么？"每次我都会不假思索地说出"善良的心"！

善良也是我从事医疗工作近40年来一直的坚守——带着一颗慈悲善良的心去对待每一名患者，去从事伟大的医疗救护事业。事实上父母从小着意培养的这一品质也在不经意间成就了我的幸福人生。

父母于生活点滴中教我做一个善良的人

家长的品格与家庭优秀传统文化的关系，就像鱼儿离不开水一样，只有借助于水，鱼儿才能真正灵动与鲜活起来。陶行知说过："生活即教育。"我所受的善良教育不是高居于生活之上，也不是游离在生活之外，而是存在于生活之中。

我出生在一个军人家庭，父母都是贫寒善良家庭出身，通过努力考上大学并参军。他们将一生都奉献在国防军事后勤装备科研工作上。父亲的足迹踏遍大半个中国，珍宝岛战役，中印边界，中越自卫还击战法卡山、扣林山阵地，西藏高原战地后勤保障都留下了他的身影；母亲数十年致力于米牙拉链防水工艺，在军事化工材料工艺方面卓有贡献。在他们的人生字典里面，爱党、爱国、爱家是根本，敬业奉献是路标，仁心善良是准则，以身作则是表率。因此对我的教育时时充满着善良的引导，让我明白，一个心地善良、从小富有同情心的孩子，长大后一定是一位爱真、爱善、爱美的人，也一定是自尊、自爱、自信、自强的人。

在我的童年和少年时代，善良似乎是一个极其隐晦的字眼。儿时也更多听到"东郭先生与狼"和"农夫与蛇"的故事，似乎善良就是自取灭亡，善良就是帮助恶狼或是毒蛇，善良就是孱弱。但父母教育我，那些等待着向他们伸出善良的援助之手的冻僵者或是重伤者当中绝大多数是善良的，为了有限的毒蛇和恶狼而将一切人视为毒蛇和恶狼，不惜以对付毒蛇与恶狼的法则对待普通人是失去人性的表现。

父母年轻时生活压力很大，不但要赡养四位老人，还时常接济兄长，但是对家人朋友和困难的同志仍不遗余力帮助。生活中，他们还身体力行，在点点滴滴中对我进行善良教育，比如，爱护小动物、同情弱者、尊敬师长等。这也使得我更具体地了解了究竟该怎样做才能做到善良。

回顾自己所走过的路，我明白一个道理，家庭教育中培养孩子一颗善良的心，温柔地对待这个世界，构建和谐幸福的社会，是父母给孩子一生最大的礼物。一个健康的孩子就好比一棵树，善良是树的根茎，正直是树干，丰富的情感是生机勃勃的枝叶。只有具备这些品质的孩子，才能结出甘甜的果子。可以说，让孩子拥有一颗善良的心，是把孩子培养成人和成才的首要任务，因为善良的情感及其修养是一个人的精神核心，只有在孩子幼年时期细心培养，才会让善良根植于孩子心中。

而保持善良快乐不是一种天赋，而是一种能力，是一种洞穿了世界的真相、规律和本质之后的淡定和从容。一生随时付出为他人着想的善念，也自然能够时时处处感觉到幸福随行。而培养一颗善良的心更是文明社会的幸福之源。

正是善良的品性成就了今天的我

正因为有善良这个人生信念，我才得以在人生路上持之以恒，安心做事。杏林行走几十载，时常提醒自己要秉持善心。是否让每一个经过我诊治的病人感到温暖，是否做到了想病人之所想、急病人之所急。我深知，从医匠到医者，从医者到仁医，从仁医到大医，它们之间判若云泥，跨越其间的鸿沟需要深刻且艰难的努力，也支撑我为6000多名患者完成高危手术，涉足显微神经外科、脑立体定向与功能神经外科、顽固性癫痫治疗、重型颅脑损伤救治、脑和脊髓肿瘤诊治，达到国内一流水平，领导了一个优秀的团队并培养了一批善良的在军内外已成为骨干的学生。

善良也教会了我敢于直面脆弱的生命。我曾经口对口抢救呼吸停止的患者，吸出口腔中的大量浓痰。我曾经在云南彝良地震灾区抢险，在巨石落下前一刻逃生。2006年我曾经乘坐直升机穿越崇山峻岭去抢救战友，而之后机长邱光华和直升机在5·12地震中坠落牺牲。无数浴血奋战的生死救援场面历历在目。而我执行多项重大任务中，最令人难忘的是2016年我担任神舟十一号载人航天发射医疗救护任务负责人时的场景：任务航天员在11月中旬的内蒙古四子王旗返回并落地，主着陆场区最低气温可达-20℃，风沙大，地形复杂，航天员在轨时间长，返回搜救出舱难度大。我们的医疗救护队空中地面立体保障，横穿半径达数百公里的阿木古郎草原，最终圆满完成神舟十一号载人航天发射医疗救护任务。2016年12月20日受到习近平总书记的接见，那一瞬间我的眼睛模糊了。善良是一个大国的品德，善良也是我们中华儿女的秉性。正因为心中时时持有善念，在医学这条路上予人玫瑰、手留余香，才一路鸟语花香。2020年8月19日，我也非常荣幸地获得中国医生最高奖励“中国医师奖”。

善良也助我带出了一支出色的团队。最持久的领导力来自人格认同。只有尊重干部、关爱干部，干部才会尊敬领导、服从领导。长征路上，毛泽东、朱德、周恩来都曾把马让给伤病员骑，带兵打仗的都是“跟我上”。心路通则路路通。要带着感情与干部群众沟通，实打实地对待干部群众，干部群众才会对领导发自内心地认同，我们的队伍才能心齐气顺劲足。与人为善，关键是公道地道。平时要公道，一碗水端平，不搞团团伙伙，不搞亲亲疏疏，不搞苦乐不均，一把尺子量到底，这样才能激发干部士气，让人人有干头、有奔头。关键时刻要地道，在干部成长上要善于成人之美，成人之美才能美美与共，形成良好政治氛围和政治生态。毛主席在《为人民服务》中写道：“我们都是来自五湖四海，为了一个共同的革命目标，走到一起来了。”在一起共事就是缘分，都得珍惜。与人为善，严管就是厚爱。关爱干部，不是庇护、耍哥们儿义气。培养一个干部是不容易的，要防患于未然，干部也是人，免疫力不是天生的，要把功夫下在事前，用好监督执纪“四种形态”，帮助干部强身健体。只有把干部约束在纪律规矩的红线内，才是真负责、真担当、真关爱。与人为善，服务群众是大道。心系群众是干事之本。领导干部要始终把群众装在心里，一心为民干事，这样才会得到群众的爱戴和拥护，有了群众的大力支持，我们的事业才会不断取得进步。

善良教育要从家庭开始

结合自己的成长体验，我认为，“善良教育”从小抓起非常必要，善良的孩子，是父母所期望的，也是社会所需要的。作为父母要从小在子女心灵上播下善良的种子，让他们具有爱己爱人之心。因此家长在生活的各个方面都应该加以循循善诱，使他们在身体健康成长的同时，也使善良的品质得以萌芽和培育。只有童年时代有善良的同情心，长大之后才有仁慈的品质，才能成为富有道德情感的正直的公民。善良教育是我们推动社会主义精神文明建设的一个基本要求，有利于树立良好的社会风气。同时，让孩子成为一个善良的人，不是讲两次大道理就能做到的，需要每天甚至每时每刻言传身教。儿童情感的形成，最初来自于父母对他的关怀、爱护与同情。家长的品德修养、文化水平、教育方法以及家庭环境条件等对孩子品德和心理成长有直接而重大的影响。家庭教育不当，是孩子出现心理问题的重要原因之一。因此要教育好孩子，父母要注重自身的修养，提高自身各方面素质，在日常生活中谨言慎行，着力塑造自身良好的道德形象，前后一致、表里如一地为孩子提供榜样，凡是要求孩子做到的事情，我们自己首先必须做到。孩子成长过程中父母不仅要在为人处世方面给予潜移默化的影响，在学无止境的漫长道路上同样要为孩子传道、授业、解惑，而且这种教育远比课堂教育来得重要。为孩子树立良好的道德榜样，给他们创造一个健康的生活环境和学习环境。

而对儿童、少年的不良行为如说脏话、说谎、抄袭别人作业、乱扔垃圾、丢三落四、不按时完成作业等，父母也要及时进行干预，将不良行为消灭在萌芽状态。让孩子们懂得家庭的价值，懂得尊敬长辈，为父母做一些力所能及的家务。从小让孩子在接受父母及别人关怀的同时，教会孩子要孝敬父母和关怀他人。这对孩子本人以及对家庭、社会，都是极其重要的。一个有良知的孩子才能从心底深处感受到家庭对自己的希望以及关心，他也会在日常的学习以及生活当中知道努力、知道进取，以此来报答家长对于自己深切的厚望。

（组稿：贺春兰）

家风家训是值得传承的人生宝贵财富

黄 绮

黄绮，第十三届全国政协委员、上海市妇联副主席（兼职）、民盟上海市委常委、高级律师、上海外国语大学法学院副教授。曾任第十一届、十二届、十三届上海市政协常委，上海市第九届律师协会副会长、第八届市女律师联谊会会长、上海市妇联挂职副主席。曾荣获全国优秀律师、第二届东方大律师、上海市优秀女律师、全国三八红旗手、全国五一巾帼标兵等荣誉称号。

家教是家长的言传身教，家长的榜样润物细无声。回想起我的成长过程，父母等前辈对我成长的影响非常大，可以说我是跟随着他们的脚印前行的。

妈妈的言传身教

我的母亲是个小学校长，能力很强，小学各门课程除了英语，其他都能教，语文、数学、音乐、绘画、体育，没有她上不了的课。当然，作为一校之长她做得更多的事情是琐碎的行政事务。在单位，她是全垒打的“运动员”；在家里，她又是手脚不停歇的勤劳“蜜蜂”。我出生在 20 世纪 60 年代初，那个年代各家从穿的到用的全是自己缝自己做，真正的 DIY 年代。在我从小的记忆中，母亲在家不是做家务就是备课、批改作业和写各种报告。走亲戚时也带着毛线针，一边唠嗑一边手上不停地打着毛衣。晚上我半夜醒来还常看到她在给家人缝制新衣。我至今记得，我结婚那天换了三套服装，从旗袍到套裙，全是出自我母亲的设计和亲手缝制。妈妈的好友看妈妈实在太忙了，提出要帮我和弟弟做衣服做鞋子，被妈妈婉言谢绝了。妈妈不管睡得多晚，无论刮风下雨，每天总是坚持第一个到学校，在校门口精神抖擞地微笑迎接师生们。我很不理解，问妈妈为什么要拒绝人家的好意，作为一校之长有必要站在门口迎接老师学生吗？妈妈回答说，校长要以身作则，希望大家准时到校上课，自己一定要早到。不让人家帮忙做衣服，是因为大家都很忙，自己不想做的事情不该去麻烦别人做，己所不欲，勿施于人。这句孔子的名言“己所不欲，勿施于人”是妈妈总挂在嘴边教育我们的话语，这句话已经成为我的座右铭，这是我记得最牢的妈妈的教诲。

特殊的培养方式

爸妈对我们姐弟的培养是开放式的，我们所有的兴趣爱好只要是健康的他们都不会阻挠。弟弟喜欢绘画、做手工；我从小参加舞蹈队、体操班、打乒乓球、练游泳等，爸妈都非常支持。不过，爸妈也从小就要求我学做家务劳动。他们下班晚，我要负责扫地、抹桌和淘米烧饭，还要先把菜洗净，等妈妈回来炒，这样我放学后玩乐的时间就少了很多。为了能有更多的时间玩，我开始思考如何能给自己挤出更多娱乐的时间，我开始合理安排做家务的顺序和步骤：菜在盆里浸泡时赶紧去淘米，饭上炉子烧了，赶紧去洗菜切菜，顺便管着正在烧开的饭，等饭在炉子上焖，人可以跑开了，我就赶紧去和小伙伴们玩上一小会儿，见缝插针地娱乐一下。长大后我由衷地感谢爸妈的“干家务式”培训，让我有能力应对繁忙的工作事务，统筹安排与规划时间和精力。

暖心的童年画面

我的童年里也未必总是干家务活，记忆的片段里有许多温暖的画面：每个月我妈发了工资后，就会去食品店买回一斤1.40元的什锦糖果，那里面是硬糖软糖掺杂的，要比纯粹的硬糖贵一些，那时妈妈每月工资45元，肯花1.40元买糖吃算是奢侈的了。糖买回家，妈妈会把一斤什锦糖果分成四份，爸、妈、弟弟和我每人一份。我和弟弟的糖总是不到半个月就都吃完了，于是妈妈就拿出她的那份来，一面告诉我们吃东西、做事情都要有计划有节制，一个月的糖果不该半个月就吃完了，一面把她的那份再分给我们俩吃。没几天，妈妈给的那份也让我们吃完了，于是爸爸的那份又贡献了出来。爸妈笑眯眯地说：你们年龄小，大人这是爱幼；等到爸妈年纪大了，你们也要学会敬老，要有感恩的心。这时，我嘴里嚼着甜甜的糖，心里念着爸妈的好，默默地想：他们老了我一定要好好孝敬他们。

爸爸的深刻教诲

爸爸常常会和我们念叨他16岁报名参加抗美援朝的故事，当时组织上没有批准他上前线，却把他收编进公安系统刚刚组建的政治保卫科（上海市国家安全局的前身），他被编入的科室当时都是十六七岁的孩子，被戏称为“娃娃科”，我爸也成了国家安全战线的一员小兵。工作的原因爸爸学会了射击，而且入选了上海队，还拥有了国家级射击裁判员证书。爸爸有一张举着手枪射击的相片样子帅帅的，很英武。尽管干的是公安，但爸爸人很和蔼，从来不对我们发脾气。我小时候胆小，在大庭广众之下发言会怯场。记得小学时有一次召开全校大会，主持人点名要我上台去做学生代表发言，因为老师事先没有告诉过我，我也没有准备，死活不肯上台，当时的场面搞得有点尴尬。回到家后，我还振振有词地告诉我爸说："今天这个主持人功课没有做好，搞错人了，居然要我上台发言，我当然不会上台啦。"老爸难得地沉下脸来，对我严肃说道："你这么做是不对的，不管主持人有没有搞错，让你代表大家发个言没什么不可以的！"我还是很坚持："我又没有准备稿子，说什么呀？"我爸说："有什么想法就说什么，为什么要事先写好大话套话，然后按稿子念呢？要有临场发挥的能力。"老爸的这番话让我沉思良久，以至于现在想起来都觉得很有道理，这以后我就开始努力地克服自己的怯场心理，锻炼自己随机发言的能力。我已经当了十几年的政协委员，参政议政的能力应该是从那时起就被埋下良种了吧。

善良的爸爸妈妈

爸妈都是乐于助人的善良之人，记得外婆家隔壁有个姓朱的邻居，他们家有 6 个儿子，加上朱家阿婆和阿公，一家八口全靠着朱家阿公一人的工资过日子，每个月不到月底钱就花光了，朱家阿婆巧妇难为无米之炊，等米下锅的日子很难熬，于是我爸妈就成了他们固定的接济者。爸妈每月会借给朱家阿婆 5 元钱，等到朱阿公发了工资再还回来，这种不计利息的"借头寸"，帮助朱家度过了好多年的拮据日子，一直持续到朱家大儿子开始工作了有了工资收入后才停止。爸妈的善举让我从小懂得要做力所能及的善事，现在的我不但乐于慈善捐款，还先后无偿担任了上海市儿基会、上海红十字会等多家慈善机构的常年法律顾问，以自己的专业能力投身慈善事业。

爷爷遗留的家训

我没有见过我的爷爷，我出生时爷爷已经过世了。不过，爷爷留下了一幅亲笔书写的毛笔字，上书"业精于勤荒于嬉"。见字如面，我总感觉这幅字里面传承着爷爷的 DNA。爸爸告诉我，爷爷是一个正直善良的人，也要求子女做个好人。新中国成立前大伯就读了圣约翰大学的法律专业，毕业后原准备去做律师，认为做律师很赚钱，被爷爷拦住了。爸爸说，爷爷那时认为律师都不帮着老百姓，只帮有钱人说话，不算好人。我的大姑妈原本是个衣食无忧的大小姐，抗战时期接触到了中共地下党，于是瞒着父母与后来成为我姑父的男友一起离开上海去干革命了。上海解放时，姑妈从苏区给家里写信，寄来了与姑父穿着军装的合影，家人才得知原来当年的千金大小姐已经成长为共产党的干部了。家人至今保存着大姑妈写给她妹妹的一幅字，上书："我们当抱着建国必成，抗战必胜的坚定心理。"可见大姑妈的抗战必胜的革命信念之坚定。我爷爷因病早逝没有能够读到和看到大姑妈的信和照片，但我想爷爷一定会认为姑妈做了一件正确的事情，会是他眼里的好女儿。

在大学里我也读了法律专业，而且就是在大伯就读的圣约翰大学的旧址——华东政法学院读的法律，毕业后我成了一名律师。我一直谨记爷爷对旧时律师的看法，我想我要做一个为老百姓说话的律师，做一个爷爷希望的律师。算起来至今我已经做了30多年律师了，办了数不清的案子，但让我念念不忘的还是那个成功的法律援助案件，帮一个12岁孤儿夺回了他的住房，这个成功的案例还被CCTV 12频道报道过。我想，如果爷爷知道了我是一个为民请命的律师，一定会非常赞同我的职业选择的。

"业精于勤荒于嬉""己所不欲，勿施于人"，在成长的过程中，我始终谨记爷爷和爸爸妈妈的教诲，做老师我认真备课做学问，我教授的"国际贸易法"课程入选了上海市"精品课程"；做律师我力争办好每一个案件，获得了"东方大律师"和"全国优秀律师"的称号；做政协委员我不调研不发言，收获了优秀提案和优秀社情民意的荣誉。

现在我已人到中年，我的爷爷奶奶和爸妈都已经在天国看着我们这些小辈的成长了。回想起来他们留给我很多宝贵的精神财富，我又能留下什么给我的后辈呢？良好的家风和家训是取之不尽、用之不竭的宝贵财富，前辈遗留的好家风和家训就让我来传承给下一代吧。

（组稿：韩　雪）

做父母当有颗平常心

黄宇光

黄宇光，第十三届全国政协委员，第十二届、第十三届北京市政协委员。北京协和医院麻醉科主任、北京协和医学院麻醉学系主任。中华医学会麻醉学分会主任委员、国家麻醉专业质控中心主任、世界麻醉医师协会联盟（WFSA）常务理事、中国日间手术合作联盟副主席、中国医师培训学院麻醉专业委员会主任委员。曾获评第六届“全国优秀科技工作者”、国家卫生健康委“突出贡献中青年专家”，被爱尔兰麻醉医师学院授予“荣誉院士”称号。

放养的经历成就了我们的独立品格

父母是双职工，我的孩提时期是在“放养”的环境中长大的，母亲三班倒，父亲是农业棉花专家，经常到农村下乡蹲点。兄妹三人中我是老大，从小生活基本需要自理。记得有时爸爸出差，妈妈上夜班，兄妹三人不敢在房间里睡觉，干脆把被子拖到楼道走廊的地上睡，为了早点儿天亮，自己把闹钟有意朝前拨。大约 8 岁起吧，放学后需要自己做饭，以至于兄妹三人的厨艺都不错。今天强调劳动教育，在我们那时候，劳动是生活的必需。今天回想起来，从小的劳动让我习惯了手脑并用，想来我能做好麻醉医生也与喜欢动手的习惯有关吧。而一个自己做饭的人应该也更热爱生活，更会在不自觉中经营幸福家庭、懂得创造幸福生活吧。这世界上哪个人的人生可以没有烟火呢?

由于独立的性格，我们兄妹三人都逐渐养成了自己的事情自己做主的习惯。我在 1976 年高中毕业之后，说服父母，得到支持后，第一时间上山下乡，插队农村成为一名知识青年，1978 年从农村艰难而幸运地考上了大学，成为一名医学生。回头想想，两年的农村生活是我人生的宝贵财富，让我的人生更丰富而有内涵。

朋友们常说我讲人文接地气，我常想，我们有啥不接地气的，我们本身就是普通老百姓，和大家一起过着普普通通的日子，特殊的机缘加上自己的努力，取得了一点成绩而已，我们本来就生活在老百姓中间啊！我的经历提示我，带孩子过正常人过的日子，不要特殊化，不要将他们封闭在温室里，以至于未来无法适应社会。要鼓励孩子多参与一些家务劳动和社会活动，出力长力，一定会为健康心身、健全人格提供帮助。

也正是自己三姊妹的成长经历让我倾向于对孩子多些“放养”，创造环境让孩子开心幸福地长大。

目前大家都希望享有优质的教育资源，望子成龙，在所不惜。我对名牌大学却并非十分在意，只要孩子健康阳光地融入社会，安居乐业，我想就很好。生活的道路有多种，孩子拥有幸福人生是父母的终极期盼。

做父母的不能太强势。强势父母的家庭，孩子的兴趣爱好自然受到压抑。看到许多优秀的孩子，在强势父母和家庭氛围的长期重压下出现身心疾患，我想这才是教育的最大失败。

和谐幸福的家庭氛围是孩子健康成长的土壤

父亲谦虚谨慎、善于包容，他从小对我的潜移默化也成就了我今天低调做人、高调做事和习惯包容的性格。记得少年时期，父亲常对我说的一句话是，“宇光，可以啦！”现在想来，父亲是在提示我底线和自律。“做人有原则，做事有底线”是我的人生原则之一，有一些要归因于父亲的影响。

母亲是一个热情开朗也积极进取的人，她从小在一个教会学校受教育，后来通过自考方式，成为一名药剂师。和父亲一样对工作精益求精，对周围人乐于相助……受父母的影响，我们兄妹三人也都非常乐于助人，也就是大家说的“人缘很好”。

父亲和母亲给了我们兄妹三人健康善良的、积极进取的人格底色。因为生活在一个特殊的时代，我们的教育起点并不高，但我们一辈子执着努力，努力做一个善良的对社会有用的人，也都过着幸福的生活。今天，一个大家庭其乐融融，也给儿孙辈的成长创造了一个温暖的土壤和气候。今年过年的家庭晚会由儿媳策划，主持人是小孙女萌萌，她特别邀请了“德高望重”的奶奶第一个表演节目，奶奶幸福地奉献了多首歌曲。

我们谈家庭教育，我想幸福和谐的家庭氛围是基础，家长的言传身教很重要。母亲年迈了，平时凡抽出点时间，我都会尽量陪着年迈的母亲聊天儿、走路，缠缠毛线，送她去教堂做礼拜。儿子儿媳也常常会带着孙女萌萌、孙子哒哒以各种方式陪伴母亲。看起来，母亲是需要我们照顾的对象，但母亲的健在也恰恰提供给了我们影响儿孙的机会。当然，事实上，对我而言，也并没有特别想着去教育孩子，尊老爱幼对我是深入骨髓的

“应该”，是自然而然的行为。对我们的孩子们而言，陪伴孩子照顾奶奶也是他们生活中的“应该”。所以，我说，对家庭教育而言，父母的榜样作用对孩子潜移默化的影响很重要。你在玩手机，却让孩子好好读书，孩子内心自然不服。

当然，今天，人们拥有了更好的生活条件，那就创造一个和谐幸福的家庭环境，好好地陪伴孩子的成长吧！最好的教育是有质量的陪伴，父母的陪伴可以使孩子的内心拥有安全感、幸福感，而快乐幸福的孩子才能更具有友善、友爱、乐于助人的性格。

身心健康是第一，尊重孩子的人生选择

我在医院工作，见过太多生生死死，看到太多优秀的生命早逝。所以我深切地觉得，没有身体健康，一切都是零。在家庭教育中，我特别重视体育，希望孩子拥有健康的体魄，也拥有体育精神。除了强身健体外，体育精神还意味着取胜的欲望、必胜的信念，变不可能为可能的拼搏精神。

不仅仅是工作，在我们整个人生中，常会有一些关键的台阶，会面临特别的挑战。这时候，就特别需要这样的战胜困难、敢于迎接挑战的信心。

今天在我这一辈人中，我算是英文好的啦！而实际上，上大学之前我没有学过英文。大学时，因为英文差我还一度被老师点名上讲台。于是我就悄悄地学习起来，一段时间之后考试，我成为优胜者中的一员，同学们很惊讶。到协和医院后，英语又成了比较差的，时任领导也是我的恩师罗爱伦教授曾多次鞭策我学习英文。后来有机会到美国学习麻醉，我抓住一切机会听说练习英文，甚至常常在电影院泡着，借以熟悉语言背后的文化，两年的时间不长，但我的英文终于过了关，回来时已经可以使用流利的英文做国际交流了。

体育对锻炼团队精神也至关重要。我在学校的最大头衔是个小组长，其实我很内向，但工作之后，做麻醉大夫，需要和手术大夫、护士、病人

等很多人沟通。当了科主任后，每天有700—800人在这个平台上工作，你如果不去沟通协调，工作是没有办法继续的。我深切地意识到，个人是渺小的，团队是伟大的，因此我给我所领导的中华医学会麻醉专业委员会提出的工作理念是——一起强大，意思是说，麻醉学科抑或麻醉行业面临着挑战，我们凝心聚力一起强大。从个人到团队再到国家，很多精神力量是相通的。

乔丹是我青年时代的偶像，我在医院手术室更衣柜的号码选择的就是乔丹球衣的号码——23号。他不仅球打得好，还有领袖气质，能主宰这个团队。现实工作中我们可以看到，很多人是很优秀的，但却缺少融合力和凝聚力。再优秀的球员你也不能靠自己跑满场，你的责任就是把大家的能力发挥出来，把能干的人放在该放的位置。

体育确实对我的人生有潜移默化的影响。因此，在我的家庭教育中，我比较重视让孩子玩让孩子动，鼓励孩子参加各种体育比赛。让孩子更多在游戏、在体育、在家务劳动、在参与一些社会活动中有所感悟，从而培养起阳光的性格、对生活乐观的态度、尊重规则的意识以及融入团队享受团队合作的能力和心态，从而做一个健康阳光的，能够融入社会受到大家欢迎和认可的人。

孩子是独立的生命体。每个人都在选择自己的人生，都可以有所为有所不为。对社会有所贡献，同时也享受人生幸福就好了。

（组稿：贺春兰）

姐妹和读书

郭媛媛

郭媛媛，第十三届全国政协委员，北京市丰台区政协常委、知联会会长，首都经济贸易大学知联会理事长，北京市高级知识分子联谊会常务理事，中央统战部党外知识分子建言献策专家组文化组成员。

南京大学文学博士、复旦大学新闻传播博士后，美国南加州大学安娜伯格传播学院未来数字媒体中心访问学者，首都经济贸易大学文化与传播学院教授、副院长，校学术委员会委员。

此时，初春时节，窗外的阳光正好。坐在电脑桌前，回想着人生走过的曲折和攀缘，回想着来程一路、去程一路的辛苦和坚守。

什么是家风、家教？我现如今的人生成长，有多少家风、家教的潜移默化、约定俗成？人生已半程，远离原生家庭久矣，反倒是所追求的目标渐进实现、接近中，时不时地忽有感悟：走得再远，我都不过是老郭家的子孙，血脉最远似可追溯郭子仪（家谱考证，未必真实），近可连到江苏睢宁郭碾盘村，更近则是同为教育工作者的父母组建的7口之家。

诚如习近平总书记所说，“无论时代如何变化，无论经济社会如何发展，对一个社会来说，家庭的生活依托都不可替代，家庭的社会功能都不可替代，家庭的文明作用都不可替代”。“家庭是人生的第一个课堂。”无论如何，“天下之本在家”，家庭对个人成长的作用毋庸置疑、无须多说！不管人们是否承认，家庭的影响，其实都是以原型、以基因潜隐在人的血脉、精神底处，决定了一个人的基本品质、基础气质，以及为人、处世的底线。比如，在我，虚伪矫饰、损人利己的事，不想做也不能做；比如，在投机取巧和苦干实干间，我更愿意选择后者。不全是后天的社会教育养成，而是在家庭的起始处，就给予我相应的认知偏向与选择，也给了我最根本的人生底线框范：如果弄虚作假、巧舌如簧，从我自己处，就过不了心里的坎！

而我的家庭如何给我打下了人生底色？今天回想起来，或许有下面的痕迹可以追寻。

农民祖父祖母教我坚忍、宽容

与从小一直在父母身边长大的孩子不同，在上小学前后相当长的一段时间内，我一般半年在城里的父母身边生活，半年随祖父祖母回老家乡下生活。在城乡不同环境下交替生活的童年，让我对迁徙不陌生，看到的天地更广，生活经历更丰富，感知、接受的领域更广大。特别是在乡下生活的经历，在我的性格形成过程中，还是留下了不少的印记。

20 世纪 70 年代的农村生活，是艰难、贫穷的。跟随祖父祖母在叔叔家生活，不免有寄人篱下的感觉，也没少受到因家贫而刻薄的个别亲属的白眼。日出而作、日落而息，我和家族中年龄相仿的一群孩子常在一起，忙时随他们去乡间野地割猪草、拾麦穗，到生产队地头上帮忙刨红薯、拔花生、掰玉米、拿工分，闲时跟着大人们去生产小队部学识字，或跑到十几里地的外乡去看露天电影。

而勤劳的祖父祖母，带给了我亲情的温暖和人生最初的引领。他们偶尔私下给我的一个小香瓜、一个灶下锅铲上用棉花籽油煎的鸡蛋，会慰藉不在父母身边的我很久。虽然年事已高，祖父祖母却总是劳作不息。在负担很重的辛苦忙碌中，面对经年累月大家族各种复杂的矛盾，从不抱怨、争吵，而是温和地承受、忍耐地宽宥。祖父祖母以他们朴素、朴实的情感，用面对困难不计较、多做事的言传身教，让幼小的我懂得、学会，生活中要的是更多的是担当而不是推卸，要的是更多的是宽容而不是指摘。

教师父亲母亲教我诚实、向学

上了小学后，除了放暑假、寒假时再回老家，其他时间我都在父亲母亲身边生活、成长。

那时已担任县文教局副局长的父亲，身上更多保留的还是源自农民出身的宽厚、朴实风格。城市贫民家庭出身的母亲，是“文革”前老大专毕业生，对子女的要求则比较严苛。

在慈父严母的家庭里，父母同是教师的背景，为我们家几个姐妹接受较好的教育奠定了基础、提供了环境。不说对所有孩子基础教育的保证，就说爸爸经常在饭桌上和妹妹们就世界地理、历史一问一答，就使我的妹妹们在这方面的知识，比她们同龄人懂得多、强得多。另外，父亲的真诚、善良，母亲的督学、要强，是影响我们成长和未来选择的重要因素。“家风是一个家庭的精神内核”，跟着父母长大，我们家的独特家风体现在对诚实的要求，对人平等的尊重，对知识的推崇，在潜移默化中，规定、引导了我们的人生路。

我的父亲母亲对孩子有一个基本的要求，就是“要诚实，不要撒谎”。在我们家，诚实的孩子更能得到父母的疼爱和赞赏。在父母亲的态度、指向坚定、明确下，“不撒谎”成为子女争相遵奉的座右铭，也成为我们长大成人后做人的基本准则和遵循。

因为父亲分管全县教育工作的关系，小时候常常有教育系统的教职员工来家里谈工作上的事。每到这个时候，父亲不管来的是校长，还是某一学校后勤普通职工或临时工，都是一视同仁和颜悦色地迎接，让我们叫上一声叔叔或阿姨，总是让我们为上门的客人倒上一杯茶水。由此，平等尊重所有人，是父亲对我们的言传身教，是我们家风的一种，并成为子女继续传承的传家宝。

一辈子要强的母亲，则经常传导给我们一个要求，要学习好，要自己努力走得更远。她对学习成绩好的孩子给予了更多的偏爱。今天，当我们都接受了很好的教育，散在天南海北各自奋斗、发展的时候，在我卫校毕业，还要读研、读博、读博士后的时候，我时常在想，父母往往可以影响子女的一生。如果没有母亲一直絮叨、强调的“学习好”“你们能走多远就走多远”，我们的人生也可能是另外的模样。

姐妹读书教我独立、自强

家庭从来都是一个人的起点，是人生的第一课堂。而家风的形成，也一定程度上受家庭客观结构和环境的影响。在社会经济条件普遍不好的 20 世纪七八十年代，爸爸妈妈的工资加在一起最多时才 90 元人民币。不足 100 元钱，却要养五个孩子，还有奶奶和小叔父。父亲母亲不仅经济压力大，工作认真、负责的他们，各自任务也比较重。这样，对孩子们的管教就不可能细致。父母除了较为艰难地保障全家人的生活起居和孩子们的学习教育以及基本做人要求以外，很多时候无暇顾及每个孩子的具体教育、成长过程。这就给了我们几个姐妹自我选择、独立成长的更大空间。

我们年龄相差并不太大的五个姐妹，是在既相爱也相杀的相互吵闹间，陪伴着长大的。在相互参与、相互依靠、彼此磨合、互动交流中，姐妹们形成各自性格，逐渐成长，懂得人生。

而我在父母实际的放养中，很小就找到了自己的快乐空间。刚能识得几个字以后，我就对文字产生了浓厚兴趣。在当时的文教局大院，我蹲在一片纸前反复认读上面文字的情形，以及说话不时冒出用错了的成语的情况，一度成为邻居茶余饭后的闲谈。利用妈妈兼任单位图书管理员便利，在她睁一眼闭一眼的“鼓励”下（有时需要用做更多家务活换），我把资料室能借看或不能借看的所有文学作品，都读了个遍。

大量阅读后的成长记忆，是充实而快乐的。不管白天、晚上，即使经常被父母训斥，如痴如醉迷上读书的我，就着窗外透过的月光，也要把手中的书读完。甚至于上课都不能专心，偷偷读藏在桌肚里的课外书，一度影响到初中时的学习成绩。

就这样，在父母亲的放养、鼓励中，姐妹的陪伴中，我们彼此的人格不断得到健全、培育；读书环境的给予，让我的成长获得了丰富的营养，身心也得到了长久的滋养。

初春时节，慢慢回想我走过的人生路，回想家教、家风如何影响了我的选择、我的成长。

因为家庭经济的原因，初中毕业被迫选择就读卫校的自己，工作多年后还是通过自学考试拿到了汉语言文学专业的大专文凭。后经不懈努力，考上了苏州大学中文系的现当代文学研究生。在随后的几年里，陆续完成了文学博士、新闻传播博士后的学习、研究……这与我母亲坚定的向学引导不无关联。

学习偏科，从医学专业转读文学专业，再到新闻传播专业……这与小时候家庭的专业偏爱、环境便利当然有关联。

不怕吃苦，不惧变化，我做过卫校实验员，也担任过世界500强外企的总裁助理、国家级出版社的总编助理。后回到高校，做了一名大学教师……是我的家庭早已在我的生命中植下了坚忍、创新的种子。

我的人生之路，从我的家庭、家教、家风中找到了根源。“我们要重视家庭文明建设，努力使千千万万个家庭成为国家发展、民族进步、社会和谐的重要基点，成为人们梦想启航的地方。”再读习近平总书记的这段话，我终于理解了家庭、家教、家风，对一个国家，对一个民族，具备着怎样的深刻含义与重要价值！

（组稿：韩　雪）

润物无声育爱心，鼓励引导促兴趣

曾 勇

曾勇，第十三届全国政协委员，电子科技大学校长，致公党中央委员会委员，致公党四川省委员会常委，第八届教育部科学技术委员会委员，成都市科学技术协会主席，文化名家暨“四个一批”人才、国家“万人计划”领军人才。长期从事金融工程、资本市场与公司金融等领域的教学、科研工作，并开展工程教育改革与新工科建设、工程教育与商业教育的融合等探索和实践。

每个人都有自己的家庭教育经历。那些在时间怅惘中浮现的往事，那些在闲聊中忆起的点滴，都是我们人生旅程中留下的印记，或深或浅，对我们产生了下意识或潜意识的影响，汇聚成我们的性情或品格。

儿时因为父母都在工作，我更多是奶奶带大的。我妹妹出生后，奶奶又从乡下来帮我父母，所以她也陪伴了我的少年时期。每当我忆起奶奶时，她对我的宠爱、鼓励、提醒和保护，是我童年时期无法抹去的温情。也许理性的教育认为，祖母对孙子的宠爱对孩子的成长会有负面的影响。但我个人的体会是，祖父母辈对孙辈天然流露的爱，是孩子爱的体验的重要源泉，甚至对于那些父母过于忙碌或严格的孩子而言，还是爱的体验的主要来源（当然，也有可能，祖父母是严格的，而父母特别是母亲是提供爱的主要源泉）。很难设想，一个童年时没有多少爱的体验的孩子，能够成长为一个身心健康的人，只要这样的宠爱不走向毫无原则的溺爱，有来自家庭其他长辈起作用的平衡。所以，我时常给退休的老师开玩笑说，尽量去爱你们的孙儿和外孙，让父母去管教他们。我的体会是，从爱的体验中，才会滋养出孩子善良的心地。同样很难想象，一个少儿时期没有多少爱的体验的孩子，会成为一个有同情心和同理心的人，无论其受到的教育多么严格和理性，多么符合抽象的仁义道德。

我奶奶是文盲。我念小学一年级时，她用患白内障的眼睛，使劲盯着我课本上的第一课，认出“毛主席万岁”这几个字，她那认真劲儿，她那由衷的喜悦，给了我莫大的鼓励。我曾经蒙她，老师批改作业本时用红笔打的钩，都是好。当她拿起我的作业本，凑到半瞎的眼前，映着窗口的光线，看到满篇的钩，露出发自内心的满意笑容时，我感到多少有些自责的欣慰。我的基本价值观中的“善良”和“与人为善”，是在她讲的老故事和往事中、她与邻居的交往中、她对我的小伙伴们一视同仁的态度中、我挨父亲打时她挡在我身前甚至躲闪不及也挨上几下的保护中滋养的。善良源于爱，狭义的爱家人，广义的爱他人、爱家乡、爱祖国，这样的爱心和同情心，我相信自己是在祖母一言一行、言行一致的熏陶下形成的。

对于大多数孩子来说，他们的第一个世界是家庭。所以，家人的陪伴很重要。现在的孩子，课业负担很重，“不要输在起跑线上”的观念，更把竞争提前到幼儿少儿时期，“别人家的孩子”也总是有形无形地敲击着父母的神经。现在的父母，工作压力也很大，无论是生计还是事业，总之没有多少时间陪伴孩子，而把孩子的成长完全寄托于学校，只是接到家长通知“气急败坏”时灌输一些空洞乏力的口号式观念，挥舞一下功利性的训诫。各方面的压力和单维度的评价都过早地把孩子推入孤独和竞争的境地，使心智发育初期的孩子心理扭曲，无法自然正常成长，造成心理问题，抑制天然好奇，身心健康受到损害。这不仅对于独生子女家庭如此，将来对于双子女家庭也如此，只是程度可能有些差异。这既不利于孩子的成长，也不利于社会的健康，更不利于国家的未来。

家人特别是父母的陪伴之所以重要，因为不仅孩子心智的发育、品格的形成需要在润物无声的持续熏陶中才能成长，孩子的好奇和兴趣也需要在持续的互动和鼓励下才能发展。这是天然的需要，就像孩子反复要求母亲念一个故事、父亲做一个游戏，从而在满足中心田得以无形的滋润一样。孩子是需要玩伴的，在玩耍中产生兴趣，在玩耍中学会交往，在玩耍中得到激励，在玩耍中形成基本的价值观。而父母应该是孩子的第一玩伴。

回想儿时，父亲时不时买几条金鱼放在脸盆里，后来又允许我先在砂锅罐、后在水缸里养小鱼小虾，夏天傍晚带我去捉蜻蜓，冬天教我做风筝，一起放风筝，这都与自己成年后保有一些好奇心，以至每到一个学习阶段都换一个专业领域，不无关系。父亲做人做事的诚恳实在，对弱者的同情帮助，对不公的人与事的态度，母亲对小说的兴趣和乐于助人的忙活，都无形中影响了我。再想想自己，在儿子的成长中很少陪伴他，不是以成人世界的搞笑价值观逗弄他，让他云里雾里，不知认真何在，就是脾气上来，以学业为由，粗暴销毁他偷偷买的漫画杂志、否决已经承诺的动漫时间权力，甚至威胁清除他养的蚂蚁，实在追悔莫及。稍有安慰的是，儿子高中时，自己答应帮他住校期间伺候蚂蚁的那一刻，他那感激的眼神和同谋般的表情。

在与孩子的陪伴互动中，鼓励和引导至关重要。记得“文革”后恢复高考时，我刚上初二，几乎没有学到什么东西。父亲着急，就开始亲自辅导我，与我一起做平面几何题。一次父亲表扬我的解题方法比他的好，给了我极大的激励，以至于一段时间家里熄灯后，我躺在床上，脑子里都是几何题中的图形，不断添加各种辅助线或搜索相似的三角形，也让我养成了可以不用看着资料文稿讨论问题的习惯和能力，就像下默棋一样。如果要说我对自己的儿子有什么看得见的影响，我能够想到的就是，有段时间，我们一家人开车出游，车上就会反复播放约翰·列侬、保罗·麦卡特勒、鲍勃·迪兰、约翰·丹佛等歌手的歌曲，结果他喜欢上了他们的歌。2016 年当瑞典文学院宣布鲍勃·迪兰获得诺贝尔文学奖时，儿子第一时间在 QQ 上告诉我：老爸，厉害了……我感受到了我们父子共同的兴奋和喜悦。对孩子的最大鼓励是父母对其兴趣的认可。儿子喜欢观察蚂蚁，就像我小时候喜欢观察鱼一样。对他的这个兴趣，我一直有矛盾的心理，表现出矛盾的态度。直到有一天他给我讲了他崇拜的哈佛大学科学家、“社会生物学之父”爱德华·威尔逊后，我才知道对蚂蚁的兴趣可以造就如此杰出的科学家。我由此阅读了一系列威尔逊的书，他关于科学与人文融合的观点和思想给了我很大启发。我想，我对威尔逊教授的兴趣也一定给了儿子心理慰藉和鼓励，也是父子相长的一个例子。另外，我们对日本作家村上春树在时间上相隔 20 多年的共同兴趣也是增进我们父子之情的一个因素。

总之，家庭是孩子的第一老师，既是第一个，也是排名第一的老师。家庭给了孩子自然的基因，也给了孩子品格特质和基本价值观的“文化基因”。这种“文化基因”既是显性教谕的结果，更是耳濡目染、润物无声的结果。无论孩子到了青少年时期多么逆反，甚至后来的思想观念、人生态度和人生道路多么反叛家庭，最基本的品格特质最终还是会“回归”家庭，至少会留下“文化基因”的影子和痕迹，可能是正向意义上的，也可能是反向意义上的。这个“文化”，并非一定与文化程度有关，而是沉淀于文化血脉中的态度。作为孩子的第一老师，陪伴是父母的第一责任。在陪伴与互动中，让孩子体验爱与温情，让孩子的好奇与兴趣得到激发和鼓励，让孩子在引导中形成正确的基本价值观，既是孩子健康成长的必需，也是父母自身成熟的关键。

（组稿：贺春兰）

父亲的影响

潘新洋

潘新洋，第十三届全国政协委员，台盟中央常委、秘书长，国台办海峡两岸研究中心兼职研究员，中国和平统一促进会理事，全国台企联理事。曾任北京市台联会副会长，北京市东城区政协委员、常委，北京市政协委员。曾参与和牵头完成多项国家及省部级涉台专题调研成果，主编出版《台湾百问》一书，负责组织举办台盟中央“大江论坛”在内的“两岸同心大中国”涉台交流品牌项目。

我的家庭普普通通，和周围人家一样过着平民百姓的日子。父亲潘广坤祖籍台湾省台中县，1956 年夏天，家父历尽艰辛从异国他乡的日本大阪，漂洋过海回到自己的祖国。当年新中国刚刚成立不久，父亲响应国家动员和号召，以海外华侨身份，只身回国参加新中国的社会主义建设。用父亲自己的话说：“我们大家是听周总理的话回来的！在北京和周总理照过相哦！”每每提起当年情景，父亲都会漾起满足和自豪的笑意。

作为千千万万海外赤子中的一员，父亲无愧于那个时代，无愧于自己的祖国，也无愧于他奉献其中的那个普普通通的工厂——天津市换热设备厂。而他满怀激情投身拥抱的那个年轻的共和国，所给予一个普通爱国华侨的关心和照顾，不仅深深温暖和抚慰着父亲的那份爱国情怀，也对他的家庭和作为后辈的我们影响至深。

20 世纪 50 年代直到 70 年代末期，父亲的工资一直都是 80 多元，按 7 级工评定的。这个数额，足足相当于那时可以养家糊口的、一般工薪家庭夫妻二人的工资总和。而当时大学本科毕业的知识分子、技术人员，我没有记错的话都是一刀切的 56 元，而且均为“死工资”，没有任何津补贴之类。我的岳父、岳母都是 50 年代毕业的研究生学历，他们的工资是 60 多元。而我父亲在日本学习的电热设备专业，大致相当于大专学历。但是，就是当时那个一穷二白、艰困多劫的祖国母亲，给予她的海外华侨儿女的关怀和照顾，用极为呵护来形容一点都不为过。不仅如此，60 年代大饥荒后，全国粮食供应采用定量配给。当时天津市民每月每户供应的大米也是限购的。譬如每人每月是 8 斤的话，我父亲名下就是 16 斤。我记得当时每到粮店买粮食，都被售货员特别提醒：他家是华侨，大米可以多买一份（粮食总定额之内）。那可是一份优越感哦！毕竟周围其他人都没有嘛！小小年纪的我，当时就挺佩服自己的父亲和家庭，为自己作为归国华侨的后代，同时也是工人阶级的后代而感到自豪。

生在那个时代，相较全国各地的芸芸众生，三大直辖市本身就像是在幸运的圈子里。虽说自打记事起，就没听说过失业这个概念，周围邻人亲友也从未听闻有过失业者，但大家的日子过得都是紧巴巴的。吃住行也没有多大差距差别，但我家的综合条件，不能不说有些优越。比如，邻居们虽说住的都是单位或街道统管的公租房，但一家3代共居一室并非鲜见。我家住的那个单元共4户人家，其中2家即如此。很多家庭人均住房面积不足3平方米，我家4平方米有余：18平方米的房子，住着父母及我兄弟二人，一家4口挺满意的。就在我初中即将毕业时，竟也能拥有独立的一个房间，自然引来周围邻居一片羡慕。我记得很清楚：母亲带着我到河北区民政局提出改善住房的要求，一位中年女干部和蔼耐心地了解倾听，很快就又因为“归国华侨”身份，分给了我家一套独立的单元房。

“我似乎比很多同龄人更没有理由不去爱这个国家!”这算是我将近不惑之年时才想清楚明白的道理之一吧。但之前，家父亲力亲为付诸的爱国之举，以及母亲常叮嘱的那句：“好好学习，做对国家有用的人!”这种种的身教言传，之于我，早已如影随形般萦绕在身、潜入于心了。

我挺佩服家父的决心与毅力的。像他这样一位“日本话比中国话讲得好”（母亲语）的台湾人，只身一人在他乡为事业、为家庭打拼，而且多次被评为区级、厂级劳模和先进生产者，除了靠自己的苦干、巧干外，也没其他便利或人脉可依靠的。除了一起回国的几位台湾同乡，我不记得他有什么朋友，但也不记得他发过一句牢骚。如厂里领导不关心群众生活、外行领导内行之类的。相反，很清楚记得他笑着说：领导又夸奖他图纸画得棒啦，表扬他给厂里节约了多少钢铁材料，等等。他出差承德受了工伤，断腿还没好利落，拄着拐杖就到厂里工作了。

“文革”期间，我家的楼道和窗户四周贴了不少造反派的大字报，也有人信口开河污我父亲：“海外关系复杂”、有“里通外国”之嫌等，但没过多久，就被父亲的一群徒弟、工友给撕掉了。“老潘是大好人”“你们不能欺负老实人”……

十分痛心和惋惜的是，家父1985年因病去世。他说：“别难过！人生七十古来稀嘛！我也算活得长久，没有虚度。”然而，没能赶上海峡两岸开放探亲，没能够再回到他日夜思念的台中故乡去看一眼，没能和他日夜思念的家乡一众亲朋好友再见上一面，该是他此世今生最大的惦念和遗憾吧。也正是父亲这份刻骨铭心的惦念和遗憾，让我更坚定了为两岸骨肉同胞得以团圆，为国家早日统一尽心出力的信念。

我参加工作到北京后，特别是进入领导岗位后，回天津看望母亲时听得最多的嘱咐就是：要甘当小学生！有时，母亲是喊着来训我的。“甘当小学生！”母亲说这是毛主席说过的话，特别有道理，你记住了，才不会吃亏！也才不会忘本！我能养成好读书的习惯，和母亲在我学龄前就给我讲毛主席诗词大有关联。那时候家里也没什么书，母亲讲完诗词，又接着讲下面的注释，注释里有很多引人入胜的典故和故事：柳亚子和颐和园啦，玉兔和嫦娥，杨柳比喻的是两位烈士，等等，念书的兴趣一下子大增。

我写这篇文字时，刚刚过完59周岁生日。到了就要退休的年纪，纵然很理解：谁还没年轻过！但回顾往昔岁月静心思索，还是有些不大认同“莫使金樽空对月”的年少轻狂；还有，细推也真的无须那么看重行乐。倒是偶得的时下一碗“鸡汤”，让我觉得热乎乎、暖融融的甘之如饴。深以为然之下，禁不住大段在此引述：

“你是依靠什么获得你需要的生活物品？你是依靠什么赢得社会的尊重？——那就是单位。如果你是小草，单位就是你的地。如果你是小鸟，单位就是你的天空……家庭离不了你，但你离不了单位，单位是你美好家庭的后台。单位是你的竞技场、练兵站、美容室、大学校！单位是你安身立命的客栈……”

是啊！若没了这“单位”，又哪里有机会可以随时随地地去当小学生？又怎么会那么便捷地来印证——有用还是无用于这个社会？我以为这所谓的“单位”，何尝不是党和政府引领、关怀着的一块块用武之地，何尝不是国家与人民福佑与荫蔽下的一际星辰、一片蓝海？当然，情怀与信仰诚不可缺。信仰似初心之舟，情怀如万丝集帆。无论我们对这个社会的贡献有大小，只要常系家国乐于奉献，普普通通的寻常百姓之家，能勤言传而重身教，皆当有益于社会公德的教化传承。

（组稿：张笑竹）

我的育儿观：好方法，胜过高智商

杨宇飞

杨宇飞，第十三届全国政协委员，第十三届北京市政协常委，中国中医科学院首席研究员，西苑医院肿瘤诊疗部主任。国家中医药管理局第一批优秀临床人才，国家中医药管理局第一批岐黄学者。中国老年学和老年医学学会肿瘤康复分会主任委员，世中联肿瘤整合医学会主任委员，美国整合肿瘤医学学会（SIO）亚洲理事。九三学社北京市委医药工作委员会主任。

“北大经济学学士，美国顶级大学经济学博士，你女儿从小就是智力超常的神童吧?”每当聊起孩子的话题，不少人都会问我这样的问题。

其实，我女儿并不是智力超常的孩子，我也不是教育专家。而且，她也不是只擅长“考试”的学霸，是足足的一枚在玩中长大的孩子。只不过，在她的成长过程中，我遵循了成长发育的规律，严格按照育儿书籍的指导对其进行了科学的养育。所以，我觉得，在孩子的教育过程中，好的方法，要胜过高智商。

当父母，需要“备足功课”，也需要“好帮手”

工作、读博、旅游……起初，我和爱人商量好不打算要孩子，而追求工作和生活中的诗和远方。然而，在过完人生的“而立之年”后，我内心忽然对小宝宝充满了向往。然而，好事多磨，怀孕后，由于身体原因，我在床上静躺了四个半月。虽然保胎很辛苦，但那时我内心一直有一个美好的信念，满怀期待迎接这个小天使。所以，那段时间，除了每天听音乐、和胎宝宝说话外，我还读了大量的世界名著和科学育儿方面的书。于是，37 岁那年，我幸福地当了妈妈。

通过读书，我了解到，0—3 岁的婴幼儿时期（也就是孩子生命最初的 1000 天），是孩子神经系统发育最快、各种潜能开发最为关键的时期。需要创设丰富的环境，抓住孩子发展的“机会之窗”，从而促进大脑的发育。而当真正面对这个软乎乎的小生命时，我不禁感叹：母亲这个“职业”对我来说还是“空白”：一没有“从业经验”，二没有“资格证书”，如何才能胜任这个角色，履行好初为人母的责任?

在我最迷茫最需要时，我从书海中发现了一本育儿书。那本书不同于一般的理念概述，而是将 0—3 岁的孩子按照月龄的发育做了详细分层，并指导家长在宝宝成长的每个月里，究竟该为孩子做些什么、怎样做；如何评价孩子的发展水平；如何确定孩子新的发展目标；如何把握成长的关键期等。这对我这位刚刚“上岗”的新手妈妈来说，简直就是“入职教科书”。于是，我将这本书作为“育儿大纲”制订了女儿0—3岁的成长教育计划。

从出生第一天起，我就像读博士一样，开始了有趣的科学研究，内心充满了对世界的感激之情，满满的喜悦，满满的正能量，让我内心平静而耐心，对待这个小生命，我像对待同龄人一样，随时随地与她交流，喂奶都在念诗或说话。全家按照我的研究步骤实施，才能让育儿计划按照书本一丝不苟地执行。在女儿四个月时，我所任职的医院计划成立肿瘤科。当时领导问我，敢不敢去牵头，勇挑这个重担？任务面前，身为工作狂的我毫不思索便一口答应了。但是，从零起步的难度，可想而知，那会儿我带团队在北京肿瘤医院学习培训，3天才回一趟家。而培训回来后，科室筹建工作更是“千头万绪”。由于我工作比较忙，平日主要是姥姥和保姆带女儿，但我们都一起“备课”——共同按照书中的指导，根据儿童的成长发育规律来进行养育。所以，如果说，在0—3岁的早期教育阶段，我扮演了“课程”理念的规划者，那么姥姥和家人则是实施者。姥姥喜好书画，家里贴满了花花绿绿的卡片，挂满了姥姥的字画。女儿小时候的听视觉环境十分丰富，只要她醒着时，耳边充满了我们轻柔的、抑扬顿挫的语调和读书声，姥姥的书法作品也每周更换一批……

“玩具、色彩、音乐——宝宝智力发展摇篮”“用音乐给大脑添加营养”“抬起头、挺起胸”……除了环境的营造，我们跟着孩子的成长发育也积极学习并“备课”，在孩子每一个月龄的发展关键期，我们都抓住机会进行训练，并确定孩子下一阶段的发展目标。在我们科学的育儿指导训练下，女儿考上北大经济系，去美国顶级学校读博士……回顾女儿的成长历程，我觉得她的成长得益于我根据书对她进行的大量的科学训练。

所以，当父母不能稀里糊涂地“摸着石头过河”，不明白的地方一定要多看书多学习，伴随着孩子的成长而同步成长。

“人生起跑线”，父母该做什么？

在女儿的成长中，我始终认为，好方法胜于高智商。在遵循成长规律的前提下，在人生最初的起跑线上，我们通过一系列活动对孩子的身心发育和人格成长进行了最大化的“激活”，这为她今后综合能力的发展“架起了桥，铺好了路”。

在0—3岁阶段，我们特别注重对孩子体能的训练，从出生开始，我就每天给她洗澡、做婴儿操，让她感知身体上的柔和抚触。我记得训练她抬头时，起初她抬头并不好，但我们耐心地让她反复练习，从躺到看世界，对她来说是一个视觉发展的飞跃，而且兴奋不已。抬头、翻身、坐、爬、走……每个发展的阶段，我们都对她进行了大量的体能训练，所以，女儿从小的平衡性、协调性发展得非常好。幼儿园时，老师就反馈，她的体能、认知能力要比同龄小朋友强很多。在中学时，因为学校非常注重体能训练，开始了轮滑、游泳、羽毛球、跆拳道等大量的活动课，所以她在学习和运动中如鱼得水。她到北大读书时，尤其喜欢打羽毛球，在运动中也结识了很多朋友。工作后，她还喜欢上了攀岩、潜水、滑雪等富有挑战性的户外运动项目，并自得其乐。由于热爱运动，如今身高174厘米的她，心态阳光开朗，这让她无论是求学还是工作，和同学同事的关系都相处得很融洽，好的人际关系也提升了她的幸福感。

除了运动，我特别注重女儿阅读素养的培养和行万里路的见识训练。记得她5岁时，我去山东泰安开一次学术会议时带上了她。那段时间她正对汉字产生浓厚的兴趣，她看到路上的标识居然大声地读出了“兖州”两个字。“呀，这么小你认识兖州呀？那你说说兖州有什么？”“王允、貂蝉的继父……”她稚嫩的童声传递的信息量引发同行的教授们的赞叹。长大后，她博览群书，大量的积累使得她写作时素材游刃有余，她的作文经常会被老师批为范文，并在全班品读，而写作表达的能力也是一个人参加工作后一项重要的素养。一出满月就开始外出游玩，11个月就四进动物园，2岁在巴黎度过，18岁去美国读博士前就已经去过20多个国家，走万里路使她眼界开阔，大方开朗，有创新思维和很强的生活能力。

在生活中，我也特别注重锻炼她的逻辑思维能力和专注力。随着她的认知能力的发育，我经常和她玩穿珠子、捡豆子的训练游戏，来提升她的精细动作及思维能力。由于她的专注力很好，学习效率很高，所以从来不搞“题海战术”，每晚 9 点半准时睡觉，即便高考那年作息也是如此。而且在高考的前一天，我们还一起逛了 6 小时商场。最终，她以 683 分的高分被北京大学录取。

大四时，她成功申请了美国顶级大学经济学博士。其实，该大学经济学很难申请，对于她来说，从本科直接到博士更是挑战重重。但女儿表示她对经济学特别感兴趣，认为老爷是经济学专家，而用经济学来解释生活中各种问题很“酷”，所以想深造。

“经济学真的很好，我觉得经济学是理科和文科之间巧妙的平衡，有了经济学的思维方式，你看待问题的角度和方法，你站的高度也就不一样。”这是经济学这门学科带给她的体会，也流露出一位 18 岁的青春少女渴望探索新知的好奇心。

和谐的成长环境，让孩子做个“大写的人”

和睦相处且教育观高度一致的父母，营造了书香家庭的姥姥，……家人一致认为，在女儿的成长中，我们给她营造了一个开放、包容、幸福、和谐的大环境。

“在家里，双方老人第一、爸爸妈妈第二……”在育儿理念上，我和先生高度一致，我们一致认为不能让孩子成为家庭的中心，让孩子从小懂得孝敬长辈和尊重每一个人。

在 3 岁之前我们生活在姥姥家的大家庭里，除了我们，每天相处的还有舅舅、舅妈以及大她 10 岁的姐姐。所以，女儿身上没有独生子女的娇气，遇到事情也会协商沟通，还懂得关心尊重他人。我每次回家，展现给孩子和家人的都是积极向上的风貌。这种正能量，也在无形中影响着孩子的价值观。她从小明白：每个人要尽自己的最大努力将事情做好。

如果说，在女儿 3 岁前的成长中，妈妈、姥姥、保姆这个“女性军团”扮演了主要“养育”的角色，给了女儿足够的“大地”般的安全感，那么爸爸则在她3岁后的学习成长中扮演了重要的角色，给予了她“天空”般的无限空间与力量。在女儿十多年求学路上，爸爸接送守候。爸爸认为，一定不能将孩子的生活全部塞进书本的学习中，一定要创设机会让孩子对生活充满热爱，引领孩子树立远大人生目标。而他也最善于抓住生活中的细节和孩子畅谈人生，让孩子心中有梦，眼中有光。于是，祖国的大好山川、风土人情，世界的多元文化，对孩子而言都是最好的教科书。每年假期，我们都带女儿去游历祖国的大好河山，畅游世界。就在高考前一周，父女俩一起散步时，还畅谈了“脚踏实地，仰望星空”的话题。而那一年高考作文的题目便是此。

所以，我们一致认为，家庭教育不能只追求分数，只有让孩子心中有大格局，心系社会，她长大后才能做一个“大写的人”。这种开放、包容的成长环境，也滋养了女儿的爱心。拿到北大录取通知书的那年暑假，她特别想去临终关怀医院做义工，遗憾的是咨询了几家，都没志愿者名额。后来，奥运会、世博会招募志愿者时，她又满怀期待，但由于那时她年龄不符合规定，又没能如愿。最后，她成为“抗癌乐园”志愿者的一分子。那段时间，她经常7点多就从家出发，到公园帮忙宣传抗癌知识。女儿说，能通过自己的点滴努力，让更多的人拥有健康的生活方式，从而远离癌症的病痛，她感觉付出很有价值。而且抗癌乐园会员们带给她的乐观和团结精神，让她一辈子都忘不了。

“妈妈，我觉得你是世界上最好的妈妈，爸爸是世界上最棒的爸爸！我拥有世界上最幸福的家庭……”前不久，已在大洋彼岸工作的女儿在和我视频聊天时，很自然地说出这句话。从当初软乎乎的小生命，如今长成1.74米的阳光青年，让我欣慰的是，在女儿的成长过程中，除了父母的角色，我们能一直走进她的心里，在精神上一直平等相处，被她视为无话不谈的“知心好友”。而我从她的身上学习到“90后”中国独生子女的优秀品质：开阔独特的全球视野，不盲听盲从的敏锐和自信，一心几用的超凡能力，追求幸福的执着精神，吃穿住行的高品质。我们则用我们这一代的努力拼搏奋斗精神、公共知识分子的社会责任感和勤劳勇敢的家庭社会担当为孩子树立榜样力量。如今，我们也抓住一切机会继续开展幸福家庭旅行计划，且出行都由女儿来一手策划安排了。在享受着女儿给我带来的人生幸福的同时，我也在想，家长给予孩子精神上的财富，远比给她物质财富更让她受益，让人生走得更远。

（组稿：张惠娟）

学习老爸好榜样

杨建平

杨建平，第十三届全国政协委员，中国农业生产资料流通协会会长。曾任河南省三门峡市政府副秘书长，中华合作时报社社长、党委书记、总编辑，中国农资流通协会常务副会长，中华全国供销合作总社副秘书长、办公厅（研究室）主任，中国农业生产资料集团公司董事长、党委书记，中农集团控股公司董事长，中华全国供销合作总社党组成员、理事会副主任，中国供销集团有限公司董事长、党委书记。

老爸已经86岁高龄，远在千里之外的小城居住。过去我每到周末都会打电话给他，唠唠家常，问候平安。如今他已完全失聪，我春节回家与他交流，就是靠“笔谈”，我用黑粗的大字在纸上写，他看了用语言说，声音很大，邻居都能听明白我们说的啥。

又是一度父亲节，格外思念老爸，翻拣出十年前的旧时文章，算是送给父亲的节日礼物。

一

老爸干了一辈子教师，退休在家，锻炼身体，习练书法。每日早晨5点半起床，先倒一杯开水，晾着，再洗漱，然后喝了那杯开水，就出门到小区对门的公园锻炼身体。风雨无阻，从没间断。妈妈说：憨憨吃住一窍，天上下刀子，也要坚持去！

早饭后，补一小觉，眯一会儿，起来开始练习大字，有时临帖，有时抄写老人健康保健养生的各种格言、偏方。也是每日笔耕不辍，不说练习大字的纸张，单就抄写的保健养生格言，已是皇皇巨著。而且手抄十数本送给亲朋好友。知识性、实用性、观赏性寓于一体，喜好者渐多，上门求之者，老爸一概应允。别人怕他太累，就说复印一本即可。但老爸坚持原版原创，一视同仁：手抄！妈妈半讽半刺地说：该写作业的（指孙子们）不好好写，不该写的反而写得不撒手。

下午，老爸开始到郊外农村的井里取水，用金龙鱼食用油的空桶盛着，提两桶回来，除自已烧水泡茶外，再分给邻居们享用。

晚上睡觉前，把家里的板凳椅子统统架起来，拿拖把拖地板，极其认真，边拖边退，不留脚印。

这些，是老爸目前每天的规定动作，像电脑的程序一样，执行起来一丝不苟。

这就是老爸的风格，做事有恒心、有毅力，做人讲关爱、讲良心。

二

我的家乡是个不偏不远的小村庄。按村里规矩，没有爸爸这个叫法。如果爸爸是家里的长子，那就叫伯伯；如果爸爸不是长子，那就叫达达。我的爸爸是我们本家族的长子，所以，我没有给爸爸叫过“爸爸”，而是规规矩矩地叫“伯伯”。

我们家祖辈务农，老爸是第一个读书人，当时读完高级小学后，我的老爷（曾祖父）说可以识文断字就行了，就不让老爸继续读书，而是回家割草放牛犁地。村里和老爸一起上高小的另外两位同学都继续上初中、高中。老爸背着割草捆，看着昔日的同学挎着书包上学、放学，内心的痛苦和无奈使他常常闷闷不乐。老爷看在眼里、急在心里，但家里供不起呀。

后来，国家急需教师，开始招收初级师范生，不交学费还有助学金，父亲才说服老爷，考了师范，圆了上学的梦。

由于特殊的求学经历，老爸学习异常刻苦，成绩好，入了党，校长也欣赏。毕业分配时，老爸坚决要到最艰苦的地方当山村教师。高庙、侯村、贺家庄、富村、磁钟、交口，从教近 40 年，一直在农村学校。

有一个插曲，50 年代大办教育，开始有民办教师、公办教师之分，当时许多人不愿意干民办教师，老爸就自告奋勇去干民办教师。后来他的师范校长调任教育局局长，翻看教师名册时，发现自己的学生在民办教师的名册里，就通知他来问是怎么回事。老爸说，上学时，您教育我们吃苦在前，吃亏在前，民办教师没人干，我就报名改任民办教师。校长苦笑一下，说，乱弹琴，师范生不许干民办教师！最后勒令他回到公办教师队伍里。如今，回想此事，老校长的良苦用心让老爸哑然失笑。常年在外地工作，又是偏僻山乡，很少回家。所以，儿时的老爸，在我心里是个陌生的客人，偶尔来家一次，总带些好吃的东西。我很馋，但又不敢伸手要，老爸给我，我也扭扭捏捏。记得有一次，是个夏天，我和哥哥、妈妈、爷爷、奶奶、老奶吃完晚饭，在自家院子里纳凉，月光下老爸骑着自行车回来了。坐下之后，老爸指着自己的挎包问我，你猜猜我这里是什么呀？我不言不语地看着他。他又问我，你说这里面的人你和谁亲呀？我用小手指指妈妈、奶奶。他又问，还有谁呢？我不接腔。这时，父亲从挎包里拿出几把黄杏，说，谁和我亲我发给谁吃杏。这时的我，一下子羞得趴在了桌子上。奶奶拿杏给我我也不接。妈妈给我塞手里，我也只是拿着，不抬头，不往嘴里吃。少年时，开始读书识字，才知道老爸的多才多艺。他从陌生的客人变成我崇拜的偶像。

我和哥哥上学读的所有功课，老爸都精通，他回来不用翻课本，就知道我们学的什么内容，学得怎么样。再难的题，都难不住他，而且经过他一讲，好像难题也不难啦。相比较，我们村里的老师都是“菜鸟”。我把这一想法透露给哥哥，哥哥自豪地说“伯伯是校长，那水平当然不一般”。我才知道，老爸是校长，管着一大帮教师呢。

记得儿时的我喜欢到村里的文艺宣传队看排练节目。我看村里演出样板戏乐队里拉二胡很好玩，就缠着那位爷爷教我。后来父亲回家，看我拿个二胡“吱吱扭扭”如杀鸡，就过来说，我教教你。我吃惊地看着父亲，他运弓拉琴，弹指揉弦，美妙动听的二胡声，让我听得醉哈哈。我从不知老爸会拉二胡，老爸耐心地从哆唻咪开始手把手教我，直至凌晨。那晚，是我第一次真正感受到父爱的温暖和智慧，睡梦中，也有二胡乐曲的缭绕。后来，又知道，老爸笛子也吹得很棒，篮球也打得很棒，尤其是远距离投篮，让对手防不胜防，字写得很行草，画画得很见功力……

受老爸影响，我又开始学画画。老爸由人像的三庭五眼、笔法的皴擦点染、透视的近大远小，慢慢教起。我从小学一年级读到高中毕业，学校老组织我们上山挖药、下河垒坝，其间受到的知识技能教育大多来自老爸。恢复高考，我和哥哥能先后考上大学，老爸的日常教育居功至伟！上大学后，老爸既高兴又忧虑。高兴的是两个儿子都考上了大学，孩子有前途，自己有脸面；忧的是家里困难，无钱供养。父亲那点儿工资，既要养活老奶、爷爷、奶奶三个老人，还要供养哥哥、我、弟弟三个学生，一时左支右绌，渐渐地寅吃卯粮，常常借支下月的工资用。为节约开支，老爸找熟人，从印刷厂弄来废纸边，切割成大小不一的白纸，再缀成本子，分给我们哥儿俩用。老爸东找西找弄来木板，自己动手钉成箱子，用红漆刷刷，就是我们的行李箱。假日里，老爸带着我们哥儿俩去铁路上扫煤灰，拉回家里烧火做饭。也鼓励我们打工挣钱，自力更生。老爸虽是高中校长，但衣着很简朴。每天早晨都起来打扫校园。一次，一位老师得病让小舅子来学校请假，进门看见有人扫地，就问校长在哪里，老爸就说什么事？那人就说替姐夫请假，老爸就说，行啦，你走吧，我告诉校长。那人回去后就回报姐夫说，在校园里给炊事员说了。那个姐夫莫名惊诧，直埋怨小舅子怎么给炊事员请假呢，细问之下，才知道，那就是校长——我的老爸。老爸天生乐天，再困难都不气馁，总是乐观地面对困难。他的这种精神感染教育着我们，使我们几十年不管遇到什么挫折都从容面对。记得在大学时，我是全校唯一一个穿着土布衣服、背着土布包袱皮的学生，同学们不乏异样的眼神，但我都浑然不觉。这定力和自信，其实是老爸给予的。

三

我和哥哥大学毕业后，陆续走上领导岗位。老爸不像有的过来人，教我们世故圆滑的所谓经验，而是常常敲打我们，不要忘本，不要翘尾巴，过年过节，领着我们挨个给家族里健在的老者拜年拜节。村里修路，老爸立马拿自己的钱替我们捐款；村里建学校，也是拿自己的工资替我们捐款；村里的机井抽水机坏了，老爸领着村干部找我，“你可要当大事来办啊!”邻居因公受伤，瘫痪在家，老爸找我让帮着为邻居弄一个轮椅。1994 年，老爸退休回家。老爸一生坚信马列，坚守信念，当领导时，那时涨工资都是靠评议，他曾经两次让出自己的调资机会，解决下属教师的工资问题。和他同时期参加工作的，临退休前都比他工资高。教育局的领导知道他的情况，也敬重和同情他，就特别给他一个专用指标，让他调高职称增加一级工资，可是他一手培养推荐提拔的年轻干部大义灭亲，挡了回去，退回那个指标。老爸因此郁闷，久久不能释怀。他拒绝随我们进城，而选择回老家。回到农村，老爸很快就和街坊邻居打成一片。谁家有事他都跑前跑后，尤其是婚丧嫁娶、修房子彩院，它是主事调停的最佳人选。春节前，全村家家户户的春联全是老爸一人所写。每家送来红纸，他问问人家今年家里的情况，再根据每一家的情况，创作针对性的对联，写好送人。每年一过腊月二十三，老爸就腾出一间房子，专作书写对联之用。

村里老老少少都亲热他，一次我和老爸从村里走过，问候声不绝于耳，连村里许多狗，见他都撒欢儿地追着他跑好远才返回。家里修建房子，我们回去干活，结果根本轮不着我们干，全村的青壮年、老年人、大闺女小媳妇都来帮忙，满院子的人，房子封顶的那点混凝土，一人还轮不到一锨，就完事了。我们家里设宴招待义务帮忙的乡亲，结果单炸油饼一项，就炸了100多斤干面。我们故意说，这不符合经济规律，雇人干，工钱也没有这么大开支。老爸不高兴地批我们：这不是钱不钱的，这是人情，这是人气！老爸的教育，使我们记住了古训：穷不忘操，贵不忘道。

四

父亲进城来住了。是妻子为了让他进城，设计说，家里需要他看门，要不东西丢了咋办？为了儿子的家财安全，老爸放弃了自己固守的田园生活。初到城里，很不习惯。我们陪他和母亲到公园，他看到那些晨练的人，说：你看你看，那些人怎么“猴生鬼气”？后来几位过去的同事约他加入锻炼队伍，慢慢地找到了感觉。老爸开始发挥他的特长，把太极拳、少林棍、长剑等的一招一式都画成挂图，用绳子串起，每天晨练时一长溜挂到树上，方便大家学习。他又成了那个小圈子里的核心人物，受人尊敬。老爸热爱读报，每天晨练时路过报社的印刷厂，他就拿着报纸到公园，给老伙伴们读报讲新闻。当然，有时也从公园里听到不少马路新闻，回来讲给我们听。时不时还用马列主义对社会现象发表点儿评论，对世风日下、人心不古，感慨唏嘘；对社会进步、经济繁荣，赞叹不已。老爸对知识的求索，对生活的热爱，一如既往，不管在职还是退休，无论是身在田园，还是身处闹市。

（组稿：贺春兰）

第三辑

家教观点大碰撞

如何教孩子做人处事待人，如何成为一个有责任心有正义感的人，这些看似务虚的部分，恰恰是教育的根本所在。而这些教育，往往发生在一个个家庭一件件亲子共同面临的小事儿中。本辑中的全国政协委员们，带着对家庭教育的思考和认识，寓建言献策于社会观察、理性思考之中，并归纳出自己对中华民族家庭教育内核的认知，读者掩卷之际，当会有新的收获。

重视家庭教育　推进全面育人

倪闽景

倪闽景，第十三届全国政协委员，上海市教育委员会副主任兼上海市红十字会副会长，全国成人教育协会副会长。上海市《科学与技术》教材主编和牛津《自然》教材主编，《上海物理课程标准解读》副主编，著有《自主物理实验》《兴趣、探究、构建、创新》等科学教育图书。曾荣获上海市园丁奖、上海市物理特级教师、全国教育系统劳动模范，并被授予“人民教师奖章”。

习近平总书记在全国教育大会上的重要讲话中指出："办好教育事业，家庭、学校、政府、社会都有责任。""教育、妇联等部门要统筹协调社会资源支持服务家庭教育。"中共中央国务院印发的《中国教育现代化2035》和《加快推进教育现代化实施方案（2018—2022年）》也明确提出了重视家庭教育的要求。目前，全国人大对于《家庭教育法》正在广泛听取意见中，可以说，对家庭教育的认识已经达到了历史的新高度，一方面是对中华优秀传统文化当中家教作用的重新认识，另一方面体现了对孩子全面成长当中家庭教育重大作用的科学判断。

父母亲是孩子的第一任老师，实际上家庭教育从孩子一出生就开始了。良好的家庭教育会促进孩子成为品德、智力、体质等各方面优秀的人才，不当的家庭教育会对孩子的身心发展造成严重后果，从而危及家庭甚至社会。目前家庭教育主要存在以下几方面的问题：一是认识不足，认为家庭教育就是家长的事，家庭教育处在自发状态，缺乏系统性的指导和推进。二是家长普遍缺乏家庭教育的知识和能力，中国儿童中心几年前的一项调查显示，75%的家长没有听说过"儿童权利"。尽管我国早在1990年就签署了联合国《儿童权利公约》，但公众对儿童的生存权、受保护权、发展权和参与权等基本权利的知晓率仍旧很低。三是《家庭教育法》颁布在即，但各级政府如何从制度层面去落实，就成为一个非常突出的问题。比如经济和社会发展促使城市化发展加快，人口流动频繁，农村留守儿童逾6000万，城市留守儿童也逐年增加，家庭教育的缺失及由此引发的社会问题受到广泛关注，虽然有见呼吁家长回归家庭，但是见效甚微。

我们要对家庭教育内涵重新认识。首先要理解家庭教育不仅仅是对孩子的教育，更是对家长的教育，家长和孩子共同成长才是家庭教育的特征；其次需要明白，家庭教育不仅仅是家庭内部的事，更是一个巨大的系统工程。要明确家庭教育有教育专门性公共事务的属性，需要突出政府部门、学校支持家庭履行教育功能的政策设计。

尽快颁布《家庭教育法》，并做好法律的宣传、落实和完善。通过立法，提高对家庭教育重要性的认识，使家庭教育成为全社会关注的重要工作；行政部门应该设置家庭教育推进的专项经费预算，形成政府主导下，以学校为主体、各种社会资源融合的模式来服务家庭教育。虽然在《未成年人保护法》中对家长的监护主体职责有清楚的界定，但事实上对家长的监护监督没有落地或者难以落地。而很多国家，对失责的家长，家庭教育缺位最高处罚是剥夺其监护权。而我们现行的追责和问责都很难到位。

要从现代学校制度建设角度突出家校共育的机制。现有的家庭教育校内校外相结合缺乏制度性安排，在职能边界和教育合力方面需要加强。现代学校制度的核心理念是以学生发展为本基础上的开放办学，不仅要明确学校的独立法人地位，为学校依法办学、民主治校提供制度保障，确保学校的教学中心地位，也要明确家庭在教育中的基本权利，不断扩大家长对学校办学活动和管理行为的知情权、参与权和监督权，确立家庭和学校之间在教育活动中的正确关系和职责分工。在此基础上，学校有责任为家长提供家庭教育的知识服务，纠正错误的教育理念，提高家长和学校一起促进孩子全面发展的指导力。当下家校共育的问题主要集中体现在三个方面：儿童权利的回归问题、中小学生“作业焦虑”问题、教师作为家庭教育指导者能力不足问题。这些问题都可以通过家校共育来逐步解决。实际上家庭教育内容十分丰富，站在孩子成长的角度，德智体美劳全面发展，家庭教育有巨大的空间，比如体育，如何在家庭当中形成良好的运动氛围，甚至形成家庭体育的传统，都需要有研究和推动。

要形成家庭教育的系统力量，提高家庭教育专业化水平。学校因其在教育领域的专业性和其联系千家万户的特殊性，在家庭教育指导方面具有独特优势，理应成为家庭教育指导的重要责任主体。因此，全面提高广大教师的家庭教育指导能力，培养足够多的家庭教育指导教师，充分满足在校生家庭教育指导的需求。要关注和用好“四个力”，即家长的家教胜任力，教师的家教指导力，政府和职能部门的政策推动力，社会的教育合力。家庭教育是一门学问，是一个专业，但在现行的大学专业包括师范大学的专业设置中没有家庭教育专业，也没有家庭教育学科。现有教师资格考试和培养中，有教育学、心理学，就是没有提及家庭教育指导力。现实中的教师家庭教育指导，基本上是凭经验，凭做教师的经验，凭当家长的经验，是经验型传授，缺乏科学性和专业性。要将教师的家教指导力作为教师的专项能力列入教师的入职基本能力的培训培养和评价考核体系中，在有条件的大学中开设家庭教育专业或学科，进一步提高家庭教育的学科研究和建设。

要关注先行地区丰富的实践探索和基层的创造性，以点带面。这些年各地在加强家庭教育、推动家校共育上做了不少探索，涌现了一些典型经验。比如上海改革开放初期就有一些学校开办了家长学校，重视和完善家委会建设，重视家长参与学校民主管理和建设，自发自动自主的意识不断增强，主动让家长们走进学校，开展家庭教育研究探索。颁布了《家庭教育指导纲要》实施意见，形成了市级牵头抓总，区级开展家庭教育指导服务，每一所学校和各镇（街道）、社区建立家庭教育指导服务站点，推动完成了区域家庭教育指导服务中心的建立。开展了全市家庭教育示范校的评选，设立了评价标准，以评促建，推动了家庭教育的观念、制度和工作创新；研制《家教指导力教师教程》，覆盖学前、义务教育和高中学段的一整套教师家教指导力区本教程，在一线教师中使用，适应“互联网+”的特点，同步开发了教师家教指导力网络课程，加大教师的家教指导力专项培训，取得了良好的成效，初步形成了教师主动参与家庭教育指导的好格局。

家庭教育是一项关系千家万户的系统工程，更是惠及民生、提升民众教育获得感的重要载体。我们希望，在习近平新时代中国特色社会主义思想指引下，从优秀传统文化当中挖掘经典，从世界先进教育理念当中汲取营养，推动有中国特色的家庭教育高质量发展。

（组稿：张惠娟）

家庭教育应培养孩子与『社会』相处

敖虎山

敖虎山，第十三届全国政协委员，北京市政协委员，九三学社中央医药卫生委员会副主委、九三学社中央科普委员会委员。中国医学科学院阜外医院麻醉中心主任医师，中国协和医学院博士生导师，中国循环杂志编委，北京市健康科普专家，中国心胸血管麻醉学会秘书长、法定代表人，国际心血管麻醉医师学会理事，第五届中国经济社会理事会理事。

Anesthesiology, *Resuscitation*, *Anesthesia & Analgesia*, *Chinese Medical Science Journal*等多家国外杂志的审稿专家。

家庭教育是培养、塑造孩子成为社会化人的根基。鲁迅曾批评一些人只会做孩子之父，不会做人之父。鲁迅的这句话是在提醒父母，一个孩子的呱呱坠地，还不是真正意义上的人，而只是人坯；只有孩子进入社会，接受社会化的语言、情感、品行、生活常识、基本文化，具备基本的独立思考、独立行为能力和责任担当，经历“18 岁”成人礼（中国“成人礼”的习俗）的洗礼，即获得了一定程度的社会化，才开始成为真正意义上的心智成熟、人格健全的人。而对给予孩子生命的父母，在孩子社会化成长之路上，更要肩负起培养和教育的终极使命。

前一段时间曾接到一位老同事的电话，她向我诉说她儿子毕业一年了，可最近又失业在家，这已经是她儿子毕业后第二次失业了，特让她苦恼……他们家从小就给孩子上最好的幼稚园、最好的小学。孩子 2 岁时学英语，五岁时学书法、学跆拳道，10 岁时当班委中队长，初、高中也一直是班里的优秀生，20 岁时直接保送名牌大学。大学期间也拿过不少奖学金，还经常在各社团担任职务……可是，不知道为什么，参加工作后就完全变了！经了解，孩子前领导的评价，让她做母亲的深感焦虑：“你儿子工作态度散漫，做事不主动，安排的本职工作还总应付，而且还不接受批评，性情怪僻，稍微多说他一些就发脾气，甚至赌气走人……”

听了这些话，我的这位同事很是吃惊，“我一个那么优秀的儿子，以前一直是我和全家人的骄傲，我也觉得自己是挺成功的母亲，但参加工作后，怎么一下子就变成这样了呢?”

这个孩子如父母家庭所愿考上了名校，拿了很多的奖学金，甚至还多才多艺。但他自私、冷漠、脆弱、没担当、不懂事（这些糟糕的品行）……独自面对“小社会”的职场时，不善于沟通、心理脆弱、对他人缺乏尊重、对岗位缺乏职责担当……完全不懂得如何与“社会”相处。只是在大学毕业前，这些统统都被“好成绩”所掩盖了。之前，孩子的父母一直默认只要孩子“成绩好”，其他方面就不会有什么问题，从而忽视了孩子的社会化教育。

冰冻三尺，非一日之寒。这个案例鲜明地告诉我们，孩子成长的“社会化”优劣程度，与其原生态家庭教育及作为启蒙者、监护者的父母密切相关。

《三字经》上说：“人之初，性本善；性相近，习相远；苟不教，性乃迁；教之道，贵以专。”每个孩子生下来都是一张纯洁无瑕的白纸，好写最新最美的文字，好画最新最美的图画。这张“白纸”未来“社会化”能否展现出隽永的画卷，最终取决于家庭教育，因家庭是孩子永远眷恋且永不停课的学校；父母是关键，因父母是孩子第一任且永不卸任的老师。为人父母的终极使命，其实是培养出适应社会的孩子，并且需要从小开始培养，包括孩子基本的自理能力和好习惯的养成。这方面，犹太人的教育观很值得学习。在犹太人家里，学龄前孩子是不学知识的，因过早地学习知识，不仅影响孩子的想象力，甚至会抹杀其对学习的兴趣；父母从不给孩子喂饭，孩子饿了，自己会吃，父母从不强迫孩子；从小培养孩子爱劳动的好习惯，包括清理房间、打扫卫生、洗碗，自己的事情自己做。同时，从小进行挫折教育，培养孩子面对问题、解决问题的能力，以及失败之后依靠自己的力量重新站起来的勇气，为孩子接触社会打好基础，做好充分的思想和能力准备。

父母自身的“其身正，不令而行”（孔子）的品行及综合素质，会在日常家庭生活之点滴细节中，潜移默化地熏陶、滋养、感染着孩子。例如，父母坚持为年迈的老人洗脸刷牙、洗澡洗脚时，有意识地调动孩子一起参与，让她（他）帮忙端水、倒水，尽孝道，做榜样；每天睡觉前讲有意义的故事（古代“孔融让梨”“孟母三迁”等），引导孩子诚实友善、明事理、懂规矩、不怕难、不任性、还自私、辨是非……同时，通过陪伴孩子走出家门，亲近大自然，进行参观植物园、动物园、博物馆、科技馆等户外活动，让孩子主动与动物、植物、社会人群近距离接触和交流，陶冶情操，寓教于乐；注重培养孩子遵守公共秩序、爱护公物、不随地吐痰、不抢占座位等社会公德意识；使孩子懂得“不以善小而不为，不以恶小而为之”。这些润物细无声的良好家教，经过日积月累量化和积淀，便会逐步奠定并将加速孩子步入社会的成长进程，成为孩子独立与“社会”相处的基本能力。

社会是检验一个孩子及其原生态家庭教育的最终标准。而新时代当下的这个标准，应是全面而综合性的。

孩子不仅是家庭的成员，也是社会的一员，他们长大后，能否顺利地与其他社会成员一起和谐地生活、工作，和从事不同职业的人有效地沟通、合作，在社会活动中所表现出来的高度自律等行为，都是对其原生态家庭教育效果最真实的检验。

前几年，我曾经带过这样一个学生，至今对她印象深刻。她是国内医学院实习生，她来实习的第一天，就很主动地帮着同事一起打扫办公室卫生，并且有说有笑，同事们都很喜欢她。

她不仅把自己的工作做得井井有条，还特别乐于助人，经常替有困难的同学值班，并主动向老师们虚心请教病人的诊疗经验，来了不久就掌握了很多临床知识，深得大家喜欢，这在以往的新人中是非常少见的。

我至今认为，这女孩儿无论在哪里工作，一定都能做得很好，都会深受欢迎。而她自身所折射出的教养、友善、责任感、主动性、抗挫折能力，一定饱含着她原生态的家庭教育，特别是其父母一路悉心倾情的培育。

记得她曾跟我聊过，说她父母每次打电话都会问：今天有没有帮到同事？有没有认识新朋友？自己有什么收获？我想，能问出这些问题的父母，跟那些只会问孩子“有没有吃饱穿暖”的父母相比，原生态家庭教育一定大不相同。

我自己每天也跟孩子说一句“日行一善”，以此让他们培养以善心面对一切的思想。善心教育能使孩子懂得感恩，愿意为他人着想，用一颗自利利他的心去探索人生，让孩子在遇到困难甚至坎坷时，能从容、积极面对，从而给孩子塑造宽广的心胸。

其实，每对父母都知道，孩子总归要离开家庭走入社会，独自开创属于自己的人生的。父母可以在孩子年幼时提供舒适的生活，极致的呵护，但不可能陪他们一辈子。总有一天，他们要独自面对这个纷繁的社会，自解难题、自担风雨……只有经历这样的成长历程，方有资格笑迎彩虹。

当下中国已进入新时代，父母教会孩子和社会相处的能力，就是对孩子的最大帮助和保护，也是对社会和国家的贡献。孩子能在社会上活得开心、顺畅、如鱼得水、游刃有余，才是家庭教育及为人父母的最大成功和最高荣誉。

（组稿：贺春兰）

加大民间教育力度，助力学校教育强度，共促十四五教育繁荣

白庚胜

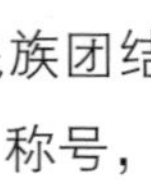

白庚胜，第十三届全国政协常委，中国社会科学院研究生院教授，中国作协副主席，中国纪实文学研究会会长。被国务院授予“全国民族团结进步模范”称号，被中国文联授予“全国优秀青年文艺家”称号，获中组部等七个部委所授“优秀留学回国人员成就奖”。主编30多种文化、文学类著作、丛书、论集，主持“中国民间文化遗产抢救工程”等多项重大文化工程，成果被翻译成英、德、瑞、日、韩、印、马、印尼、法、蒙、藏、维、哈、朝等多种文字。

党和国家最新制定的十四五发展规划及2035年远景发展纲要，高度重视教育对我国全面实现代化的战略意义与支撑作用，用大篇幅作了新部署、提出了新思路、设定了新目标、下达了新任务，需要我们认真贯彻落实，一一实践之，全面实现之。

中国的教育大约可分为家庭教育、社会教育、学校教育三大板块。其中，前二者属于体制外民间教育，后者属于体制内国家教育。在传统上，家庭教育历史长、全覆盖、基本化、活态型、血缘内、稳定性显著，社会教育具有重地域、重参与、重技巧、重娱乐、重民生诸特点，学校教育则专业性、高端性、前沿性、规范性、系统性、理论性强且鲜明。

在传统社会中，前二者是唯一的教育方式，并互为交叉；在现当代社会，这三者大都同时并存、互相补充，并以学校教育为主、社会教育为辅、家庭教育为基础，无论是一个个体、一个民族，还是一个社会、一个国家，将这三种教育形式有机地结合在一起，使之各尽其能、各司其职，即可以在不同的人生阶梯、各异的社会发展阶段、多样的生产生活需求中发挥各自的整体的巨大作用，促进受教育者的德、智、体、美全面发展，既承继于历史、造福于当代，又利好于未来。

新中国成立以来，我们在党的教育路线和教育方针指引下，立足本土，接轨世界，放眼未来，在教育理念育成、教育方向指引、教育制度确立、教育机制活化、教育战略布局、教育战役设计、教育专业设置、教育战术实施、教师队伍建设、教材体系构建等方面，坚持教育为无产阶级政治服务，教育与生产劳动相结合，形成了独具中国特色的社会主义教育体制，逐渐普及义务教育，消灭文盲，缩小脑力劳动者与体力劳动者的区别，增强思想文化与科学技术武装，培养了大量社会主义革命与社会主义建设、改革开放的优秀人才和普通公民，为中华民族的伟大振兴做出了巨大的贡献。

目前，所要进一步加强的是我国教育三大板块中的家庭教育与社会教育建设发展，把一度淡化的有关工作强化好，把新时代对它们提出的要求解决好，把习近平总书记对民间教育作出的指示落实好。

曾几何时，由于种种原因，这两种教育受到诸多冲击，确有必要给予关注。因为家庭教育是一切教育的开端，家长是一切教育者的鼻祖，家庭教育空间是社会、学校教育课堂的雏形，正可谓“基础不牢，地动山摇”。今天学校教育中出现的种种不良现象，有一大部分根在家庭教育的弱化、空化、断化，社会教育的泛化、变态、改质，必须深刻反思、严加重视、尽力改善，使我们的教育结构更合理、体系更完备、人文更深厚、制度更巩固、效果更理想。有了良好基因传承、生命延续基础上的家庭伦理、情感、道德、风气、知识、技能学习与继承、传扬，将之从个人修为、家风家德扩大为村风民俗、社会行为、社会规范、社会风气，并进一步提升为国家制度、国家文明、国家软实力，那才是理想的教育境界。如果有了超血缘的生产、生活、生业、生态，以及村落、社区、集镇、地域、民族间的文艺、商贸、婚姻、习俗、文化等知识、规范、惯习之交流、交往、交融，那么我们的学校教育将得到多少丰厚的、民族的、传统的教育资源、教学智慧、教材根据、教师储备、课堂需求！

加强家庭教育主要着重三观教育、礼仪教育、道德教育、伦理教育、民间文艺教育、体能教育、社会教育、生产技能教育、生活本领教育、智力教育、自然科学与社会科学教育、人文科学基本知识教育，扣好人生的第一粒扣子，确立真、善、美，为终生走正道、行大举、有大为打基础、做准备。

社会教育注重培养正确的社会价值取向，认识社会现象的能力，适应社会需要的专长，协同社会和谐的公德，维系社会秩序的法度，凝聚社会力量的法宝，推动社会进步的本领，解决社会问题的高招等等，如建立国学教育、国史教育、国礼教育、国技教育、国语教育、国文教育、国艺教教、国医教育、国俗教育、国法教育等，并建立民间医药、饮食、服饰、工艺、美术、演艺、体育、建筑、设计等社会教育体制，传承优秀传统文化、培养文化遗产杰出传承人、培育传统文化产业、广开就业门路，提高生产者素质，扩大国内市场，提高生产力，收获巨大的经济效益、社会效益、教育效益。

我以为，加强家庭教育与社会教育，将有效补充学校教育这种体制内教育的不足，令我们中国特色社会主义教育体制更健康，更宏富，更接地气，更符合时代、国家、社会的需求，更好地落实习近平总书记以人为本的教育思想观念，一切来自人民，一切依靠人民，一切为了人民，人民教育人民办，人民教育人民享受。

加强民间教育将给我们带来的是：

1. 中国特色社会主义教育体制的进一步完善、丰富，把我国从教育大国建设成教育强国，为实现中华民族伟大复兴中国梦提供人才支持、教育支撑。

2. 强化以人民为中心、以家庭为基本、立足中国大地、继承优秀传统、面对现实生活、拥抱世界与未来的教育理念，让人民真正成为教育的主人，为中国教育增添生活化、人文化、社会化、实用化、情趣化的色香，努力减轻受教育者的体力、精力、脑力负担，人人全面发展，让爱国心、仁义礼、诚智信、真善美永驻神州大地。

3. 发挥民间资源、资金、人才优势，为体制内教育作补充、注血液，一切致力于祖国富强、民族振兴、社会和谐、人民幸福，以及世界和平、人类进步。

4. 通过家庭教育修复一个个社会细胞，使之更健康、幸福、美满；通过社会教育，促进社会融合、关系调节、就业无忧、民族团结、邻里敦睦、社区优美，使文化遗产后继有人，令就业压力缓释，坚定民族自信心、自尊心、自豪感。

（组稿：贺春兰）

少年强则中国强

——从家庭教育做起

陈众议

陈众议，第十二届、十三届全国政协委员，中国社会科学院学部委员，国务院学位委员会第七届外语学科评议组成员，西班牙皇家学院外籍院士，长期从事外国文学和文艺学研究，出版著作、文集10余种，代表作有《加西亚·马尔克斯评传》《博尔赫斯》《塞万提斯学术史研究》《亲爱的母语》等，同时发表论文和随笔200余篇，长、中、短篇小说若干。先后获留学归国人员先进个人、“四个一批”暨文化名家、百千万首批哲学社会科学领军人才等国家级荣誉称号。

乐府民歌用摇曳水莲比喻窈窕淑女，后人则大抵用“入得厅堂，下得厨房”来形容女子知书达理、心灵手巧。同时，古人写堂堂男儿如峻崖、若霹雳，叱咤风云，驰骋疆场。当然，随着科举制度的兴盛，七尺男儿也须激扬文字，懂得“饿死事小，失节事大”。至于“妇女能顶半边天”，这是毛主席对新女性的褒奖。如今，巾帼不让须眉，各行各业中杰出女性不胜枚举。

如今，适逢盛世，中华民族复兴有望，但世界并不太平。国际上森林法则依旧，天灾人祸来势汹汹。自古英雄出少年，少年永远是祖国的未来，先贤梁启超在《少年中国说》中的大声疾呼今犹在耳，“少年强则中国强”依然有效。在可以想见的未来，毛主席诗词“恰同学少年，风华正茂；书生意气，挥斥方遒。指点江山，激扬文字，粪土当年万户侯”也依然是勉励我国少年志存高远的座右铭。

诚然，并非所有少年长大后都能为国为民、有所作为。所谓江山代有才人出，前提是奋发进取、自强不息，否则也只能碌碌无为地活着，甚至在临终时不能对自己说“我活过，而且无怨无悔”。这正是民族英雄岳飞在《满江红》中的忠告：“莫等闲、白了少年头，空悲切……”

从微观上说，家庭教育对少年儿童的成长具有先决影响。俗话说，“三岁见大，七岁见老”，人的许多习惯是自小养成的，并在无意识中沾溉终身。这已经被现代科学反复验证。在良好习惯中，俭朴当居首位。曾国藩在致其儿子的信中就强调艰苦朴素，谓“凡世家子弟衣食起居，无一不与寒士相同，庶可以成大器；若沾染富贵气习，则难望有成。吾忝为将相，而所有衣服不值三百金，愿尔等常守此俭朴之风，亦惜福之道也”。意思是说，艰苦朴素是养德之道。这是对古来“生于忧患，死于安乐”及孔孟诸多优秀思想的承继。但它同时也是家庭教育首屈一指的金科玉律，古今中外，概莫能外。譬如比尔·盖茨的女儿中学期间一直骑一辆旧自行车，以至于同学们都不知道她就是世界首富的千金。慈善家巴菲特认为，家庭教育中杜绝享乐当列首位，因为享乐恰恰是勤俭的反面。这与我国古来的勤俭思想如出一辙。西方启蒙运动时期，中国古代文化如此受到百科全书派的推崇，也与我国先贤的这些思想不无关系。其中的理性精神放之四海而皆准。

再说言传身教，品行传家，远胜于留房留钱。林则徐就曾说过："子孙若如我，留钱做什么，贤而多财，则损其志；子孙不如我，留钱做什么，愚而多财，益增其过。"诚哉斯言！此外，吃喝玩乐是人的天性。钱多了易使少年儿童不思进取，甚至变坏。如何劳逸结合、取舍有度，取决于人的修养。用马克思的话说"衣食住行是人们最基本的物质生活需要"。换言之，物质生活是人作为动物的基本需求，无论他多么高级。但若将物质享受作为其全部追求，那么人便无异于其他动物，甚至蚂蚁之类的昆虫了。孟子曰："食、色，性也。"他同时又说，"得志，泽加于民；不得志，修身见于世；穷则独善其身，达则兼善天下"。况且人的幸福不仅取决于物质富足，更取决于精神境界。因此，古镇西递有一副楹联，说的便是"几百年人家无非积善，第一等好事只是读书"。读书不仅仅是为了赶考做官，更为养性积德。

与俭朴对位并举的是勤劳。勤劳和俭朴一样，并非与生俱来，它也是一种习惯，需要后天培养。诚所谓与猪为伍即为猪孩，与狼为伍即是狼娃。然而，勤劳是人类之所以成为人类的重要条件。几万年的蜕变、发展，人类通过坚持不懈的努力，才天择般不断进化，直至成为地球的主人。古人说得好，祖上即或留下最多的钱财，也经不住"坐吃山空，立吃地陷"。毫无疑问，勤劳的反向是懒惰。好逸者往往恶劳。从现代心理学的角度看，懒惰是一种精神疾病，使人以为安逸不劳便是享受，是福分；但实际上它终究会让人变得无聊、倦怠、消沉，直至潦倒。俗话说，"坐乞三年，不登宝殿"；懒惰也是一种陋习。谚语说，"天上掉不下馅饼来，掉下来也得起早捡"。因此，勤俭需要从小养成，它自然是家庭教育义不容辞的职责。

还有谦让。小学课本中的"孔融让梨"便是关于谦让的典故。谦让作为一种自觉的美德，也需要从小培养。当然，大到审美情趣、三观教育，小到日常知行如遵纪守法、卫生习惯，以及与人为善、乐善好施等都是孩子成长过程中不可或缺的素质，家长必须身体力行、言传身教，当然还包括适当的奖惩。古人常言道：“棒打出孝子”，反之则是“慈母膝下无孝子”。这些都不是毫无道理的。关键在度，而非家长随意宣泄，把孩子当出气筒。打骂只是对儿童的一种威慑和理性惩戒。

“人是一切社会关系的总和。”这是马克思的著名论断，且事实如此。因此，家庭教育绝对离不开学校和社会的帮扶。

从中观上说，教育部门对少年儿童的成长起到了关键作用。曾几何时，从课本到教育工作者的为人师表，再到家长对学校和教师的尊重与支持，使得家庭和学校形成了良好的互补性。然而，近年来，素质教育的大部分初衷被市场拽入了无终期的课外培训。于是，校内放羊，校外厮杀成为习常。后者打着“赢在起跑线”和“推优集训”“对口教学”“早培”“占坑班”等各色名目吸引中小学生，并且有进一步低龄化、向幼儿园蔓延的趋势。其背后关联的公共优质教育资源权力寻租、国家教育体系意识形态破相等现象不能不引起高度重视。

所谓“十年树木，百年树人”，教育是中华民族伟大复兴、国家长治久安的根本，容不得半点差池。经过十年素质教育实践，我们有理由认为，把中小学生还给正规教育机构——中小学校已迫在眉睫。首先，素质教育终究必须建立在德智体美劳全身心培养学生的基础之上。中小学校的确不能唯分数论，也的确不能揠苗助长，不能在应试教育上走偏走狭，但素质教育绝不等于校内放羊。后者的结果便是目前校外厮杀之乱象。中小学生及家长被各种校外培训机构及其饥饿营销所绑架，苦不堪言。中小学生的课外时间被各种培训班、辅导班挤占，学习白加黑、五加二是常事，鲜有中小学生不在校外补习的。以我在北京海淀区调研所见，孩子们少则两三个，多则七八个班次，中小学生填鸭式校外补习成为常态。无论校内成绩如何，谁都不能幸免。于是，孩子穷于应付，有的甚至不惜以各种借口请假，“脱校”参与补习大军。如是，“摩登时代”式报班刷题成为一道无法逾越的“晦暗风景”。以海淀区为例，只要我们稍加留意，每天晚上九十点钟，从大钟寺到世纪城边、从中关村到清河桥畔，都会有大批孩子及其家长背着沉重的书包、拖着疲惫的脚步涌出各种“一对一”“冲刺班”“提高班”“超常班”“尖端班”“早培班”的课堂。

其次，学生家长承受着经济、精神、体力和时间的多重压力。他们咬紧牙关，或秉持“不进则退”理念，或听信各种“推优”“对口”的忽悠，拽着孩子废寝忘食，有的甚至不惜辞职陪读，或以各种办法找关系、走后门，导致权力寻租等腐败现象滋生。

再次，校外辅导中的相当部分并非以服务孩子学业精进为目的。说是揠苗助长、超前培养还是好的，唯利是图、误人子弟才是不少辅导、培训机构的真实面目。试想，一个十一二岁的孩子，动辄几何学，甚至微积分；《列国志》，甚至写策论；《新概念》甚至《牛津英语》，能吸收多少？于是，孩子们不是囫囵吞枣、死记硬背，就是狗熊掰棒子甚或一只耳朵进、一只耳朵出。

于是，本来旨在素质教育的减负，由于不同教育资源的合理配置挂钩、更不与中考和高考关联，导致“教改教改，改了老师的课，革了孩子的命”。久而久之，减负成为一句空话，孩子们变成了刷题机器和精神上永远长不大的“巨婴”。因此，为切实加强中小学生德智体美劳全面发展，我呼吁：与其让孩子们在校外培训机构费心费力费时费钱，不如把他们还给学校。20 世纪 50 年代的学校并非没有竞争，学习极好的跳级，较差的经过辅导仍考不及格者只能留级。一切公平公开，学生和家长也都习以为常。

此外，迄今为止沉溺于网络游戏的孩子已不在少数，而且有愈演愈烈的趋势。面对名目繁多的网络游戏，家长们束手无策。在一场场争夺战中，绝大多数家长不是铩羽而归、败下阵来，就是鸡飞狗跳、不得安宁，有的甚至落得家破人亡的地步。因此，我支持教育部出台原则上禁止中小学生携带手机入校的条例。而住宿制无疑是禁止学生将手机带入学校的一个有效方法。无论我自己还是我孩子，从小都是住宿生。集体生活有组织、有纪律，团结紧张、严肃活泼，既可以避免学生产生抑郁，还可以相互取长补短。

从宏观上说，社会风尚对少年儿童的成长始终具有导向作用。“不劳而获，逢赌必赢”之类的座右铭实在害人匪浅。在几年前某机构对中小学生的一次抽样调查中，绝大多数孩子对未来的选择是当明星或老板；尤其是想当明星的，占80%以上。这就意味着社会的价值导向已经严重偏颇。一旦“一夜成名，日进斗金”成为大多数少年儿童的梦想，那么滋生“不劳而获，逢赌必赢”之类的思想也就不足为奇了。

记得我这一代，小时候大多数人的梦想是参军和当科学家；尤其男孩子，想当兵的可谓十有八九。这归功于社会风气和一众红色经典，以致保家卫国成为那个时代少年儿童耳濡目染的主旋律。但凡哪家门楣上张贴着“参军光荣”或“光荣军属”，人们就会肃然起敬，表现出由衷的尊崇。因此，我再次建议实行全民义务兵役制，凡16—25岁的男性，只要身体符合要求，就必须服兵役，但时间可以酌情缩短至一到两年，具体服役年龄也可自行选择。这对于培养年青一代的家国情怀和阳刚之气弥足珍贵。

总之，必须社会、学校、家庭三方合力，才能使少年儿童健康成长。而且关键是社会，学校次之，家庭则起着四两拨千斤的杠杆作用。

（组稿：贺春兰）

好的家庭教育之我见

丁元竹

丁元竹，第十三届全国政协委员，中共中央党校（国家行政学院）督学、社会和生态文明教研部教授。曾任国家发展和改革委员会宏观经济研究院研究员、社会调查研究室负责人、研究院学术研究会专家组成员、国家发展改革委高级职称评审委员会委员等。国家行政学院公共管理教研部教授、决策咨询部副主任、国家行政学院社会和文化教研部副主任。长期从事社会发展政策、公共政策、发展战略研究。

家庭教育观这个题目出得好，它让人们来反思教育的重点在哪里。现在一谈教育就是学校教育，老师怎么样，同学怎么样，孩子怎么上课，等等。对于家庭教育，尤其是家庭关系、邻里相处、父母自身学习和处世为人，如何教孩子做人处事待人，如何成为一个有责任感有正义感的人，这方面讨论得非常少，不管是媒体、学校还是其他，都忽视了这个问题，而这恰恰是教育的根本性问题。

看一个人的社会化，要看家庭，要看他后来整个社会化的过程，这是一个非常复杂的问题。不管怎么说，家庭是人生起航的地方，人的心态、性格、处事待人等都会在这个时期打上烙印。至于以后怎么改变既取决于社会环境，也取决于个人修行修养，教育是一个终身学习的过程，家庭教育是起点。

我们怎么认识家庭?

我从两个方面看家庭：一是从文化角度；二是从社会学视角。中国传统文化讲“修身、齐家、治国、平天下”，把家庭摆在非常重要的位置。从社会学看，家是社会最基本的组织，个体通过家庭实现社会化。人们经常讲人以群居，群居首先是从家庭开始的，个体在家这个社会组织中长成。个体都在社会交往中不断接受社会规则，不断社会化。活到老，学到老，不是说说而已。

人的很多习惯是在家庭中养成的。中国有句俗语叫“习惯成自然”，这一方面是说，习惯会成为行为中的不自觉活动，久而久之，习以为常；另一方面是说，习惯一旦形成不易改变，改变了就会觉得不舒服，不舒服就会顺从舒服。梁漱溟先生说：“学习始于幼儿模仿成人，所以习惯之事既是个人的，又是社会的。”习惯是活的、社会固定的行为方式，是人们不自觉地在使用前人的社会规范的行为。这也是一个社会继替过程。习惯不是静止的社会规范，而是一套日常生活的行为和行动，在不自觉行为中完成。梁漱溟先生还说：“生活规制必须从身体实践养成习惯，乃得落实巩固。习惯是活的文化。所以群体生活中的礼俗制度和个体生活中的气质、习惯是同一样的东西，自始便有惰性（指其中预先规定下来）而到后来愈来惰性愈重。”习惯会改变性格，改变命运，决定命运。习惯一旦形成，将有长期的持续性。习以为常，再改变就会不习惯，甚至出现惰性。养成习惯非常困难，改变习惯更不容易。在这个意义上，家庭在个人社会化过程的习惯培养上不是无足轻重，而是至关重要。从个人经历看，做家务是我喜欢的事情并成为习惯。每天起来要把自己的书房、房间收拾好，看到凌乱心里就不舒服。这确实与早年的家庭教育有关。小的时候因为父母都工作，有时候家里事情顾不上，我就帮助家里人做一些家务，从小就学会了收拾家、打扫卫生、做饭，这些我在初中时都会了，且使自己受益终身。2020 年疫情期间，我的这些能力得到充分发挥，我希望现在的年轻人也能够自己去做一些力所能及的家务，调节自己的生活，也享受生活。

性格与家庭有关。性格体现了文化，文化孕育着性格。在这里讲的“人”不是抽象的人，而是在各自文化中生长起来的人，他们的人性特征、风俗习惯直接影响到制度和政策的实施效果，构成了国家的制度安排、应急体系、运作系统的制度环境。婚姻、家庭、生育等都是维系社会继替的重要制度。习近平总书记说道：“要重视家庭文明建设，努力使千千万万个家庭成为国家发展、民族进步、社会和谐的重要基点，成为人们梦想启航的地方。”

父母处事待人、举止行为对子女成长十分重要。孩子在成长初期主要从父母那里耳濡目染，性格也是在这个过程中形成的。和睦的家庭，能够与孩子沟通，让孩子看到真善美，孩子就会身心健康，这是家庭教育的核心。新生儿通过自己的听觉、视觉、嗅觉、味觉以及感觉感知到周围的环境，喜怒哀乐，悲欢离合，并尝试着适应和熟悉周围的环境。家庭成员以喂食、抚抱、安慰，满足婴儿的需要，在这个过程中，孩童接受了社会规范和实现了社会化过程。父母是儿童社会化的主要媒介，他们在家庭生活中通过自己的行为、言语、表情等引导儿童成为社会所期望的角色。孩子的性格气质深深打上父母的婚姻状况和家庭氛围的烙印。正如习近平总书记指出的："家庭是人生的第一个课堂，父母是孩子的第一任老师。""家风是社会风气的重要组成部分。家庭不只是人们身体的住处，更是人们心灵的归宿。"家庭维系着一切制度。

性格、心态或多或少会反映家庭的影子、父母的影子，有些东西是好的，有些东西是坏的。如果一个人的社会化在长期过程中得到更多的好的东西、更好的环境，他会改变家庭给他带来的种种不好的影响，如果陷入一个坏的环境，也会改变家庭给他造成的好的东西。

家庭教育能做什么，不能做什么?

我小时候比较喜欢读书，那个时候不像现在有那么多书可读，记得最早读的小说有《金光大道》《桐柏英雄传》《林海雪原》等，当时能够找到的小说都读了，还和院里的小朋友们交换着书看。由于没有那么多书可读，所以书读得就比较仔细，有些现在还记得清清楚楚，有的书读了几遍甚至很多遍，对自己的价值观和人生观产生了重要影响。

我父亲是一位20世纪40年代参加革命的老干部，他当时在一所学校担任领导工作，办公室的书柜里面有很多书，特别是马列的书，那时候也看不太懂，也找出来读，像马克思的《哥达纲领批判》、恩格斯的《反杜林论》、列宁的《进一步，退两步》等，也读了马克思、恩格斯的传记，慢慢地把书读起来了，后来我选择文科，再走向学习社会学，都与自己早期阅读习惯有关。

我小时候不是一个读书的年代，社会上宣扬"读书无用论"，这对我和小伙伴们影响自然比较大，但读杂书的习惯是坚持下来了。我父亲自己也喜欢读书，经常看到他在办公室读书读到很晚，在书上画画写写，标出重点，88岁时看《参考消息》还在上面写写画画，写出感受，我从父亲那里学习了一些读书的习惯。我父亲喜欢写一些东西，他的字写得比较好，这点我没有学好。父亲对我比较严格，他话讲得不多，但对努力做好事、做人要低调这点上不含糊。

家庭教育要有明确的限度，哪些教育应该是在家庭中完成的？哪些是应该通过社会完成？从个人发展来说，处世为人、待人接物是从家庭教育开始的，个人能力性格是家庭教育的重要环节。

知识培养，这方面有能力的家庭可以做，但不宜过度提倡，因为各个家庭情况不一样，父母起点不一样，社会成长环境不一样。父母最基本的责任是教育孩子做人，做诚实的人，做正直的人、对社会有责任感的人，给孩子一个健康的心理。教育必须强调使孩子有健康的心态。社会要创造条件让每个孩子公平发展，应该把它和家庭教育区分开来。

值得反思的问题是，现在很多家庭条件很好的孩子，教育程度也很高，但在精神领域出现了问题，当然这个过程很复杂，有个人原因，也少不了家庭原因，也有学校的原因，还有社会原因，这些问题都需要引起反思和注意。

什么是好的家庭教育？

20 世纪 90 年代初期，我从北京大学社会学系毕业留校任教。记得我的博士论文答辩后的第二天，我去看望导师费孝通教授，他问了我一个问题："你觉得昨天的答辩怎么样？"我回答他说："我感觉挺好的，老师们评价都挺高的。"费先生就非常认真地跟我说："你太年轻。人家说你好，不是因为你确实写得好，是大家看了我的面子，你是学习社会学的，要对社会有深刻的认识。"他还说："你现在在北大毕业了，要做老师了，我送你六个字：著书、立说、立人。"他解释道："著书，你在北京大学教书，不著书自然立不住；有自己的著书没有自己的理论和观点，也自然不能立住；有自己的著书和理论，做人做不好，最终要完蛋。"为了安慰我，他还说："年轻人不要怕打，年轻时受点挫折，被打倒了，自己爬起来那将是一生的财富。"这些话对我触动特别大，教育也特别深，成了我后来工作学习的指南。在后来的学习、教学和研究生涯中，我一直将其作为自己的座右铭，勉励自己，教育学生，教育自己的孩子，不断提高自己做事做人的智慧。

我博士毕业之后两年，有了自己的孩子。到我自己教育孩子的时候一开始很茫然。时代在发展，教育也在发展，你不可能不受到社会上的各种教育方式的影响。我对孩子教育要求非常严格，希望她在班上能够突出，她先是在五一小学念书，后来又到北京小学，初中到了北师大实验中学，高中去了人民大学附中，我给她施加压力是比较大的。记得初中考高中，她每天晚上挑灯夜战到半夜，写作业手指都写弯曲了。现在想起来，其实这种激烈竞争的教育制度对孩子全面成长不见得有好处，甚至可能给她带来很多精神上的压力，到高中后期，我意识到了这个问题，后来高考、大学，我就不这样去管了，顺其自然。

她读大学、做选择，我基本不干预，只是希望她能够有好的成绩，再到后来就希望她在未来能有更好的生活，自己的爱好，自己去做选择，这样会使她的心理更加健康，能更好地与同学、同事相处。现在看来，能与别人友好相处，有一个健康的生活工作环境，可能比在学习上争第一、工作上争第一更重要。现实生活中，很多人最终失败，都是失败在做人上。一个人一生要走得远，走得扎实，走得稳，首先是做人，做诚实的人、受人尊敬的人、让人感觉值得交往的人。家庭教育首先要从做人开始培养。坚毅的品质、诚实的态度，与人为善最为关键，还要培养孩子开朗的性格。不管什么样的家庭教育，都要教育孩子平等待人、以礼待人、与人友好相处、有教养、彬彬有礼。

我们这代人经历了物质匮乏年代，在艰苦生活环境中对精神卫生要求可能没有那么高，一旦物质生活问题解决了，精神问题就提上了日程，现在更要关注孩子的心理和精神卫生，为孩子健康成长创造良好的、快乐的、宽松的家庭氛围。

孩子最终要走向社会，要生存就要有能力。家庭要给孩子创造各种条件，让其能力和知识得到不断的发展，工作中能够尽职尽责，做好本职工作，能够幸福安康地生活，能够有一个好的心态，我感觉就很好。其实每个人在一生中能够把自己的工作做好，有一个健康的心态，与社会、与家庭、与朋友泰然相处，和谐相处，就是对社会进步的推动和贡献。

建设美好社会，需要从每个人做起，从每一个家庭做起。通过家庭的教育，使每一个人都做最好的人，做最好的自己，这样社会的基础就奠定了。在这个意义上，家庭是人生启航的地方，家庭文明则社会文明，家庭教育一定要提升到这样一个高度来认识，来认识父母的责任、家庭的责任和孩子的角色。和睦的家庭、友好的邻里关系是孩子健康成长的必备条件。

要鼓励和支持孩子在社会中做出更大贡献，成为最优秀的人才，也要客观地评估孩子的能力、成长环境，对孩子有一个合理预期。每个人的成长环境不一样，社会的需要也分为不同类型、不同层次，这样社会才能够运行起来，要鼓励年青一代立足本职工作，做好自己的工作，做最好的自己，把每一件事情做精做细做实，把本职工作做好，把人做好，社会才能有秩序，有活力，踏踏实实进步。

（组稿：韩　雪）

爱家 爱国 深耕厚植家庭教育

黄晓娟

黄晓娟，第十三届全国政协委员，中国民主促进会第十三届、十四届中央委员，民进广西区委副主委，广西民族大学副校长。兼任中国写作学会副会长、广西写作学会会长。

广西第十四批新世纪“十百千人才工程”第二层次人选、广西首批文化名家暨“四个一批”人才，荣获“全国五一巾帼标兵”称号及“广西五一劳动奖章”。

家常常被喻为爱的港湾，温暖的所在。

家庭是人类社会的细胞，一个又一个家庭汇聚成绵延不断的人类历史长河。家庭是一个人生命的起源、教育的起点，也是终身教育的土壤。良好的家庭教育，影响一个人的成长。

中国的传统文化以家庭为本位，中华民族历来具有重视家庭教育的优良传统。在中国人的家庭教育中，传统文化担负着重要的作用。所谓“立身治家德为首”，以德为本，在悠久的中华传统文化中，道德教育在传统的家庭教育中非常重要，对人格的形成产生深远的影响。道德品质的培养，道德习惯的养成，道德信念的树立，离不开家庭教育的引导。

让阅读成为最好的家庭成员

叶圣陶先生说：“教育是什么，往简单方面说，只需一句话，就是要养成良好的习惯。”家庭是培养孩子良好习惯的始发站，是照耀人生旅途的第一抹亮光，一个人最早的世界观与价值观的产生主要是在家庭环境的影响下形成。阅读决定人的修养和境界，一个人的精神成长与阅读习惯息息相关。诚如朱永新先生所说：“阅读是让孩子有丰富精神生活的重要源泉，阅读能力、阅读兴趣、阅读习惯的培养是从家庭开始的。”

回顾自己的成长历程，我以书为伴的习惯源自父亲在我的童年和少年时期为我购买了大量的中外名著，订阅了丰富的优秀期刊读物，让我成为《儿童文学》《人民文学》的忠实读者。童蒙养正、少年立志，父亲启发和激励性的教育主要是通过书籍传递给我。因为父母工作忙碌，无人陪伴的时光我在阅读中成长，在享受读书乐趣的同时，潜移默化地培养了对文学的爱好。我牵着从一本本书中伸出的手走向无限可能的未来，世界由此变得广阔。

在形成良好阅读习惯的关键时期，父亲培养了我通过阅读在生命高处与书籍的交集与情缘。当我成长为母亲，我经历了以生命之始的原初之心与孩子进入世界并探索的快乐共读与分享，到让孩子学会独自阅读、独立思考的过程。以阅读为主的家庭教育为孩子提供了思维和想象的空间，打下了阅读习惯的基石，在孩子成为一生的自学者的人生旅程中起到了关键作用。当因工作忙碌不在家的日子，我与孩子通过分享丰富的阅读体验与生命感受而彼此连接，情感的交流以阅读为桥梁从未间断。时不空逝，而今孩子已经学会通过阅读书籍刻下的年轮，让自己的精神在文化上和行动上找到根与魂。

莎士比亚说过："生活里没有书籍，就好像没有阳光；智慧里没有书籍，就好像鸟儿没有翅膀。"阅读是塑造道德生命的过程，让孩子学会在阅读中了解世界，在走进书籍的过程中走近世界，学会快乐、智慧地成长，这是家庭教育应当肩负的责任和担当的使命。

用言传身教形成家庭的循环互补

习近平总书记在2015年春节团拜会上的重要讲话中指出："家庭是社会的基本细胞，是人生的第一所学校。不论时代发生多大变化，不论生活格局发生多大变化，我们都要重视家庭建设，注重家庭、注重家教、注重家风，紧密结合培育和弘扬社会主义核心价值观，发扬光大中华民族传统家庭美德，促进家庭和睦，促进亲人相亲相爱，促进下一代健康成长，促进老年人老有所养，使千千万万个家庭成为国家发展、民族进步、社会和谐的重要基点。"

国家是"大家"，家庭是"小家"，家庭文化教育是一个生生不息的载体。党的十八大以来，习近平总书记多次强调家风，说的是"小家"，着眼的是"大家"。

言传身教是中国传统教育的法宝。孔子曰："其身正，不令而行；其身不正，虽令不从。"范晔的《后汉书·第五伦传》指出："以身教者从，以言教者讼。"朝夕相处的家庭中，最好的教育方法不是简单的说教，而是用行动启发孩子内在的良知，用可以触摸和感知的方式传递司空见惯的词语，在润物细无声中滋养宏大的成长问题。家庭环境、父母作用都是决定孩子个性养成至关重要的因素。

父母是孩子的第一任老师，教育的道路山高水长，榜样的力量无穷无尽。岳飞“精忠报国”的家训，成为中华儿女报效祖国的典范；《傅雷家书》于点点滴滴、一言一行的父爱中凝聚成为优秀的青年思想修养读物；焦裕禄正直清明的家风，不仅是焦家儿女的人生信条，也是新时代青年应当继承和发扬的精神财富。

孩子是父母的镜子，在孩子踮起脚尖探知世界的时候，父母不仅是孩子的表率，也是与孩子共同成长的伙伴。父母需要时时通过镜子里的影子反思自我，修正自我，完善自我，在与孩子共同成长的过程中塑造更好的自己。

家风和品格需由全家人共同创造，是齐家的基本理念和传统，也是文化传承的基因。家是文化传承的重要载体，在家庭教育中，每一位家庭成员都有责任和义务维护家庭的完整、完善的循环系统，为快乐的家庭氛围、和谐的家庭环境、友好的家庭往来添砖加瓦。

以开放的胸襟构筑家庭教育的格局

家是心灵的栖息地，家庭教育既不能关门教子，闭门造车，也不是盲目攀比，非要把自家的孩子培养成“别人家的孩子”。社会在发展，家庭教育也要与时俱进，作为家长要不断提升教育观念，让家庭教育与学校教育、社会教育密切配合，在互动和优化中相得益彰。

首先，父母要以开放与包容的胸襟对待不同的教育理念，懂得尊重孩子，与孩子保持平等关系，接纳孩子在成长中的不同节奏，与孩子在同一层面对话。家庭教育中最恰当的亲子关系是建立在尊重与平等基础上的相互关系，在现代家庭生活中，良好的家庭关系离不开以开放的心态接受子女对父母的建议，晚辈对长辈的劝导。

其次，要将家庭教育建立在真实的生活中，让孩子学着为家庭承担一定的责任，在川流不息的柴米油盐酱醋茶中学会彼此分享和并存，感悟人类日常生活的意义。与此同时，家庭教育要向自然开放、向社会开放，要为孩子想象力的发展和思维的开拓，营造足够的成长空间和广泛的可以自由选择的知识场景；要教育孩子以平等开放的方式学会与不同家庭的孩子相处，以自然和社会为课堂，在大自然和社会生活中寻找教材，理解“人与自然”的关系，“人与人”的关系，明确自由的边界和独立自主的权利。

家庭教育以血缘为纽带，以亲情为基础，以父母为老师。智慧育人的最佳途径是教会孩子养成以书为伴的好习惯，细水长流灌溉心田；行为育人的最好方式是让优良的家风代代相传，生生不息；与时俱进的育人，就是要让中华优秀传统文化在家庭的现代传承过程中，将中华民族传统美德与时代精神有机结合，春风化雨般进行生命传递、文化传承、发扬光大。

积水成渊，积土成山，积善成德，深耕厚植家庭教育，需要全社会共同努力；尊重传统，面向现代，涵养家国责任与济世情怀，是中华大家庭生生不息的凝聚力和向心力的集中体现。

（组稿：张惠娟）

呵护孩子的学习兴趣

刘慕仁

刘慕仁，第十三届全国政协常委，广西壮族自治区政协副主席，民盟广西主委，广西社会主义学院院长。曾任广西师范大学副校长，梧州学院院长，广西师范学院（现更名为南宁师范大学）院长。长期从事物理学和系统科学教学研究工作以及高等学校管理工作。

孩子的学习是家长最操心的一件事。在我国高等教育已经普及的今天，对大多数孩子来说，考上大学、考上好大学成为通常的成才之路。目前情况下，这条路对广大的孩子来说还是相对最公平的道路。没接受过高等教育，通过自学成才，在当今社会已经成为小概率事件。如何畅通各种成才之道，实现行行出状元，人尽其才，这对于我们的经济社会来说还需要经历漫长的过程。望子成龙是父母的本能，是人类的天性。因此，家长们为了提高孩子的学习成绩，让其考上好大学，成才成功，不输在起跑线上，在孩子很小时就开始操心选学区、请老师、找家教、上补习，想尽了各种办法。真是可怜天下父母心。但是，操了这么多心，结果并不尽如人意，不少孩子学习成绩还是不理想，甚至适得其反，产生了厌学情绪。

孩子的学习兴趣是影响学习效果的关键因素。影响孩子的学习效果无外乎两个，一个是环境的因素，一个是自身的因素。环境的因素主要是学习资料、学习工具和同学、教师、家长的影响。自身因素主要是生理和心理两个方面。心理方面的因素最关键是学习兴趣，是否能从学习中感受乐趣，是否对学习有进步感。我们已进入全面小康社会，现在城里的孩子，在父母的呵护下都没有吃过什么苦，不再能感受到要通过学习来改变命运的压力，不再可能从艰苦生活的压力中找到刻苦学习的动力，这是社会进步的体现，是社会发展的必然。另外，孩子年龄小，社会阅历浅，自律性不强，很难通过自己的毅力强迫自己去学习缺乏兴趣的东西。希望孩子有强大的学习毅力，不但心理条件不允许，生理条件也不允许。孩子的学习兴趣是孩子喜欢学习、搞好学习的关键因素。孩子有学习兴趣就有学习动力，就会勤奋努力，就会取得好的学习效果。培养孩子的学习兴趣是提高孩子学习效果的重要途径。这往往是我们家庭教育中容易忽视的关键因素。

孩子的学习兴趣是与生俱来的。很多家长抱怨自己的孩子学习不好、不爱学习、缺乏学习兴趣。其实，这是这些家长的最大的认识误区，最大的问题。学习兴趣也就是求知欲，是人的本能。我们知道，自古以来，人有七情六欲。在六欲中，其中的一欲就是求知欲。人皆有求知欲就是指人人都有不断学习、探求未知的欲望，是渴望不断获得真知、获得真理的带有情感色彩的意向心理活动。我们放眼四处，不论是在路上，还是在公交车、地铁、火车、飞机上，感到满世界的人都在看手机。他们是在解决急迫的生活和工作问题吗？不是，绝大多数在看手机的人都不是在解决生活和工作问题，他们是在看各种各样的信息，了解各种各样的情况，学习各种各样的知识，获得各种各样的愉悦，这是人的求知天性的体现。在社会中，有许多人都热衷探听小道消息，津津乐道八卦新闻。这些小道消息和八卦新闻和他们的生活工作有很大关系吗？其实没有什么关系。这其实是人求知欲的本能反应，但是这种反应不是我们提倡的反应。我国古代著名思想家孟子在2000多年前就说过，仁义礼智人皆有之，非外界灌输，但其素质水平高低取决于后天的浇灌培养。著名科学家费曼说，学习物理知识是有趣的，有什么新想法、能从新角度看事物，会觉得很愉快。著名科学家爱因斯坦说，他从事科学研究完全是处于一种不可遏制的想探求大自然奥秘的欲望，无其他动机。爱因斯坦指出，“兴趣是最好的老师”。

家长对孩子的学习兴趣关心呵护太少。家长们都关注孩子的学习效果，关心孩子是否能成才。家长们可曾关注过、关心过、呵护过孩子的学习兴趣？家长们自己算算，花了多少时间陪孩子一起观察大自然、观察社会？家长们是否注意过、记住过孩子近期提出的问题，是否认真思考过孩子提出的问题，是否和孩子一起探究过孩子提出的问题，是否和孩子一起发现过问题、分析过问题、解决过问题？孩子遇到了学习困难，家长们是否和孩子一起分析过、寻找过克服困难的方法？孩子遇到了学习挫折，家长们是否能恰当地安慰好孩子？如果我们都做不到这些，我们有什么理由责怪孩子没有多少学习兴趣呢？孩子有学习兴趣的天性，但是孩子的学习兴趣水平的提高是要关心、培养和呵护的呀！

掌握些培养孩子学习兴趣的原则。培养孩子的兴趣有许许多多的方法，也有许许多多的途径。反观我们自己也能感受到，自己各种兴趣的增长有很多种原因和方式，没有统一的模式。但是，培养孩子的学习兴趣还是有些基本原则的。一是要呵护孩子的好奇心。孩子的好奇心表现出来就是喜欢东问西问，凡事喜欢问个为什么。这对孩子来说是再正常不过的事情，孩子来到这个世界上，一切对他来说都是新鲜的，他渴望了解这大千世界为什么是这样的。家长面对孩子的提问常常容易犯两个错误，要不就是不耐烦，随意用一句“长大了你就知道了”把孩子打发了；要不就是掩饰自己的无知，粗暴地斥责孩子“问什么问，自己学去”。殊不知简单粗暴的一句话就会揉碎孩子幼嫩的好奇心，掩埋孩子的学习兴趣。二是要帮助孩子克服学习困难。学习进步感是维持和增进学习兴趣的重要因素。孩子每每通过学习获得新知识、掌握新技能都会有进步感。进步感带来愉悦感和成就感，会进一步提高学习的兴趣，增强学习的动力。如果孩子遇到学习困难，经过自身努力不能克服困难，获得学习进步感，家长就要想办法帮助孩子克服学习困难。家长要和孩子一起分析产生困难的原因，找到解决学习困难的措施和办法，尤其是要帮助孩子改进学习方式方法，克服孩子由于自身原因带来的学习困难。三是要安慰孩子遇到的考试挫折。孩子在学习阶段要经历无数次考试，在大大小小各种各样考试中，孩子遇到考试挫折是难免的。孩子遇到考试挫折最忌讳家长不分青红皂白地责怪孩子，责怪孩子粗心，责怪孩子没好好准备。在孩子遇到挫折时，责怪只能是宣泄家长的不满，加深孩子的低落情绪，对孩子起不到什么好的作用。孩子遇到学习挫折时，比较正确的做法是给予孩子安慰和鼓励，安慰孩子不要在一次考试上计较学习成败，而应该从长远来看待学习的作用和目的，鼓励孩子分析考试挫折的原因，找到改进的方法，经过努力会取得更好的学习成绩。

孩子的教育是知易行难，其实也真没有太深的学问，大道至简，人人都是家庭教育家。孩子的教育关键是日复一日、年复一年地坚持，从中体会、感受到教育孩子的乐趣和进步。

（组稿：张惠娟）

随风潜入夜 润物细无声

——我的家教观

盛颂恩

盛颂恩，第十三届全国政协委员，九三学社中央委员。浙江工业大学教授，浙江省有突出贡献的中青年专家。曾任浙江工业大学教务处长、副校长，嘉兴学院校长。在《高等工程教育研究》《中国高等教育》等期刊上发表多篇教育论文，曾获国家教学成果二等奖1项，浙江省教学成果一等奖2项、二等奖1项等。

家教即将立法，真是一件好事情。国是千万家，家是最小国。家教不仅影响千万家庭的未来，也深刻影响整个民族的素质、社会的文化和国家的品质。哪个先进的国家背后没有先进的教育呢?!哪个人的教育不是起始于家庭呢?!

所谓教育，就是以影响人身心发展为目的的人类社会活动。幼童少年身心正待成型，父母在旁，形象高大，威严在身，日日言传身教，孩童时时耳濡目染，日长年久，品性随之成型。所谓父母是孩子的第一任老师毫不为过。家，人人生于斯、长于斯，因家教不同，便“性相近，习相远”了。

品德：家教第一要务

千万个家庭就有千万种家教，只因父母们教育理念不同、行为方式不同和对孩子的责任感不同。在我看来，孩子不同阶段，教育重点应该有所侧重，但品德养成总是第一要务，贯穿始终。

人之为人，以德为先。德不立，纵有一身本事、万贯家财也受人鄙夷。往大了说，历史会记住你难堪的一面；往小了说，也难以获得他人内心的尊敬。家庭教育最难、最容易失败的是孩子的品德养成，因为这对于父母和孩子都是一场无处不在、停不下来又错不得的“修行”。

“父母是孩子的镜子”“孩子是父母的影子”，从品德和行为上看大体如此。想让孩子有好的品德，父母得先修行。如果没有实践示范，言行分裂，说教在课堂里没用，在家里同样也没用，因为孩子终究会有独立判断力的。

我的孩子80年代末出生，在家附近极普通的小学、初中读书，初中毕业获得保送机会才到了市里的重点中学读书；到高中二年级，又被新加坡国家奖学金选拔去了新加坡国立大学读大学、博士，毕业后又做了剑桥大学的博士后。如果说我这个父亲有什么最值得欣慰的，那便是孩子的品德和他独立而健全的人格，这也是我对他最为关注的地方。有了这基础，就不用我们父母太操心了。孩子从小到大，我这个做大学教授的父亲几乎从不帮他解题做作业，但他的行为习惯和品德表现却从未脱离我的视线。当然，背后是我们父母对自身的要求和约束。比如，孩子从不撒谎，因为我们对他从不撒谎，也从来不允许他撒谎。我们从不空许诺，承诺了一定兑现。人要不撒谎是非常非常难的，得有信仰、有一般的定力。但一旦深信对方不会撒谎，彼此间高度的相互信任便建立起来，沟通就变得顺畅，后续许多事就变得容易了。

品德养成，得从细处着眼。生活的细节无处不有，家教的魔鬼就在细节里。不骂人，不说脏话，常说谢谢，不随意打断别人说话，穿马路走横道线，不乱扔垃圾，吃饭光碗，守规矩，守时间，守承诺……孩子大量的行为都跟着父母学。只要父母以身作则，随着孩子慢慢长大，你会惊喜于你的榜样带给他（她）的巨大影响。品德养成教育永远就在今天，主要责任就在父母自己，不要指望明天，也不要指望别人。如果你只把眼睛盯住孩子的作业和成绩，或者忙于自己的事业而忽视了孩子，对其行为细节视若无睹，那么，后悔正在向你走来。

兴趣：孩子最好的老师

作为自然的人，生来都是有差异的，无论你愿不愿意，差异就在那里。若一味地要求自己的孩子跟别人一样优秀，凡事都要跟别家孩子比一比，不加区别地施加压力，不仅徒然，而且有害。这样的悲剧数不胜数。作为父母，需要细心观察孩子的长处和兴趣并加以引导和开发，让孩子的未来建立在适应其自身特点的优势上或许还能实现某种超越。

我儿子成长过程中，我并没有特别在意他的成绩，从小到大没有让他参加过课程培训，也不请家教。但他的兴趣和为他创造各种接触新事物的条件却是我十分留意的。除了让他接近大自然、博物馆、少年宫等，在他5岁时就给他买了一套少儿百科全书，不加任何约束由他随兴趣翻。直到他把一些分册翻烂了，一些分册几乎没怎么动，他喜欢什么不喜欢什么也就自然显露出来了。儿子小学时，有一次我带他去姑姑的中学实验室，他被化学实验室里一会儿变蓝、一会儿变红的化学实验迷住了。也许就从那一刻起，化学与他结下了缘。慢慢长大一点儿后，他就一点一点地用自己的零花钱去买化学器皿和实验材料。顺着他的兴趣需要，厨房边的小阳台也就成了他小小的化学实验室。他放学回家就随心所欲地在厨房边捣鼓他的化学实验。常常一边是烹调的饭菜香，一边是难闻的化学味道，弄得大人心烦，却也成了独特而难忘的孩子成长记忆。爱上化学时，他还在上小学。今天，他依旧在剑桥大学新加坡联合高等研究院里捣鼓他的化学，干得不亦乐乎。

儿子也喜欢电子技术，玩弄各种小玩意儿，曾把家里的许多小东西拆得支离破碎。5 岁就拥有了他自己的电烙铁和一堆电子元件。慢慢地，他自个儿买来的电子元件、制作工具、仪器仪表连同自己去二手市场买回来的古老真空管收音机就占领了我家小小书房的一片天地。他玩那些化学啊、电子啊，我们不加任何指导（事实上也指导不了），由着他去折腾，全靠他的兴趣，他自己买书、看书、查手册、上网找答案。他早熟的文字阅读能力我们也是在生活的日常中润物无声地教会的，从来没有给他制订过学习计划。他的兴趣驱动和自学能力，奠定了他坚实的发展基础。他没有正式学过任何电子课程，但他高二已经从绕铜线做变压器开始捣鼓出发烧级的功率放大器，配上他找来的无源音箱，让家里分享他喜欢的美妙的音乐碟片。在我家，对孩子上网很少加以限制，因为我们知道他上网主要找他感兴趣的东西，他的许多专业技术知识来源于网上自学。那个技术含量很高的功率放大器包括那个手工非常难弄的电路板，全是他独自折腾出来的。他甚至还折腾出了个看着令人害怕的超高压特斯拉人造闪电实验装置。似乎只要他感兴趣，就没有什么不能自学掌握的。捣鼓这些化学、电子，还有吉他、音乐什么的，他从没有特别的专业老师指导。兴趣，就是他最好的老师。孩子有这样的自学能力，除了要担一点实验安全的风险，父母还有什么需要操心的呢？

许多家长总是操心孩子的学习和考试成绩，总以为这决定孩子的未来。在目前的高考环境下，确实主要是应试成绩决定了能否进大学、进入好大学，但应试成绩的重要性到进入大学就基本终止了。从进入大学往后看，学习兴趣、学习能力、意志品质远比成绩重要，因为这些才决定孩子未来能走多远。成绩是重要的，但如果成绩的背后让孩子丧失了学习兴趣、丧失了积极主动的进取精神和良好的意志品质，代价将是巨大的，由此导致的悲剧如今比比皆是。

很多父母害怕网络，在我看来，网络可以是魔鬼，也可以是天使，就看你孩子是喜欢魔鬼还是喜欢天使。这需要父母细心关注、用心引导、贴心管理。

放手：让孩子飞得更远

现在的家庭，孩子就是中心，父母们掏心掏肝为孩子，不想让孩子离开自己半步。上学路上大人背书包，家长全程陪同做作业，中学门口停满接送车，培训学校里家长比学生多，上个大学不让出省……在我看来，心情可以理解，但方法不可取。其实，孩子的潜能常常比父母想象的大得多。放开你的手，孩子一样走得稳。笼子里养大的鸟不会飞，天井里长大的马跑不远。

我们陪伴孩子，但给他自由；常有牵挂，但鼓励他独立。我们从不为他背书包，从不替他做作业。儿子上学没多久，他就自己去学校了。四年级，他独自去五六公里外的少年宫参加航模班。小学六年级，由于搬家没有转学，他每天来回十多公里独自去学校上学。进入高中，他去美国交换学习，一个人住在美国人家里生活一个月。进入高三，就独自去了新加坡。大学时期，又自己联系独自到加拿大交换学习半年、到法国高校实验室夏季实习。

每个孩子都是一个独特的存在，家庭教育不能简单复制，但成长是有规律的，优秀的人是有共性的。每个孩子与生俱来都充满灵性，他们是落在凡间的天使，是上帝临时托付给父母的礼物。父母不能以爱的名义意欲把孩子打造成一个未曾实现的自己，更不能为了所谓的成功把自己的意志强加给孩子。须记住，成功不等于幸福，创造出适合孩子的未来才是教育的最好结果。

教育是一件复杂而微妙的事情，影响广泛而深远。家、学校、社会，无一不在起着教育的作用。不能把教育的责任都推给学校和社会，君不见，同样的学校和社会出来的孩子是大不同的；更不必去抱怨学校和社会，君不见，惹一身气却什么也改变不了。学校和社会都在以它们自己的方式改进和发展，你有能力就去帮助和促进，没有能力就尽自己的责任做好家里的教育。家，不是学校，却从不下课；不见老师，父母便是；不见学友，父母便是；不见教材，父母便是。

（组稿：张惠娟）

家庭教育漫谈

张云勇

张云勇，第十三届全国政协委员，中国经济社会理事会第五届理事会理事，金砖五国工商理事会数字经济与放松管制组成员，最高法信息化委员会委员，全国政协信息化委员会副组长。国防科工委科技委军事电子组专家组成员，国家高性能计算创新中心科技委委员。百千万人才工程国家级人选，享受中国有突出贡献中青年专家称号。

中华民族历来重视家庭，重视家教，重视家风。古人云“天下之本在国，国之本在家”，“爱子，教之以义方”，“爱之不以道，适所以害之也”，这些非常充分地说明家庭之和、家教之明、家风之正关系到孩子的终身发展，关系到家庭的切身利益；关系到社会的长治久安，关系到国家的行稳致远。新年伊始，有关于家庭教育的话题成为社会焦点，备受关注的家庭教育法草案正式提请十三届全国人大常委会审议，标志着家庭教育发展向着法制化管理轨道迈出了坚实一步。然而，仅仅依靠法律来定义和规范家庭教育的行为与过程是远远不够的，家庭教育需要在法律规范的引导下，让“立德树人，健康成长”的教育观念在每个家庭生根发芽，枝繁叶茂。这要求每个家庭自发行动重视家教，也需要整个社会群策群力培育生态。

法治为纲 守护根基

细读家庭教育法草案，可以明确其所展示的几个关键要点：首先，家庭教育的根本任务是立德树人，培育和践行社会主义核心价值观，弘扬中华优秀传统文化，培养德智体美劳全面发展的社会主义建设者和接班人。其次，父母或其他监护人有对未成年人实施家庭教育的权利和义务，在实施过程中要遵循科学的方法，关注未成年人生理、心理、智力发展，做到亲自养育、共同参与、相机而教、潜移默化、严慈相济、尊重差异、平等交流、互相促进，等等。再次，针对家庭教育大环境，政府机关、教育机构、文体场所、文化传媒、科技公司等都要积极行动，承担相应的社会责任，促进家庭教育生态建设。最后，中小学校、幼儿园、指导服务中心、居委会、监护人单位等具有督促和指导家庭教育的责任；公安机关、人民检察院、人民法院则可根据法律规定干预家庭教育行为，追究相关责任人员或机构的法律责任。

分析以上要点可以得出，家庭教育法草案的制定是对传统家国文化精神的继承，是对时代治国治家思想的指引，更是对未来民族复兴事业的寄托。草案通过总则、实施、促进、干预、法律责任等内容，针对家庭教育向监护人、被监护人、政府、学校等提供行动指南，为相关义务人及义务机构划定家庭教育的价值底线，其诠释出的引导意义大于通过处罚带来的治理效应，为引导全社会注重家庭、家教、家风，增进家庭幸福与社会和谐提供了根基守护之保障。

自立为本　呵护成长

在利用法律法规保住底线、守护根基的前提下，要呵护家庭教育的幼苗健康成长，还是需要赋予每个家庭独立的空间，启发家庭教育实现自治与自立。家庭是最小的“国家”，有权利实践自身逻辑、价值、情怀等的传承。家庭教育作为对这种传承最为重要的承载，所展现的是一种义务感，这种义务感来源于责任、信念、归属、善恶、劳动、权力、智慧、关爱、耐心等的融合。而实际生活中，家庭教育义务感的呈现往往会因为重智育轻德育、重生理轻心理、重理论轻实践、重言教轻身教等导致问题的出现。当遇到问题时，不妨从以下方面入手，寻找解决方案。

平等尊重，德育为先。心理学研究认为，成年人可能存在的性格缺陷或者遇到的人生问题往往都能从童年生活中找到原因和答案。奥地利心理学家阿尔弗雷德·阿德勒有句名言“幸运的人一生都被童年治愈，不幸的人一生都在治愈童年”，可见童年对于人生的影响意义深远。家长要让未成年人在美好的童年时接受家庭教育，首先需要创造尊重、信任、平等、宽容、和谐的家庭氛围，以此驱散焦虑、无助、自卑、专治、冷漠等负面情绪，树立科学端正的育儿观念，尊重孩子的思想、性格、生活。同时，父母作为孩子的第一任老师，需要更加注重未成年人的德育培育，让中华民族仁爱孝悌、谦和好礼、诚信知报、精忠报国、克己奉公、修己慎独、见利思义、勤俭节约、笃实宽厚、勇毅力行等传统美德扎根于孩子心中。

言传身教，陪伴左右。苏联著名教育家苏霍姆林斯基在《家长教育学》中指出“谁的童年被爱的阳光照耀着（爱即指不知疲倦的劳动），那他就会互相创造幸福，就会对父母的言语、对他们善良的心意、对他们的劝导和赠言、对他们的温存和警告有着特殊的敏感和接受能力”。父母需要身体力行，亲身实践，把高尚的思想品德、美好的行为举止展现给孩子，要避免无端的说教指责。要使言传身教达到效果，陪伴是最好的方法，正如春风化雨需要时光的流转，人文化成需要时间的积淀，常伴左右，用共同经历的每一场电影、每一篇阅读、每一次交流、每一轮健身实践家庭教育的潜移默化。

快乐成长，幸福成人。有句话说得诙谐：“家长的责任是为孩子提供两个‘遗传’：一个是先天遗传。一个是后天遗传。教育者可以对教育持乐观的态度，但不要乐观到不考虑遗传的程度。丑小鸭变成白天鹅，主要不是丑小鸭努力学习的结果，而是丑小鸭的妈妈生了一个鹅蛋而不是鸭蛋。”基因带来的个体差异是科学的现象，后天的努力对改变人生轨迹作用巨大，但无法完全用来定义快乐与幸福。家庭教育可以期盼望子成龙，但更应当期盼通过激情的鼓励、真诚的赞美、长久的陪伴、共同的经历、温情的提示、适度的纠正让孩子成长、成人，因为成长是真正的成功，成人是真正的成才。

群力为效　维护生态

家庭教育是每个家庭的事情，更是整个社会的事情。全社会应当紧密协作、积极引导，加快构建家庭教育的绿色生态，维护其健康有序的发展。政府可以充分发挥统筹协调作用，组织建立家庭教育指导服务中心，全面推进家庭教育工作。学校可以充分发挥纽带作用，为家庭教育提供行之有效的理论方法，组织开展家庭教育活动。社区可以充分发挥接口作用，配合实施家庭教育帮扶引导工作。婚姻登记机构、医疗卫生机构可以充分发挥专业作用，指导科学养育和婴幼儿发展。文化传媒可以充分发挥宣传作用，传播科学的家庭教育理念。图书馆、博物馆、美术馆、科技馆、体育馆、电影院等文化体育中心，可以充分发挥公益作用，为孩子和家长创造家庭教育活动环境。高新技术企业可以充分发挥创新作用，依托数字经济为家庭教育输出现代化、数字化、智能化教育产品，等等。

全社会一同行动，共同树立家庭教育意识，传播家庭教育观念，丰富家庭教育技能，开展家庭教育活动，共同实践忠厚传家久，诗书继世长。

（组稿：张惠娟）

如何成为更好的家长

俞敏洪

俞敏洪，第十三届全国政协委员，民盟中央常委，新东方教育科技集团董事长，洪泰基金创始合伙人。俞敏洪和他创办的新东方一直专注于助力青少年成长。2018年，获国务院扶贫办颁发的“全国脱贫攻坚奖·奉献奖”；同年被中央统战部、全国工商联评选为“改革开放40年百名杰出民营企业家”。

父母给孩子的最重要的东西到底是什么？我认为有五项。

第一，我把它叫爱，但不是溺爱。

父母对孩子的爱是不用说的，尤其现在大部分都是独生子女家庭，孩子都是捧在手心里的宝贝。但是如果掌握不好度的话，我们可能不知不觉地就把孩子变成我们的宠物，宠得没有限度，甚至不关心孩子的行为会对未来造成什么样的伤害。比如说有些家长对孩子，从小就不要求他们干任何活，不要求他们对自己的行为负责，做错了事情也不要求孩子道歉，在成长过程中不给孩子立规矩……这样的话，表面上你特别爱孩子，但实际上已经变成宠爱、溺爱，这样很容易把孩子给惯坏了。

一个孩子成长最关键的时期，实际上是 3—10 岁。所谓的“三岁看大，七岁看老”，大概就是这个意思。如果在孩子 3—10 岁时没有培养良好的生活习惯、良好的个性习惯、良好的遵守各种规矩的习惯，长大再培养就非常难了。孩子小的时候，我们对他放纵，等到他长大，一定会对你进行“报复”。所谓的“报复”不是说他要来打你，而是说他会没有出息，行为不端，在生活中没有规矩，也没有任何奋斗精神。从某种意义上说，这就是他对你之前的宠爱的一种“报复”。所以，我们对孩子要爱而不是溺爱。

第二，要让孩子学会规矩和自我控制。

我刚才讲过了，对于孩子来说，守规矩、有自我控制能力是非常重要的。那怎么培养这两点呢？比如说在孩子的成长过程中，该他干的事情，你千万不能代替他干。我有一个朋友，从孩子小的时候就要求他在玩完玩具以后，必须把它们放归原位，不能扔在地上就走，如果扔在地上就走了，那就不允许孩子吃晚饭了；吃饭的时候，要求孩子必须把饭碗里的饭全部吃完，不允许剩；吃完饭以后，还要孩子到厨房把自己的碗洗干净……这些表面看上去很小、很简单的规矩，可以让孩子养成良好的生活习惯，让孩子具备自己安排生活的能力。否则孩子长大了，不知道什么该做、什么不该做，那这样的孩子你觉得能够成功吗？结果显而易见。

第三，培养孩子对社会和世界的正确看法，不能光让孩子去跟别人比成绩。

家长常常犯的一个特别重大的错误，就是只盯着孩子的学习，孩子成绩好就一切都好。孩子是不是在学校里和同学打成一片、受同学欢迎，是不是有帮助其他同学的良好习惯，是不是胸怀广阔，这些很多家长都不在意。只在意成绩，只在意孩子在班里的名次，不在意孩子的人品，不在意孩子在社会上的生存能力，这些都是家长常常犯的错误。

那什么是对社会、对世界的正确看法呢？这个世界不像一些人心中想的那么坏，当然也有很多地方不一定是光明的，但是整体来说，我们要在这个世界上生存，首先要学会接纳这个世界上所有的人、所有的事情。在这个过程中，我们要通过自己的善良，让社会更好地接纳我们；通过自己明辨是非的能力，远离是非之地，让自己的生存空间变得更加美好。这是我们要给孩子灌输的一些理念。大家可能经常会在我的一些演讲中听到我对孩子说，你的善良、你的真诚、你的乐于助人，这些能力都是未来很重要的生存之道，不能只看重成绩。但这绝不是说成绩不重要，我们也要适当培养孩子的竞争心理。如果孩子成绩不好，对孩子适当地提出一点要求，帮助他把成绩提高，让他养成良好的学习习惯，这当然是很重要的。但是我们不能因为成绩，就不去关心孩子的人品或者在未来社会中的成长了。

第四，要平等地对待孩子，成为孩子的知心朋友。

这个平等并不是说父母没有威望。一个家庭中，如果夫妻两个人在孩子那里都没有威望，都宠孩子的话，这个孩子有可能会被宠坏。如果说一个宠，一个有威望，并且能把孩子管住，那还好一点。如果两个人都跟孩子既能亲近，又有威望，我觉得这就是特别好的父母。可能有些家长会问：我既然有威望了，那还能亲近吗？为什么不能呢？我们可以在不同的场合表现出不同的态度。比如说去玩的时候、去旅游的时候，跟孩子打成一片；晚上散步，跟孩子像朋友一样聊天。但是作为父母，在需要体现威望的时候，比如要求他们遵守一些规矩、要求他们做一些事情的时候，他们也能够非常快地理解我们的意思，并且愿意去做。这二者实际上是不矛盾的。

那我说的平等对待，成为知心朋友是什么意思呢？如果你一直以势压人，觉得自己是家长，自己说什么孩子就该做什么，任何事情都不问原因，只要你自己心里觉得不对，或者不舒服，就让他停止，不让他做了，那么孩子就会把你屏蔽掉，不光是在身体上屏蔽掉，还会在心理上、思想上屏蔽掉。到最后，你就不可能知道孩子心里在想什么、他到底在做什么，因为他什么都不告诉你。这样，你怎么能够管好孩子呢？所以最理想的状态，是孩子愿意把什么都告诉你。你需要做的是以朋友的身份，以平等的姿态来跟孩子交流。有人可能会说孩子不愿意跟自己交流。你没有放下父母的架子，他怎么可能跟你交流？而且你要制造适当的场合去交流。比如说我跟我儿子经常一边散步一边聊，这时他会放松警惕，把好多事情告诉我；或者他去上学的时候，有时我开车送他，在车里就跟他不断地聊同学、聊老师、聊朋友、聊有没有恋爱、聊他喜欢什么东西以及内心有什么想法。创造和孩子聊天的机会，孩子会不自觉地告诉你，我觉得这个很重要。

第五，把自己的时间留给孩子一部分。

我觉得家长能够给孩子的最重要的东西不是钱，也不是社会地位，更不是给他买东西，而是给他时间。这个时间怎么给？首先，一定要留出跟孩子充分接触的时间。比如说不管你多忙，都不能每天晚上 11 点才回家，那时孩子已经睡着了，然后早上 5 点又出门，孩子还没醒。结果就是，孩子一天到晚都见不到你。这样不行。

一定要有跟孩子在一起的时间，哪怕你什么都不说，只要父母在家里，孩子内心的安全感就不一样。当然，给时间要给有质量的时间。有些家长看上去给孩子时间了，也在家里，但只顾自己看电视、玩电脑、打游戏，让孩子做作业，这是远远不够的，反而会产生负面影响。孩子会想：

我天天在家里拼命做作业，你却打游戏、看电视，你都不努力，为什么要我努力？所以，跟孩子在一起最好的方法，一是与孩子进行交流，二是做让孩子看得到的事情，比如说读书，或者夫妻一起做事情。这都是非常好的。我记得大概我儿子 4 岁的时候，我在那儿用电脑工作，他就不学习了。我问他：你为什么不学习了？他说：你都在玩电脑，我为什么要学习？在他的概念中，电脑是用来打游戏的。后来我就知道了，在他学习的时候，我就拿一本书在他对面看，他就学得非常认真。所以父母要给孩子留出时间，为孩子做出榜样。有了这样的榜样以后，孩子会自觉地努力、上进，也会走向我们内心所期待的成功之路。

（组稿：贺春兰）

当好孩子的第一任老师

刘显忠

刘显忠，第十三届全国政协委员，中国社会科学院俄罗斯东欧中亚研究所俄罗斯历史与文化研究室主任、研究员。中国苏联东欧史研究会副会长、中国中俄关系史研究会常务理事。长期从事俄罗斯历史及中俄关系史研究，著有（含合著）《近代俄国国家杜马：设立及实践》《美苏冷战史》《中苏历史悬案的终结》《从苏联到俄罗斯：民族区域自治问题研究》《当代俄罗斯政治思潮》等，在《历史研究》等刊物上发表各类文章多篇。

2021年1月20日，《中华人民共和国家庭教育法（草案）》正式提请十三届全国人大常委会第二十五次会议审议。家庭教育正式纳入国家教育事业发展规划和法治化管理轨道。家庭教育法不仅以法律的形式明确了家长在未成年人教育中的主体责任，也明确了其他有关方面的责任。该法的出台可以为孩子们的健康成长保驾护航，也是我国在育人方面的一个重要举措。

苏联著名的教育家苏霍姆林斯基曾说过：“最完备的社会教育就是学校——家庭教育。家庭以及存在于家庭中的子女与家长之间的相互关系，是智育、德育、美育和体育的第一所学校。父亲、母亲、哥哥、姐姐、爷爷、奶奶都是孩子在学龄前时期的首批教育者，乃至他们上了学依然还是。”从这话里可以看出家庭教育对孩子成长的影响。

一

家庭是孩子成长的最重要环境。父母的言行举止对孩子的世界观、价值观和生活习惯的形成有着潜移默化的影响。每当回想起自己的成长历程，对这一点感受颇深。

我小时候，家里人口比较多，当时我们家共七口人：爷爷、父母，还有我们兄妹四人。只有父亲一人挣工资，家里生活负担比较重。父亲是从事农业机械推广工作的，经常要下乡出差，我们家父母的分工是，父亲负责挣钱养家，母亲负责治家。我们由于与母亲在一起的时间多，对我们的教育基本上都落在了母亲的身上。母亲虽然读书不多，但特别爱说话。“不当家不知柴米贵，不养儿不知父母恩”“吃不穷，穿不穷，算计不到就受穷”等话经常挂在她嘴边。在空闲的时候她也经常给我们讲一些有关忠孝的民间故事。我们遇到什么事也都愿意找母亲诉说。直到现在在母亲身边的几个妹妹有什么事还都喜欢去母亲那儿征求一下意见，听听母亲的看法。母亲一生节俭勤劳，很多不用的东西都不舍得扔。也许是受了母亲的影响，我现在也是很多东西没有坏都不舍得扔掉，似乎得了“囤积癖”。

我小时候，电视还不是很普及。爷爷和父亲每天7点半都要听小说连播节目。由于评书生动有趣，也成了我每天期待的节目，学习再紧张，每天这半个小时都不错过。当时听的评书和小说有《三国演义》《隋唐演义》《杨家将》《岳飞传》《李自成》《薛刚反唐》《钢铁是怎样炼成的》《四世同堂》《红旗谱》等。我最初的历史知识就是从听评书中获得的。听评书和小说，也使我对探索历史产生了浓厚的兴趣。评书中的家国故事对人的世界观的形成也很有影响。

在我们家，父亲每天要看报，看他所从事专业方面的杂志。他也给我们订了几份适合中小学生看的报刊，如《中国少年报》《儿童时代》《故事会》等。《中国少年报》的连载漫画《小虎子》和《知心姐姐》都是我们首先必看的栏目。虽然这些刊物不是所有的内容都仔细看，但即使偶尔随便翻翻也有收获。我们家孩子多，大家看了以后还可以互相交流感受。我的阅读习惯就是从那时开始不自觉形成的，以至于要是几天不看书，总感觉生活中缺了点什么。

人的很多生活习惯都是从小养成的。我的阅读习惯、早起习惯等都是受家人影响从小养成的。养成良好的生活习惯，是一笔宝贵的财富，可以受益终身。

二

在有了自己的孩子后，我更深切地体会到了家庭环境对孩子的影响。我和妻子都是搞科研的。读书、研究已经成了我们的一种生活方式。我们家里有很多藏书，而且我们有时也会带女儿去单位的图书馆看书学习。这也就使女儿从小就养成了阅读的习惯。有时读起书来长时间不活动，我们甚至担心她把眼睛看坏，经常得催着、逼着她下楼转转，换换空气。

在我们家，我是研究俄罗斯历史问题的，我妻子是学俄语的，我们经常会谈论俄罗斯的话题。这也影响到了女儿。她也对俄罗斯产生了浓厚的兴趣，经常向我们提些有关俄罗斯的奇怪问题，学些俄语单词，积极参加他们学校与俄罗斯友好学校的活动。

我们对女儿没有过多的要求，只是要她养成一些好的生活习惯。为了让孩子养成早睡的习惯，我们全家和孩子保持一样的作息时间，以便让女儿保证充足的睡眠。女儿到高中这个习惯一直保持着，基本上是晚上 10 点前就睡觉，即使作业没写完也不再写了，她会自己上闹钟早上早起几分钟完成。有时我们还没起来她就已经自己起来写作业了。实际上，睡眠充足可以保证孩子白天上课认真听讲，消化老师课堂上讲的内容。

现在的孩子与我们小时候不同，我们小时候几乎没有什么课外班，放学之后基本上是自己在户外玩耍。现在好多孩子放学后马上又去各种课外班，孩子和家长都很累。我女儿开始也尝试上了些课外班，有些她自己不想上了，我们也就不勉强，尊重孩子的选择，以免让孩子对学习产生厌恶感。个人感觉，孩子应充分利用学校的学习时间，把学校教的内容掌握好就足够了。在外面可以学些学校没有的艺术类课，以陶冶情操，缓解学习的压力，放松心情。我们让女儿选了一些艺术类的课外班，她学了葫芦丝、钢琴等乐器，掌握了音乐的一些基本知识；学习了书法、绘画。当然，起初她不想学书法，对书法没有感觉，后来我就买些纸笔，在家里写，勾起了她的兴趣，最后报名参加了一个书法班，参加了书法班后，就喜欢上了书法，进而又学了绘画。这个学习她现在还受益。现在在学习之余她还经常写写画画，学校的春联、我们家的春联和“福”字这几年都是女儿写的。她看着学校和家里贴着她写的春联，很有成就感。

在家庭教育中，家长对孩子的态度很重要，不能总以大家长的姿态进行训诫，要讲民主，与孩子平等交流。我遇见一些事，有时也会让孩子发表意见。因为孩子有孩子的视角，有时她的视角对你也有启发，与孩子的交流中有时也能使自己得到更进一步的充实，提升我们自己的境界。

三

家庭教育对孩子的成长至关重要。“养不教，父之过。教不严，师之惰。”“昔孟母，择邻处。子不学，断机杼。”这些古语里都包含了家庭教育对孩子的影响。苏霍姆林斯基认为，家庭教育好，好比植物的根苗壮，根苗茁壮，植物才能枝繁叶茂，开花结果。他认为良好的学校教育是建立在良好的家庭教育基础上的。家庭和学校是一个人一生中最重要的两个受教育场所。

确实，家庭教育和学校教育是相辅相成的。学校是教书育人的场所，但更主要的是教书，传授文化知识。而家庭教育更主要的是培养孩子良好的生活习惯、性格和道德修养，重点在育人方面。陪伴教育孩子的过程，实际上也是我们自我完善和提升的过程，也是我们自身的一些好的东西的延续过程。

当然，家庭教育与学校教育不同，家庭教育主要通过家长进行，而且更主要的是家长的言传身教来影响孩子。这就需要家长在教育孩子过程中不断提高自身修养，在生活的各个方面首先身体力行，以身作则，给孩子打好样。通过无声的教育潜移默化地影响孩子。如果家长自己不能身体力行，那么教育孩子就没有说服力，也没有底气。家庭教育要讲求方式方法。每个父母都爱自己的孩子，但爱孩子不能无原则、无底线。对孩子既不能无原则地放任不管，娇惯放纵；也不能管得太严，伤害孩子的自尊。对孩子无原则地放纵娇惯，使孩子养成不良恶习，不利于其未来的成长，也不利于学校教育。正如俗话说的“惯子如杀子”，这在现实生活中例子很多。在生活中父母要对孩子的一些好的行为和习惯给予正面鼓励。一些不良习惯和不好的行为要及时纠正。同时，也不能以教育孩子的名义，对孩子事事都管，引起孩子的反感。应当在孩子需要父母时及时出现在孩子身边；在孩子不需要时应当放手，给孩子一点独立的空间，使孩子逐渐自立。

育人是个复杂的系统工程。家庭是社会的细胞，只有家庭教育与学校教育很好地结合，才能培养出更完美的有益于社会的人。据一些学者的研究显示，小学阶段，家庭教育投入更重要。因此，希望每一位父母都能以身示范，真正承担起培养孩子的责任，当好孩子的第一任老师，为社会培养更多聪明、善良、勇敢的人！

（组稿：韩　雪）

齐家宜学圣人训

杨朝明

杨朝明，第十三届全国政协委员、民进中央委员。尼山世界儒学中心副主任、孔子研究院院长，兼任国际儒学联合会副理事长、中华孔子学会副会长、中国哲学史学会常务理事。在孔子、儒学与中国传统文化研究方面，著有《鲁文化史》《周公事迹研究》《儒家文献与早期儒学研究》《论语诠解》《孔子家语通解》《〈孔子家语〉综合研究》《孔孟正源》《孔子之道与中国信仰》《从文化自知到文化自信》《儒家思想与中国梦》等著作。

近一年前，与一位老朋友坐火车时长谈，他希望我帮他起草家训以训家教子。我思虑再三，斟酌成稿之后，发现所有的话都不离古圣先哲的教诲。古圣先贤教人成人成德，恐怕哪一家都离不开。我拿着初稿征求妻子的意见，她读后脱口而出说：书籍千万种，最爱圣人训。

如果不是来曲阜读书，不知道我会不会一生与孔子儒学与传统文化结缘，会不会一生学习研究“圣人训”。20 世纪 80 年代初期，对于孔子儒学，人们还没有真正走出批判思维，还存在太多的认知迷茫。可是，当我选择大学志愿时，家父听说我报考的院校有“曲阜师范学院”，随口说了一句“这个学校好”。那时我还有疑问：家父不会了解这所学校呀？我拿到《录取通知书》时，本家一位哥哥说我“考到了圣人的老家”，这时我似乎明白了家父那话的意思。

家父是普通农民，在我心目中，他总是愿意与一些善良的人交往。记得小时候去看望姥姥，一次又一次，他与舅父酒后茶余聊天，口中总是念叨那些类似《围炉夜话》中的老理儿。我上中学时，一天外面下雨，我见桌子上父亲写的几行字，大致是“天地生人，都有一个良心；圣贤教人，总是一条正路”以及“积善人家庆有余”之类，这些话他在不同场合常常说起。父亲能识文断字，在邻里享有威望。村里开会讨论问题，常有人提议他先谈谈；人家家里有了争执，经常被请去“主持公道”。后来，我们晚辈谈到这些话题，弟弟还戏称父亲是“能断家务事”的“清官”。

上大学学习历史，也许是一个偶然。那时，中学一般早早就文、理分科。我本来学的是理科，后来老师鼓励我改了文科。高考算总分，为了能考上大学，于是我拼命补习历史和地理。入学后，当自己坐在大学历史系教室时，还真对未来的学习感到茫然。但是，没过多久，就好像找到了感觉，我深深喜欢上了历史文化。也许到曲阜读书的学子最先的去处就是“三孔”等历史古迹，我也爱上了这里众多的名胜古迹。第一学期没过多久，教我们《中国历史文选》的老师就带领我们去孔府、孔庙参观，老师娓娓道来，如数家珍，细致精彩的讲解吸引着我，把我带进了历史的深处。

作为孔子故里、儒学故乡，这里地上的、地下的，书本里、大街上，有形的、无形的，处处都有中国传统文化的具体呈现，儒家名言随处可见，圣哲教诲萦绕耳边。曲阜城市很小，但与中国历史关涉极大。中国人文文化最重要的三个人黄帝、周公、孔子都与曲阜直接相关，谁来到曲阜，都会有不一样的感受。这里是“人文初祖”黄帝出生地，有北宋建立的寿丘，前面曾有规模宏大的景灵宫纪念黄帝；这里是中华“元圣”周公的封国，有作为鲁国太庙的周公庙，而周公则是孔子魂牵梦绕的人物。所有这些，其实都昭示着孔子儒学的深厚历史底蕴和广阔文化背景。

我在孔子故里曲阜学习、教学、研究，至今已有 40 年时间，所接触、学习、思考的都是中国传统文化，所谓“口不绝吟于六艺之文”，切磋琢磨的是孔孟之道，绕梁不去的是圣人之教。多年前，要在孔子出生地尼山建立圣源书院，专家们一起去那里考察，有人问我去过孔府、孔庙多少次，我粗略计算，仅仅去尼山孔庙就不下千次。读书时，我常与学友结伴同游，后来常带孩子去游览。我随老师参加《孔子故里胜迹》一书的撰写，去这些古迹考察了每一处建筑、每一块牌匾、每一幢石碑。那些年，学校来了客人，也让我陪同参观考察。由于常在这里见到我，有人问我是哪个单位的人，于是我开玩笑说“我是旅游局的”。

2016 年，曲阜市举行“撤县改市三十周年”系列纪念活动，其中有一个“30 年 30 人”的评选，表彰建市以来 30 年中关心关怀曲阜发展、为曲阜经济社会发展做出突出贡献的各行各业优秀人才和杰出代表，我很荣幸当选。颁奖仪式上，市委书记开玩笑说：“祝贺你得了一个小奖。”我当即很真诚地说出我心里的话：“这是一个大奖。”能够在孔子故里工作和学习，成为一个儒学的研究者、推广者，并且得到这样的认可，真是很大的荣耀！

学习孔子而挚爱孔子，是因为孔子建立了中华文化的理想，指示了中国历史的进程。孔子儒学成就了一代又一代中国人的人格理想，成就了许许多多人的大人君子格局。心有大格局，才能望得见前路坦荡，亦深知总有歧路。有人说得好，要成就或提升人的格局，需要读万卷书、行万里路，也需要阅人无数、高人指路。高人的一句话，或许能胜过个人的长期摸索，高人能够指出存在的隐藏缺陷，解除迷茫与困惑，指出正确的努力方向。试问：还有哪些书能比中华经典更值得读？还有谁是比中华圣贤更高的高人？

中华经典是“高人”的“大书”。世间著述，有道德，有技艺。道德说做人，技艺说做事。德与艺何者为先？不言而喻，中国人都会选择“先做人，后做事”。强调做人，不是轻视做事，而是为了更好地做事。不少人没读懂古人“德成而上，艺成而下”的深刻，还以为是“轻视技艺”“看不起职业教育”，大误！千万别小看了传统智慧，否则就可能是自己理解得偏颇或错误。没读经典之前读其他书，读多了也抓不住根本。王蒙先生谈读书，希望人们能够有一些有深度的、认真的阅读，最好读那些条理性、理想性、概括性强的书，甚至读一点费劲的书，读一点还不太习惯的书，而中国经典就值得一生品读。人一生读书有限，先读哪些书，必读什么书，必须弄明白。

圣人之教，不就是成德之教吗？关于道德，人人都要面对，人人必须面对。通俗而言，“道”就是“信什么”，“德”就是“怎么做”。中国传统道德，无非就是让人有正确的信仰和价值观，从而指示和引领具体的行为。有一个事实世人都承认：因为有了孔子的学说，伟大的中华民族比世界上别的民族更加和睦和平地共同生活了几千年。有一个问题人们要思考“天不生仲尼，万古如长夜”“半部《论语》治天下”，这样的说法应该不是前人的梦呓。

清人李毓秀所作的《弟子规》，开篇就说“弟子规，圣人训”。弟子规，是为人弟、为人子者要遵循的规范。这些规范的精神来自《论语》中的“子曰”。人生最紧要的在于立志，所以阳明先生说“志不立，天下无可成之事”。立什么志，成什么人；立大志，成大人。志，就是心的方向。

要提升力量，先确定方向。方向对了，走得慢点没关系；方向错了，跑得越快越糟糕。为了“提撕子孙”，传统中国很多家族建祠堂、定族规、立家训，都是期待子女更优秀，以弘扬家风，传承家业。家庭教育的首要问题是方向问题。教育子女，首先得成人，然后成为有格局的人。学孔子儒学与传统文化而得其精髓，就应重立志、尊礼依仁、执中而行。信念让人们看见远方，明礼让人们阔步走向远方，守仁而诚敬则让人成功到达远方。

（组稿：韩　雪）

借家庭教育处理我国儿童的健康难题

李国栋

李国栋，第十三届全国政协委员，香港行政长官创新及策略发展顾问、基层医疗健康发展督导委员会委员。智经研究中心理事，世界家庭医学组织主席，家庭医学专科医生，多年来积极推动全球家庭医学发展和基层医疗健康制度。

家庭是孩子身心健康成长的摇篮。家长家庭教育的取向和水平，往往直接影响子女能否养成良好思想、品格和习惯，关系到每个家庭的幸福、国家和民族的未来。

目前我国缺乏系统、专门的家庭教育法，与家庭教育有关的法律条文散见于《教育法》《未成年人保护法》等多部法律之中。这些法律法规对于父母或其他监护人如何对儿童正确开展家庭教育，政府相关部门和社会机构如何支援家庭教育，也缺乏进一步规范。

国际上有不少国家，如英国、瑞典，均出台相应的家庭教育法律制度，明确规定家长的法定责任和义务。那些政府均设有专门的管理部门，与学校、社区和社会公益团体合作推动家庭教育，如新加坡的社会及家庭发展部每年资助中小学、幼儿园及非政府组织，为家长和学生组织家庭生活教育课程。

提请全国人大常委会会议审议的《家庭教育法草案》（下称《草案》）提出，未成年人的父母或其他监护人是实施家庭教育的责任主体。政府、学校、社会为家庭教育提供支持，促进家庭教育。必要时，国家对家庭教育进行干预。《草案》无疑是呼应国际趋势，确立家庭教育的法律地位，完善家庭教育工作机制，应予以肯定。

重智轻德，忽视健康

《草案》当中提到父母和监护人，应当按促进未成年人身心健康发展，保证营养均衡，科学运动，睡眠充足，身心愉悦，帮助其保持良好生活习惯，增强其自我保护的意识和能力，开展家庭教育。

站在公共卫生的立场，照顾好孩子的身心健康，是家庭、学校、政府以至社会的责任，而家庭站在第一线，在孩子的成长之中角色至为重要。如果家庭成员能够一同建立健康生活模式，如培养健康饮食习惯、勤做运动和建立正向生活态度，将有助于提升家庭健康、快乐及和谐。唯目前国内的家长存在一定程度的“重智轻德”“重身体健康轻心理健康”的倾向，成为全面落实家长教育的痛点。

学业竞争风气盛，摧残儿童身心

现今的学校教育局限于常识和知识层次，过度强调学生、家庭、老师、年级以至学校之间的竞争。残酷的学业竞争使学生承受沉重压力，出现情绪问题甚至轻生时有所闻。

国内学生普遍睡眠不足，主要原因亦跟学业有关。华东师范大学国家教育宏观政府研究院2020年的研究显示，初中和高中生的睡眠时间严重不足，睡眠达标比例分别只有19.6%和2.3%。学生或因校内外功课负担重，占去其睡眠时间，或为了追求好成绩，牺牲睡眠苦读。

家长应该观察子女是否有面对过大压力的情况，并通过不同方法帮助子女减少压力，如协助子女了解压力产生的原因，找出纾缓压力的方法，引导孩子运用正向思考看待负面压力事件。至于睡眠不足问题，家长可因应子女的年龄订立入睡和起床的时间，从小培养他们规律作息、健康睡眠的习惯，提供适合的睡眠环境，并教育子女充足的睡眠对其成长的重要性。

令人担忧的是，竞争氛围不仅让学生喘不过气，连带本该协助子女纾缓压力的父母，部分也受朋辈之间的竞争风气影响，催促子女，成为孩子的压力来源。一些家长实施“虎妈狼爸”式的严厉教育，为孩子安排大量作业，盲目跟风上各种兴趣班，把时间表塞得满满的，丝毫没有喘息的空间，遑论玩耍。更有家长进行所谓的挫折教育，只挑孩子做不好、比不上人的地方，只有责备，从不称赞，打击孩子的自信心。此等做法，无疑会损害孩子身心健康，家长必须调整，社会也该协力端正歪风，同时支援家长为子女纾压。

儿童肥胖率连年攀升，留守儿童营养不良

肥胖是另一个我国儿童普遍出现的健康问题。自20世纪末以来，中国儿童的超重和肥胖率不断上升（见下表），若再不加以控制和防范，预计

2030 年将达到 4948 万人。

中国 7 岁以上学龄儿童肥胖问题

	1985 年	2014 年
超重率	2.1%	12.2%
肥胖率	0.5%	7.3%
超重肥胖儿童人数	615 万人	3496 万人

资料来源：央广网

家庭是儿童肥胖的一个重要影响因素，专家指出，父母双方、仅父亲及仅母亲超重或肥胖的儿童，出现超重或肥胖的风险是父母均正常体重儿童的 4.0 倍、3.1 倍及 2.71 倍，原因可能出于遗传或家庭不健康的饮食习惯。

均衡饮食和做适量运动是预防和挽救肥胖的方法。小朋友的饮食大多由父母提供，而曾有研究显示，家长与子女一起做运动的时间愈多，子女在没有家长陪同下自己做运动的时间亦愈多，故家庭在协助子女建立均衡饮食和良好运动习惯上，可发挥积极作用。

除一般儿童健康问题以外，我们更应留意留守儿童、流浪儿童、农村贫困儿童等特殊家庭儿童的健康问题。有研究指出，农村留守儿童的身材矮小率和消瘦率都明显高于同期非留守儿童，主要营养摄入量亦较低，而此情况与母亲离家以及双亲均离家的情况有更大关系。留守儿童一般由祖父母或亲戚照顾，这些监护人是否具备充足的育儿科学知识，对解决以上问题至为关键。

学习家庭教育正确观念，靠多方和家长紧密沟通合作

新冠肺炎疫情令家长重新审视对孩子教育的理念。2020 年有调查透过在线问卷收集 1.8 万名家长对家庭教育的看法，发现家长变得更为重视孩子的身心健康、正确家庭教育观念和方法的重要性，有不少家长通过购买家庭教育相关的书籍、线上线下课程、参加免费在线讲座等方式，去学习家庭教育的知识。

家长愿意重视家庭教育当然是喜讯，但要保证家长学习的是正确的知识和方法，要靠学校、社会机构和政府与家长紧密沟通和合作。以提高家长促进学生心理健康的能力为例，有专家认为学校需要帮助家长做到：安排好孩子的学习、生活，养成良好的作息习惯，学会亲子沟通、高质量的陪伴，也要帮助家长学会调节个人情绪。

家庭医生照顾全家健康，就儿童健康发展提供专业意见

《草案》提出，各级政府部门、教育服务机构、医疗卫生机构和社会工作服务机构等，要向父母或其他监护人提供家庭教育指导。我们不能忽视家庭医生作为病人在整个求医过程中的首个接触点，也可担当传授家庭教育知识的重任，特别是儿童的身心健康相关知识。

家庭医生是基层医疗的主要提供者，同时照顾整个家庭的健康，提供全面、以人为本、持续、预防性及协调的护理。除了治疗儿童的疾病，由于家庭医生与家庭建立持久的关系，熟悉子女的状况，亦能提供最合适的预防护理，以及为家长对子女健康或发展的关注提供专业意见。

例如睡眠问题，不少家长会因担忧孩子难以安睡或相关的问题，带子女向医生求诊。家庭医生可指导家庭如何为不同年龄的子女培养良好的睡眠习惯、创造舒适的睡眠环境。要处理和预防子女压力过大的心理健康问题，家长同样可以请教家庭医生的意见，学习小朋友可能出现代表焦虑的症状，如何与子女倾谈去解决压力问题，调节自己对子女学业要求的心态等。

新加坡经验：成立社区家庭教育中心，与学校合作、协助传授相关知识

跳出健康，回归全面家庭教育的层面，各个界别应当担当什么角色，不妨参考国际经验。

新加坡社会及家庭发展部推展一项名为“Family Matters!”的运动，目标是通过学校、工作场所和社区团体等渠道，为处于不同生命阶段的家庭教育计划提供更多支援。这项运动下设多个计划，资助由学前教育至高等教育的学校、社区机构和企业为学生及其父母、员工和社区居民提供家庭教育，范畴涵盖不同生活阶段，提供全套家庭教育计划，范畴从关系技巧到婚姻准备和充实、养育子女和工作生活。

例如，小学、中学及大专院校可获得每年2万新加坡元（约9.74万元人民币），为学生和父母提供100小时的家庭生活教育计划，另外每名统筹员每年可获1.2万新加坡元（约5.85万元人民币）协助筹划及实行计划。政府又任命十家社会服务机构成为一站式区域家庭教育中心，在获分配地区与学校和社区合作伙伴合作，提供地区性的育儿支持服务。

政府负责提供资金，而学校和地区家庭教育中心会为家庭提供不同程度的家庭教育服务，装备父母亲子技巧，以改善孩子的心理、社交和情感状况。基本为父母开办指定主题的讲座，进级为为父母提供一对一咨询服务，以至多次小组会议及电话咨询，持续跟进管教子女遇困难的个案。这些计划是政府成立先导计划，作出评估研究证实成效后，才推广至更多学校和家长。

家庭对孩子健康成长有不可取代的作用，重视和推广家庭教育，对保障儿童全面健康地发展，尤为重要。家长、学校、社会机构及政府均有各自分工，针对孩子的身心问题，家庭医生等专业人士均可出一分力，宣扬正确家庭教育知识。

（组稿：贺春兰）

家庭饮食文化教育，『品学教育』为先

王宜

王宜，第十三届全国政协委员，中国中医科学院广安门医院食疗营养部主任。第二届食品安全国家标准委员会特殊营养专业委员、中国中医科学院养生保健专家指导委员会专家、中国中医药信息委员会食疗研究会副会长、北京中医药治未病健康工程饮食调节项目首席技术官/执行官、世界中医药联合会肿瘤康复委员会副主任。荣获全国三八红旗手标兵、全国三八红旗手、北京市三八红旗奖章、首都十大健康卫士、亚洲现代营养学特殊贡献奖等荣誉称号。

党的十八大以来，习近平总书记强调："家庭的命运同国家和民族的前途命运紧密相连。"他还多次谈到"注重家庭、注重家教、注重家风"。近年来有关部门发布了大量规划、纲要等文件，家庭教育已经上升到国家发展战略的高度。每个家庭都应该认真思考"培养什么人，怎样培养人，为谁培养人"等问题。家庭教育不只是每个家庭的"小事"，更是受到国家监督、社会共同参与的"大事"。

"品学教育"观念

家庭健康教育是以亲子关系为核心，家长通过言传身教、生活实践，创造良好家庭氛围，培养子女具有健康体魄、健全人格。通过对实践的总结与思考，我提出基于中国饮食文化的"品学教育"观念。"品"字包含三个"口"，包含品德即育德、品体即育体、品食即育养三层含义。品学在这里专指家庭育养，是将德、智、体、美、劳通过日常家庭饮食文化建设，以劳动教育的形式完成。具体来说就是在日常衣食住行中融入中华优秀传统文化元素，以浸入式学习方式，加深学生对中华传统文化思想和风俗习惯的理解与热爱，培育社会主义核心价值观，培养高尚的审美情趣，积累丰厚的文化底蕴。

家庭饮食文化教育，首要目标是培养身心健康的人

习近平总书记反复强调"家庭教育涉及很多方面，但最重要的是品德教育，是如何做人的教育"。就人的发展而言，德性是个体素质的完整、和谐、自主和可持续发展的基础，决定人生成长的方向、速度和质量。一个人的品格、修养、家风可以在餐桌上体现出来。因此，日常饮食场景是德性培养的重要载体。家庭是孩子情绪、情感的发源地，孩子在家庭中获得安全感，良好的亲子关系是家庭健康教育的核心。"其身正，不令而行；其身不正，虽令不从。"家长首先要起到榜样示范作用，孩子才会信服，顺利地接受家长的教育。

1948 年，世界卫生组织（WHO）在《宪章》中指出："健康乃是一种

在躯体、心理、社会适应的完好状态，而不仅仅是没有疾病和身体不虚弱。”培养身体、心理、社会性发展良好的孩子，是家庭健康教育的首要目标。现代社会家长素质普遍提高，具备一定营养知识，可以在孩子不同年龄段保证足够的营养，基本保证孩子有健康的体魄。当然也有的孩子由于营养过剩、缺乏运动等原因，出现运动素质下降、肥胖等问题，需要科学引导。让孩子多参与家庭劳动，在动手动脑中达到育养的肢体、大脑、能量的三调整，融入了文化品德的培育，从而达到体与心双向的协调平衡。

日常生活离不开三餐，“餐桌”就是最好的“课堂”。“家的味道就是妈妈的味道”，食物是母亲与孩子之间独特的连接，母亲把爱放在了精心准备的饭菜里，吃饭本身就是“爱与被爱”的交流，孩子在餐饭间首先感受、学习到的就是爱。“团座和食”是另外一种家庭成员传递情感的方式，年长者坐上座，长者先动筷晚辈才可以吃，夹菜、盛饭要守规矩……饭桌上大家通常会讨论身边的事情，怎么处理各种矛盾……家庭成员在餐饭间领悟义、慈、礼、恭、孝等传统美德。不同季节或节日餐桌上会出现不同的菜肴，每种食材都有自己的故事，孩子可以参与食物的制作与准备，通过参与理解食物背后的文化内涵。如果有客人到来，让孩子协助摆放饭菜，主动为客人创造良好的就餐环境，在饮食中享受分享美食的快乐，食物的味道与亲情、友情的滋味融为一体。

家庭饮食文化教育，要培养真正的“中国人”

先有“中国胃”，才有“中国人”。人通过味觉、口感等实现社会意义上的文化认同，找到归属感。对世界各地的华人来说，中餐是历史记忆和集体表述，是华人族群的身份认同。陕西的羊肉泡馍、武汉的热干面、河南的胡辣汤，蒙古族的手抓肉、朝鲜族的冷面……每个地域、每个民族都以传统饮食作为自己鲜明的标签。

中国传统饮食文化教育的基础功能是传承食物的生产、饮食生活技能、知识、经验。中国传统饮食观念可以概括为“食医合一、适口者珍、和”。《黄帝内经》“五味入于口也，各有所走，各有所病”说明食物与疾病的关系，要坚持“食养尽之，无使过之”，“食医合一”的食疗方法是人类最古老的治病强身之术，是中国饮食思想的重要原则。北宋太宗赵炅问大臣苏易简：“食品何物最珍？”苏答曰：“物无定味，适口者珍。”食物只要是人体需要的就是好的，不应有过分的需求，即“适口”。“和”的观念即饮食平衡，包括合理杂食，四季五味，以饮食调节人体阴阳动态平衡。此外，民俗谚语有强大的生命力，在世庶大众间发挥着教化育人的功能。“国以民为本，民以食为天”“开门七件事，柴米油盐酱醋茶”鲜明表达了饮食之于民生的重要；“食不言，寝不语”“病从口入，祸从口出”在教化人们注重饮食卫生和个人修养；“食多伤身，气大伤神”“食不过饱，饮不过量”劝诫大众饮食要节制……

中国传统饮食文化教育，还包括教化人心、敦厚习俗、促进文明饮食生活。孟子在继承孔子生活原则和理念基础上，提出“食治—食功—食德”理论，不碌碌无为吃白饭为“食治”，以劳动成果换来相应的养生之食为“食功”，吃正大清白之食、符合礼仪进食为“食德”。中国古代以家训的方式对家庭成员做饮食、礼数、德性等教育。苏洵《安乐铭》云：“衣食酌量时度，调养不饱不温。休餐生冷甜辣，莫佩珠宝金银。……能食教用右手，能言戒使娇音。……客到用心恭敬，大小坐次分明。……若赴大会筵席，牢系帽带衣襟。”明末清初朱柏庐的《朱子家训》有“一粥一饭，当思来处不易；半丝半缕，恒念物力维艰”。《论语·乡党》云：“乡人饮酒，杖者出，斯出矣。”即乡人酒食后，拄拐杖的老人先离席，晚辈才能离开，这是传统伦理中的“长幼有序”的家庭饮食礼仪。孟浩然《过故人庄》：“故人具鸡黍，邀我至田家。”杀鸡宴客表现出盛情好客的民风，这是亲友聚会饮食礼仪之一。赴宴时的着装、仪态、坐席、礼让、退席等环节，都在处理宾主、尊卑、长幼等的关系，是社会伦理饮食礼仪。

家庭饮食文化教育，不仅仅是家庭的事，更是党中央劳动教育落地的切实渠道。

“家风”是家庭中一代代人沿袭下来的思想、心理和行为模式，是家庭文化对家庭成员的浸润。家长要以各种方式营造家庭氛围，树立优良家风，做好家庭资源与管理，从自身生活水平出发，提高文化素养，学习创新饮食文化教育技术手段。孩子是从家庭内部关系学习建立外部关系的，孩子在家庭中感受到平等、尊重、信任、宽容等积极情绪，有助于他在个人和集体之间建立和谐、有序的关系。

另外，我呼吁社会建立家庭教育支援团队。在有条件的前提下，以社区为单位成立支援团队，吸纳有育儿经验的志愿者、教师、保健师、临床心理师等，为个别需要帮助的家庭提供社会支持，以宣传、调研、家访等形式切实解决家长和学校无法解决的问题。

习近平总书记在2018年全国教育大会上指出，“成功的家庭，必有正确的教育观”。家长首先从自己做起，提高素养，学习更多健康知识、教育方法，为小家庭创造更好的前途命运。随着社会治理的进一步完善，社会组织将再为家庭教育助力。4亿多户“小家”，结成了中国这个“大家”，国家的繁荣发展，每个家庭不仅是受益者，更应责无旁贷做出应有的贡献。百年大计，教育先行！

（组稿：贺春兰）

家长 家庭 家教

——我的三家教育观

梁留科

梁留科，第十二届、第十三届全国政协委员，民建中央委员，民建河南省委副主委兼监督委员会主任，洛阳师范学院校长。河南大学区域经济和自然地理双专业博士生导师、教授，吉尔吉斯斯坦国立民族大学博士生导师，民政部行政区划调整专家，河南省旅游专家委员会委员，旅游管理国家一流专业负责人，《气象与环境科学》副主编、《旅游学刊》编委，中共洛阳市委全面深化改革工作咨询专家等。

中国非常重视家庭教育，家庭教育对孩子的成长至关重要，对家庭和国家意义重大。如何处理好家庭教育中的家长、家庭和家教的问题至关重要，处理好三者的关系是每个家庭都面临和思考的问题。在三者关系中，我个人认为，家长是孩子的第一位和始终的老师，家庭是孩子的第一和最长的课堂，家教是孩子的第一和终身教育。中外家庭家育成功的案例非常多，如耳熟能详的孟母三迁、岳母刺字等，可怜天下父母心，古今中外多少父母为了子女的成长操碎了心。

可以说，每个家庭都有不尽相同的家庭教育方式。我认为，既要因人而异，更要因材施教。既要摆正心态，循循善诱，又要顺势而为，快乐教育，快乐学习。大量的研究表明，对家庭教育认识不到位，家长重智轻德、重成绩轻素质的现象还比较普遍，不重视家庭教育的还占很大比例。要改变这种现状，除了提高家长的认识外，更重要的是要丰富家庭教育的内容，比较合理的家庭教育做法是把品德教育作为家庭教育的基石，把劳动教育和实践教育当作家庭教育的“好教材”，把培养良好的行为习惯作为家教的核心内容等。

家长是孩子的第一位和始终的老师

教育和引导孩子是为人父母的责任与义务，作为父母要主动去教育和引导孩子，要有喜乐接受并承担教养的使命。古人云，“养不教，父之过”。可见，自古以来，人们都意识到不教养和引导孩子是父母的过错，所以教养和引导孩子，是家庭教育中最为主要的事情。父母是他们的第一任老师，孩子透过父母认识世界，形成三观，同时也通过父母眼中的他认识自己。

一谈到家教，很多人认为就是花钱请老师教文化课，因此，有很多家长在孩子的教育上很舍得花钱，不惜砸锅卖铁，也要让孩子提前学外语、学舞蹈、学琴棋书画，似乎这才是素质教育。还有一些家长，用金钱换责任，在孩子很小的时候，花巨资让孩子出国留学。这些做法都值得商榷。这些做法忘却了自己的责任与付出。家教实质上就是家长对孩子的言传身教，往往体现在非智力因素方面。比如感恩、如何做人、尊重别人等，核心是让孩子成为一个合格的公民。孩子成为一个什么样的人，在某种程度上，首先取决于父母。因为血缘和情感关系，孩子最开始是依赖父母抚养，所以父母的观念易于被孩子接受。因此，如何在尊重孩子人格的基础上使孩子形成正确的三观，是每个做父母的要认真面对的一个重大课题。

毫无疑问，作为家长都深爱着自己的孩子，都愿意把自己最好的给孩子，可是人们会发现很多的家庭因为孩子没有受到良好的教育而失去和谐与幸福，有的孩子甚至走上了歧途，究其原因是作为父母疏于教导或者是教导不当。由此可见，家教对孩子成长是多么重要，承担教养和引导孩子的职责是多么重要。对于我而言，一生中父亲这个角色可以说是所有角色中最为重要的，所以常常警醒自己，要多和优秀的父母亲交流，多思考，多学习做父母之道。为人父母的，做好家庭教育是一项神圣的使命，只有把孩子教育得明理悟道，他的生命才有根有基。

做父母的要把孩子的人格健全、道德完善放在首位，努力培养孩子追求卓越、独立自主、持之以恒、勤俭节约等个性品德和良好习惯；要懂得把童年、童心还给孩子，让孩子轻松、自由、愉快、健康成长；要善于发现孩子天赋，善于挖掘孩子潜能，善于培养孩子特长；要以大朋友的平等身份来对待孩子，而不是以长辈的身份来压制孩子和以棍棒的方式教训孩子；要有和谐的家庭关系，要以身作则、一诺千金等。

家庭是孩子的第一和最长的课堂

家庭是孩子的第一课堂，也是最长的课堂。一个人从出生到成人，都离不开家庭的教育和影响。父母的一言一行、一举一动对子女都有着言传身教、陶冶习染和潜移默化的作用。家庭是孩子进入社会的桥梁，家庭从物质上为孩子身心健康发展提供了可能，家庭教育是使这种可能变为现实的关键。家长的期望、爱抚、教养态度等家庭教育因素，对孩子性格的形成至关重要。

孩子的行为习惯在很大程度上取决于家庭成员特别是家长的行为习惯。父母是陪伴小孩时间最多的社会成员。近朱者赤，近墨者黑。大人的行为习惯和为人处事，耳濡目染，时间久了就会对小孩造成决定性影响。所以榜样的树立是家庭教育中极为重要的一环。榜样的力量是无穷的，孩子三观的形成、学习方法的掌握等，都与家庭成员特别是父母有很大的关系。孩子从小到大三分之二的时间生活在家庭中，朝朝暮暮都在接受家庭成员特别是父母的教育，父母又是孩子的终身老师。即使孩子长大了，走向了社会，家庭依然是很重要的课堂。中华民族历来重视家庭的作用，要在家庭中培育和践行社会主义核心价值观，引导家庭成员特别是孩子热爱党、热爱祖国、热爱人民、热爱中华民族。

家教是孩子的第一和终身教育

可以说，家庭教育是孩子认识世界的起点。从一个人接受教育的过程来看，家庭教育是一个人接受最早、时间最长、影响最深的教育。

家教是孩子一生中一切教育的起点和原点，家教的关键是家长。家教是孩子接受的最早的教育，孩子的道德品质和行为习惯大都是在家庭教育中形成的。家庭教育涉及很多方面，最重要的是品德教育，是如何做人的教育。要把美好的道德观念从小就传递给孩子，引导他们有做人的气节和骨气，帮助他们形成美好心灵，促使他们健康成长，长大后成为对国家和人民有用的人。要重言传、重身教，教知识、育品德，帮助孩子扣好人生的第一粒扣子，迈好人生的第一个台阶。家教也是时间最长的教育，一个家庭的家风家规可以影响孩子的一生甚至是几代人。家教对孩子三观的形成起到最为重要的作用，父母的一言一行都容易被孩子模仿，父母的喜怒哀乐对孩子有强烈的感染作用，父母也最容易、最快看到孩子的一举一动和一言一行，发现孩子的成长点，可以及时引导，做得对的可以及时表扬，需要鼓励时可以及时鼓励，需要批评的要善于批评，帮助孩子完善人格，学会做人，这都是家庭教育可以及时做到的。

教育和引导好孩子健康成长对于家庭和国家都是至关重要的。我是“60后”，家庭条件比较差，父亲是那个时代光荣的工人，从小爸爸就告诉我们要有志气和志向，做个高尚的人；妈妈特别善良温柔，对我们姊妹六人总是鼓励得多。所以在我上学的时候，就有明确的目标，我要努力学习考上大学和研究生，其实那时候家庭经济压力非常大，仅仅靠父亲的工资供哥哥、我和弟弟念大学。父母培养我们正直、勤劳、孝顺、积极乐观、有远见等优秀品格，如今，我们都很幸福，县城的人都会赞叹，甚至我都觉得我父母一生做得最好的事就是培养了我们，特别感谢他们当年最困难的时候都没有放弃，我之所以走到今天，就是因为父母给我们的教育不一样，所以我非常重视家庭教育，我认为是父母决定了孩子的生命品质。

家教的每个阶段对于孩子的教育侧重点也是不一样的。如幼儿阶段，应该以培养习惯为主，学习知识为辅。重点在于培养合理的生活习惯和学习习惯。小中阶段，主要是培养孩子的观察能力、自主思考和学习能力，更要重视拓展孩子的想象力和创造力。当然，这些都是建立在身体健康基础之上。家教还要重视对孩子的成长规划和引导。十年树木，百年树人，成长规划是家庭教育的进阶阶段等。家教还要重视“养成教育”，以培养孩子良好的行为习惯、语言习惯和思维习惯等。孩子良好习惯的形成，特别是在做人方面、锻炼方面、学习习惯方面、卫生方面、饮食方面、阅读方面、安全方面、劳动方面的好习惯都要通过坚持训练而养成。如在劳动教育方面，生活处处有劳动，劳动就在孩子身边，可以“拾来即教”，无须家长再“绞尽脑汁”。教孩子做事情的过程就是劳动教育，小点儿的孩子学习“自己的事情自己做”，大点儿的孩子学习做“力所能及的家务”。家长与孩子一起劳动可以增进亲子关系，形成良好的亲子沟通模式。家庭教育与学校教育最大的不同就是融入生活的“润物细无声”教育。家庭教育要善于发现孩子的特长和才华，激发兴趣。同时，家庭教育还要重视开发孩子的智商、培养孩子的情商。

（组稿：贺春兰）

作为家长，要有『家庭教室』的意识

闵庆文

闵庆文，第十三届全国政协委员，北京市第十五届人大代表，九三学社北京市委副主委，中国科学院地理科学与资源研究所研究员。曾获联合国粮农组织“全球重要农业文化遗产特别贡献奖”、人力资源和社会保障部等“全国创新争先奖状”，并获得中国科学技术协会“全国优秀科技工作者”等荣誉称号。

当应约就家庭教育问题谈点看法时，记忆中第一个想到的是12年前一位教育工作者给我讲述的这样一件事。

中日教育工作者要进行有关青少年教育的学术交流活动。与一般的宣读学术论文、热点问题讨论等不同的是，日本专家播放了一段他们在中国的一所小学门前录制的录像，然后说："中国教育最大的问题不是大家一般所谈的教育体制、教材教法、学校管理、教师能力甚至素质教育与应试教育等问题，而是家庭教育问题。"他说了三点理由：一是孩子一出校门，几乎所有家长马上把孩子背上的书包扛到了自己的肩上，这不仅影响了孩子必要的锻炼，而且潜移默化地告诉孩子"自己的事情不一定要自己做"；二是许多家长接到孩子时跟孩子说的第一句话是"今天老师有没有批评你？有没有同学欺负你？"这句话的直接结果是让孩子敌视甚至仇视老师和同学，破坏了老师在孩子眼里的美好形象，影响了孩子和同学们之间的友好关系；三是大部分家长车子乱停乱放，拉着孩子横穿马路，无视交通规则，对红绿灯和过往行人不管不顾，这样做的结果是孩子一天在学校接受的良好教育瞬间化为乌有。

确实，我们不少人在谈到教育问题的时候，表达出的是"抱怨"，抱怨考试制度，抱怨学区、学校，抱怨校长、老师，抱怨课程、教材，抱怨校风、同学，抱怨各种培训，甚至是抱怨孩子的智力、能力，不一而足，但似乎很少有人抱怨自己，有的话也多会找理由为自己开脱，比如，工作忙没有时间陪伴孩子，学历低没有能力辅导孩子，能力弱没有办法送孩子到一个好学校。

我没有对各行各业的成功人士的家庭背景、就读学校、发展历程做过统计，但从许多人的个人传记里会发现一个共同之处，那就是感恩于父母和家庭对他们的影响。而这，正是我们所说的"家庭教育"。

尽管家庭教育常被人们认为是与学校教育、社会教育并列的教育"三大支柱"之一，但也是最容易被忽视或错误理解的一个方面。而且，一个不能回避的问题是，家庭教育还会影响到学校教育和社会教育。

每位家长其实都是“一名教师”。人们普遍认为，“父母是孩子的第一任老师”。我认为，这句话说得并不全面，还应当补上一句“而且是任教时间最长的老师”。因为一个孩子一生中会有很多的老师，但家长和孩子共处的时间一般是最长的。即使是在校学习期间，孩子们一天的大部分时间都在校园里度过，但他们的除课本知识以外的良好的品行与习惯、阅读及其他课外兴趣、坚强的意志力以及幸福感其实都源于简单的家庭生活。而且，虽然学校里也会有思想品德等方面的课程，但当孩子回到家后发现家长的行为与学校所教有相悖的地方，一般都会更倾向于向家长“学习”。也就是所谓的“家长是孩子最好的老师”，因为父母的言传身教、一举一动都影响着孩子成长。父母的言传身教永远大于老师45分钟的课堂教育，正所谓“养不教，父之过”“有其父必有其子”。

在同样的学校、同样的班级，面对同样的学校教育环境和同样的老师，为什么孩子的表现会出现可能是很大的差别呢？可能需要我们从家长身上找原因。《发现母亲》的作者王东华说：“要想孩子伟大，父母必须先伟大；父母能走多远，孩子就能走多远。”这话不无道理。

即使是对于课程学习，家长其实也很重要。重要的并不在于家长能不能进行辅导，而是能不能帮助老师树立在孩子心中的“地位”。我们一般都有这样的体会，一个学生喜欢某个老师，往往就会对这个老师所教的课程表现出较浓厚的兴趣，这门课的成绩一般也较好。所以家长需要做的一件事就是让孩子尊重老师、喜欢老师，不在孩子跟前抱怨老师、议论老师是基本要求，要让孩子理解教师这一职业的伟大。“一日为师，终身为父”虽是古语，但依然有现实意义。作为孩子生育者、养育者的家长，与作为孩子教育者的老师应当是亲密的合作关系，他们共同承担了孩子健康成长的重任，孩子也自然成为他们合作的“产品”。从某种意义上说，这个“产品”是否“合格”，有赖于家长和老师之间合作是否愉快、有效。

每个家庭其实都是“一间教室”。“家庭是孩子就读时间最长的教室”，因为对每一个人来说，只要不离开家庭而生活，也就一直沐浴在这间教室里，即使那些寄宿制学校的学生，也因为和家长保持着密切的联系而继续受到家庭因素的影响，这种影响还会延续到大学期间甚至之后的学习与工作中。因此，说“家庭是足以影响孩子一生的教室”，亦无不妥。

家庭这间“教室”承担着远比学校教室更为繁重的任务，因为孩子早期的智力开发、兴趣培养、求知欲望，以及很多优秀的品格和良好的习惯，大多都是从家庭这间“教室”里学来的。

作为家长，应当注意牢固树立“家庭教室”的意识，注意角色的复合性，因为家长的言传身教和家庭生活实践，对孩子会产生非常重要的影响。从这个意义上说，家长的教育责任远不止教孩子说话、走路，还要教孩子讲文明、懂礼貌，甚至还要教孩子判断是非，帮助孩子形成正确的价值观念。最为重要的是，在家庭这间“教室”，没有明确的上下课时间，所有家庭成员都是“教师”，因为父母和其他家庭成员随时随地的一言一行，都在起着教育的作用，因为家长不仅是教师，还是榜样。

整个社会其实就是“一所学校”，每个家长其实都是“一名老师”。很多人不仅时常会抱怨学校的校风，还会抱怨社会风气，但殊不知，来自于具有良好家风的孩子也是培育良好校风的基础。学校是由一个个班级组成的，社会是由一个个家庭组成的，“家庭是社会的细胞”，当我们抱怨社会风气的时候，我们应当检讨作为社会一分子的我们为“社会学校”做出了怎样的贡献，也就是我们有什么样的“家风”。好的“班风”才有好的“校风”，好的“家风”才有好的“社会风气”。

在社会这所学校里，不仅孩子的家长，我们每一个人都是“教师”，我们的一言一行也在影响着正在处于成长状态的孩子。因此，家庭要有与学校一致的培养目标，要建立与学校相互补充的学习氛围，要制定与学校一致的“规章制度”，建设有规矩的家庭，而且家里的这些“规章制度”不单单针对孩子，还应当针对家庭中的每个成员。

学校里的老师要不断提高自己，作为家庭这所学校的以家长身份出现的“特殊老师”也要不断学习。没有不需要学习的父母，想要孩子爱学习，家长也必须爱学习。很多人常说的一句话是“不能让孩子输在起跑线上”，其实还应当知道另外一句话，那就是“家长的高度决定了孩子的高度”。如果父母动不动就骂人，不仅影响夫妻关系，还会影响到孩子与家人间相处。温和的语言，是家庭中不可缺少的，对于孩子也要友好礼貌。懂得好好说话的家庭，往往生活幸福，孩子才能在友善的环境中成长。

每位家长都成为一名成功的教师，每个家庭都成为一间和谐的教室，我们的社会就是一所美丽的学校。正如一首歌中所唱的，“只要人人都献出一点爱，世界将变成美好的人间”。

苏联教育家苏霍姆林斯基曾说过：“家庭要有高度的教育学素养，如果没有整个社会首先是家庭的高度的教育学素养，那么不管教师付出多么大的努力，都收不到满意的效果。”希望每个家长都能成为一名“合格的教师”。

（组稿：韩　雪）

爱国情怀是我的家族给我的人生财富

梁树森

梁树森，第十三届全国政协委员，中国侨联常委，广东省政协常委，澳门森利集团有限公司董事长兼总经理，澳门博览集团有限公司董事长，华夏国际（澳门）艺术展览中心有限公司董事长。

“慈母手中线，游子身上衣。临行密密缝，意恐迟迟归。谁言寸草心，报得三春晖。”这首传诵千年的唐代诗人孟郊的《游子吟》，生动地表达了母爱的伟大和中国人深厚的家庭情结。家庭是社会组织结构的基本“细胞”，是文明人类自我生产和繁衍的“母体”，也是人类生命个体与社会组织生活之间的关键“联结”，家庭是人生的第一所学校，父母是人生的第一任老师，家教是养成人格美德的摇篮。《大学》有云：古之欲明明德于天下者，先治其国；欲治其国者，先齐其家；欲齐其家者，先修其身；欲修其身者，先正其心。家风家教是社会和谐稳定的“基石”，一个家庭中的家风家教与整个社会教育和社会风气有着密切关联，因此很多人将家风视为民风国风的风向标，其重要性不言而喻。

家风，是一个家族祖祖辈辈流传下来的做人准则，有什么样的家风，就培养出怎样的子孙，它可以是一句话，一个规定，无论是不是白纸黑字，家族成员都在自觉遵守、传承和发展。在我们的家族中也形成了一种家风，简单来说就是勤奋、好学、朴实、敬畏、爱国。回顾过去几十年的成长历程，我就是在这样朴实无华的家风家教中成长发展起来的，其中，我认为爱国情怀是我的家族在家风家教中留给我的最宝贵的精神财富。

有国才有家，爱国和爱家要结合起来

我祖籍广东新会，成长在福地澳门，没有经历过大规模的战争，但读史阅世，历史和现实经验都告诉我们，家庭的前途命运同祖国和民族的前途命运紧密相连，有国才有家，爱国和爱家要结合起来。

在120年前，中国积贫积弱，仰人鼻息，中国近代史是一部灾难深重的屈辱史，饱尝了帝国主义的侵略和欺凌，中国被迫签订的不平等条约就有几百条，当时，没有哪个家庭能够获得真正的幸福。80年前，中国惨遭日本的铁蹄凌辱，血腥屠杀，在那14年的抗日战争中，没有哪个家庭不受到日本法西斯侵略的伤害。在新中国成立后，伟大的中华民族和不屈的华夏子孙，进行了一系列的抗争、探索和改革，取得了举世瞩目、载入史册的成就。120 年后，中国可以和世界第一强国平等谈判，叫板美国“你们没有资格居高临下同中国说话”！今天，中国在新冠肺炎疫情肆虐之下在全球主要经济体中唯一实现经济正增长，脱贫攻坚战取得全面胜利，决胜全面建成小康社会取得决定性成就，中国真正强起来、富起来，开始伟大复兴的新征程，家家户户奔小康，一部分人先富起来，带动其他人最终实现共同富裕。这一切，都深深牵动着每一个中华儿女的心弦。我觉得，国家富强，民族复兴，人民幸福，最终要体现在千千万万个家庭都幸福美满上，体现在亿万人民的生活不断改善上。反过来，千家万户都好，国家才能好，民族才能好。因此，我们每个炎黄子孙，应该把爱国和爱家结合起来，在家风家教中培育爱国情怀，从而一代一代地传承下去。

港澳家庭更应培育孩子的爱国情怀

“你可知‘MACAU’不是我真姓？我离开你太久了，母亲!”每当《七子之歌》的旋律响起，爱国情怀就会在我的心中涌动。爱国是每个中国人对国家的深情，对国家的崇敬，对国家的感激和热爱。《七子之歌》唱响了澳门人的爱国热情。

《七子之歌·澳门》是爱国诗人闻一多在 1925 年所作的《七子之歌》中“七子”之一，表现了闻一多先生强烈地希望澳门回归的期盼之情。当时中国的澳门、香港、台湾、威海卫、广州、九龙、旅大等七个地方先后被西方的帝国主义列强霸占、租借，闻一多先生不堪忍受异国他乡的侮辱，毅然回国。闻一多先生从《诗经·邶风·凯风》中“邶有七子之母不安其室。七子自怨自艾，冀以回其母心”。获得灵感，满腔的爱国激情一下子喷发出来，写下了《七子之歌》。他借七子比喻七个被西方霸占的地方，表达七子强烈地要求回到母亲怀抱，从而表现了闻一多先生强烈地希望七子回归祖国的期盼之情。

港澳地区自从离开祖国母亲的怀抱，经历长期的殖民统治，在长时间“西化”的过程中，不少人对祖国产生了隔膜甚至误解，因此，回归后的港澳地区在家风家教中培育爱国情怀显得更为迫切和重要。了解是爱的开始，认同才能产生爱，爱国情怀需要从认同开始。港澳地区的家庭，应该多回祖国内地走走，了解现在祖国的变化日新月异，万象更新。家庭教育中从幼儿就开始培养子女了解和认识关于中华文化、中国历史、中国地理和“一国两制”的知识，从情感上教育子女认同自己的国家，同时应该多规划或鼓励子女到内地游学或升读大学，这是最好的国民教育、文化教育和民族认同，让他们知道只有“一国”才有“两制”。父母的教育，就像衣服上的扣子，第一粒扣错了，下面也会跟着错下去，所以每个家庭要重言传、重身教，身体力行、耳濡目染，帮助孩子扣好人生的第一粒扣子，迈好人生的第一个台阶。只有在家庭这个母体中培育爱国情怀，港澳青年才能自然而然产生对祖国母亲的崇敬、感激和热爱之情，从而实现“爱国者治港”“爱国者治澳”。

家族传承，积善之家必有余庆

澳门具有悠久的爱国主义传统，澳门郑家大屋是世界文化遗产名录澳门历史城区的重要组成部分，徜徉其中，我深感家风家教对家庭、对社会和对国家的重要意义。郑家大屋于1869年修建，是中国近代著名思想家郑观应的祖屋，由其父亲郑文瑞筹建。郑家大屋由两座并列的四合院组成，主房区包括余庆堂和积善堂。从名字不难看出，取自“积善之家必有余庆”。在这个“积善余庆”之家，诞生了中国近代最早具有完整维新思想体系的理论家、启蒙思想家，同时也是实业家、教育家、文学家、慈善家和热忱的爱国者——郑观应先生。1886年，郑观应先生回到澳门，就在郑家大屋中潜心整理思想，著成《盛世危言》。在这本巨著中，郑观应清醒认识到发展近代工业的重要，高喊“商战”的理论口号，提出“欲攘外，亟须自强；欲自强，必先致富，必首在振工商；必先讲求学校，速立宪法，尊重道德，改良政治”，他还针对政治、经济、军事、外交、文化等提出了一系列改革方案。《盛世危言》这部著作问世后社会反响很大，时人称此书为“医国之灵枢金匮”，影响了康有为、梁启超、孙中山、毛泽东等人。

郑观应先生正是从郑氏家族具有家国情怀的良好家风家教中一步一步成长起来，以“修身、齐家、治国、平天下”为己任，在当时落后迷惘的清朝中振聋发聩、振臂一呼。郑观应是一名具有“公共知识分子”范儿的成功商人，是“同光中兴”盛世背景下最为警醒的思想者，是走在时代前列、观念不断更新的中国近代先进思想家。

共同富裕是人类共同的美好愿景，在奔向共同富裕的过程中，企业家积累财富容易，传承财富却很难，可谓“创业容易，守业难”，很多家族逃不了“富不过三代”的魔咒。一个好的企业家、投资者可以努力积累财富，但要传承下去，他就要当一个好的教育家，把自己的子孙培养成优秀的企业家和投资家，这个难度往往很大。那么企业家传承给子孙后辈的最好是什么呢？“人遗子孙以财，我遗之以清白。”“遗子黄金满筐，不如一经。”注重礼义、诗书传家是中国古代治家的好传统。美好的家庭固然需要一定的物质条件，但“家之兴替，在于礼义，不在于富贵贫贱”。诸葛亮教诲儿子修身养德，“非淡泊无以明志，非宁静无以致远”，祖孙三代被后人誉为“三世忠贞”。包拯严厉要求后代不犯赃滥，不违其志，否则就不是包家子孙，死了也不得葬在包家祖坟。岳母姚氏在岳飞背上刺下“精忠报国”四个大字，岳飞又严格教育参战的儿子，一心报国。“积德之家，必无灾殃。”郑家大屋郑氏家族留给后人的就是“积善之家必有余庆”的家族传承，对子孙的真正关爱是树德育人，培育其爱国精神和家国情怀，才能留下家人受用不尽、社会皆得共享的宝贵精神财富。

（组稿：张笑竹）

家庭教育是社会教育和传承的基础

赵 继

赵继，第十三届全国政协委员。东北大学原校长。国家教育部机械类专业教学指导委员会主任委员，国务院学科（机械）评议组成员，辽宁省科协副主席，辽宁省机械工程学会理事长，国家重点研发计划“变革性技术关键科学问题”重点专项首席专家。长期从事智能精密制造方向的研究工作，主持和承担国家973课题、国家“变革性技术”重大专项、863项目、国家重大科技专项、国家自然科学基金重点和面上项目及省部级课题近40项，获专利授权50余项。

家庭教育是整个教育体系的组成部分，是学校教育和社会教育的基础。家庭教育是人成长生活的起点，对于人的一生具有奠基性作用，人生最初阶段受到的家庭教育，将贯穿于生命的全部历程。国家和民族由千千万万个家庭组成，家庭教育贡献出一粒粒种子，经由学校教育、社会教育的洗礼和放大，最终培育成为国家和社会的建设者。可以说，家庭教育事关国家富强和民族昌盛，关乎现代化建设的未来。

家庭教育也是人类社会传承的根基和起点。人类运用创造出来的符号、语言，有意识地在个体与个体之间、上一代与下一代之间交流实践经验，提高家庭、族群、部落的资源获取能力，使人类能够获得更多的生存和发展机会，这种交流就是家庭教育的最初形式。正是由于家庭教育的巨大作用，人类获得的各种经验得以不断丰富，知识得以传承，从而促进人类文明不断发展。其实，在生物学上，人并不是无比强大和万能的，尤其是人在出生后的最初阶段是非常脆弱的，而且这段时间还相对较长，正是靠着家庭教育的培养，人才能逐步获得对周围世界的各种认知，在生存技能的训练下逐渐变得成熟。

家庭教育随着人类社会的不断发展而变化，在原始社会，一个人通常通过集体共同生活来教育自己，集体打猎或祭祀，这在当时都是学习的机会。有学者认为，在家庭单位和部落中的这种学习构成了第一次教育革命，智人能够从众多的现代人祖先候选者中脱颖而出，除了运气之外，家庭教育无疑起到了至关重要的作用。事实上，在学校教育出现之前，家庭教育就一直是教育的直接形式，即便到了学校教育贯穿于人从少年到青年十几年时间的今天，家庭教育作为个体接受最初教育的重要性也从未动摇过。教育问题事关生存发展和民生福祉，当今社会关注较多的是学校教育，对于家庭教育问题的关注相对较弱。然而，家庭教育不仅不可或缺，从某种程度上来说，甚至非常重要。

首先，家庭教育更加接近于教育的本质。学习和认知科学研究表明，人的学习是一个不断迭代进化的过程，人对事物的认识是循序渐进的，一个人接触到新的知识时，并不会将这些知识立刻融入到自己的知识体系中，而是需要经过一个消化吸收的过程，用已有的知识、方法和概念去理解新的认知，并通过思考将“消化”后的知识融入自己的知识体系。人生中生命原初的知识、方法和概念主要从家庭教育中得到，家庭是人接受教育的第一所“学校”。其次，家庭教育贯穿于生命的全过程。家庭教育是一个人从家庭中获得成长的过程，这个过程不会因为接受学校和社会教育而消失，而是始终与二者并存，即便是一个人离开自己原来的家庭组成新的家庭，他也会持续地从原来的家庭中获得支持和力量，并不断地从新的家庭中获得“新体验”和“新认识”。研究表明，人的很大一部分性格特征都受到原生家庭的影响。再次，家庭教育是其他教育形式的基础和底色。当今时代，教育更加关注人的全面发展，学校教育不仅要注重智力教育，而且更应该注重人格的塑造，不仅使孩子们成才，更要使孩子们成人。在家庭教育与学校教育的关系中，前者应更加关注“成人”的问题。

现实中，家庭教育确实面临着一些新的困难和挑战。一方面，受未来学生发展竞争的压力，学习上的“负担”不断向前端传导，家庭教育中更多具备了学校教育的元素，家庭作业、补课班、“兴趣”班占据了孩子大量的时间，甚至影响到孩子的睡眠，真正留给家庭教育的时间变得很少，导致一些孩子上了大学仍然不能生活自理。另一方面，经济社会的转型给家庭教育带来挑战。近百年来，随着社会发展水平的进步，家庭教育也发生了很大的变化，生活水平的提高，使得每一个家庭能够使用更多的资源用于家庭教育，技术进步已深入到家庭的每一个角落，孩子可以通过手机和现代信息媒体等智能电子设备进入无限的网络世界，有时可能会由于缺乏自我约束和判断能力而导致网络成瘾，甚至走向极端。为此，对于家庭教育来说，应该特别关注以下方面。

关注家庭教育对健全人格的塑造。家庭教育首先应该建立在尊重孩子的基础上，因为家庭教育的最终目的不仅是知识、经验的传递，更重要的是孩子自主意识的觉醒，判断能力的提升，以及世界观、人生观、价值观的初步形成和不断积淀。习近平总书记指出："家庭是人生的第一个课堂，父母是孩子的第一任老师。""广大家庭都要重言传、重身教，教知识、育品德，帮助孩子扣好人生的第一粒扣子，迈好人生的第一个台阶。"家庭教育要成为孩子健全人格的"孵化器"。

关注良好家庭氛围的形成。家庭教育对于人的成长是潜移默化的，也是无时无处不在的。最好的教育是不留痕的教育，一个人从观察、参与中获得的教育会更加深刻。互相尊重、宽以待人的家庭氛围会使孩子以更加平和的眼光看待世界和社会，勤俭节约、健康卫生的习惯会通过父母的言传身教传递给孩子，爱读书、爱思考的孩子往往是家里有"榜样"的家长。因此，家庭成员都需要有意识地营造温馨温暖、积极向上的和谐氛围，这既是家庭教育的需要，也是家庭本身的需要。

形成社会对家庭教育的全方位支持。家庭教育既是家庭内部的事务，也是国家社会的内容。社会对于家庭教育的支持从主体上来说，包括国家、地方政府、基层社区和邻里之间的支持，其中，最直接的抓手还在于基层社区。传统上中国社会是乡土的，借助亲戚关系建立起来的社会网络，促进了家庭教育的互帮互助。现代社区是社会治理的末梢，需要接过社会联系的接力棒，为保证家庭教育质量提供支撑。各级政府应从资源和舆论方面予以引导，推动全社会对家庭教育的理解支持和广泛参与。

（组稿：张惠娟；东北大学学科处副处长谢寅波对此文亦有贡献）

我对家庭、家教的认识与感受

皮剑龙

皮剑龙，第十三届全国政协委员，北京市第十一届、十二届政协委员，北京市金台律师事务所主任。最高人民法院特约监督员，司法部法规规章备案审查专家委员会委员，全国律协维护律师权益委员会副主任，全国律协金融专业委员会副主任，北京市政协社会和法制委员会副主任，中国社会科学院法学研究所兼职教授。曾多次被评为北京市优秀律师、北京市优秀党员律师、北京市司法行政系统先进个人等。

家庭教育在人生成长过程中至关重要。家庭教育的质量又决定社会质量。西方哲学家柏拉图曾说："家庭教育是社会的基础。"墨子以染丝来比喻教育对人的影响："染于苍则苍，染于黄则黄，所入者变，其色亦变。故染不可不慎也。"家庭是教育的起点，孩子是国家的未来。可以说，家庭教育不仅仅关乎一个家庭，也影响着整个民族的发展与国家的兴盛。重视家庭教育是为民族发展奠定基础，为民族腾飞做足准备。

教育的目标

心理学家认为，家庭是影响孩子成长的第一环境。在家庭中，父母的地位和作用非常关键。父母作为家庭教育的核心，首先要明确家庭教育的目标，即家庭教育究竟是要培养什么样的孩子。

教育的终极目标是育人。育什么样的人，怎么育，对这两个关键问题的观点见仁见智，各有侧重之角度。那么育什么样的人？如何理解家庭教育的目标呢？

例如，美国教育心理学家布鲁姆说，"教学的终极目标是培养独立的、自律的学习者"。法国思想家卢梭说，"教育即生长"，强调培养有持续的自我生长能力的人。对现代教育（包括陶行知等现代中国教育家）影响巨大的杜威进一步认为，教育的目的是"最终要提高受教者的（创进）能力"，而不是"使受教者成为定型的产品"。曾任耶鲁大学校长 20 年之久的理查德·莱文曾说："真正的教育不传授任何知识和技能，却能令人胜任任何学科和职业，这才是真正的教育。"

又如叶圣陶老先生所说，教是为了不教，意思就是说教会学生学习，因材施教，培养学生独立的思维、学习和工作的能力。所谓"教"，重点不仅是传授知识，更是启发、引导，培养能力。所谓"不教"，是在教师的引导训练下能独立探索实践、解决问题。这也就达到了"教"的目的。

即便古今中外对教育有不同见解，皆无外乎是培养善良、自信、有独立思维和判断能力、能够自我成长的个体。成为一个了解和悦纳世界、能够独立处理问题和自我实现的人。

如何教育

明确了教育的终极目标是育人，也确定了教育的目标，还需解决如何展开家庭教育的问题。

（一）中国传统文化与现代家庭教育的融合

习近平总书记在党的十九大报告中指出："文化是一个国家、一个民族的灵魂。"传统文化是我们国家、民族的灵魂之源，也就是我们民族的根。家风是我们家庭的灵魂之源，是我们家庭的根。家庭教育则是我们传承家风的接力棒。

求木之长者，必固其根本。中华优秀传统文化是中华民族的精神命脉，是涵养社会主义核心价值观的重要源泉，也是我们在世界文化激荡中站稳脚跟的坚实根基。

我国古代重视家庭教育的传统，并在长期的家庭教育实践中积累了丰富的教育经验，提出了许多有价值的思想，对当代的家庭教育发展起到了明显的铺垫作用。观今宜鉴古，无古不成今。在现时代的历史条件下，我们要全面理解和把握古代家庭教育的精华，赋予其新的内容，继续发挥其在教育中的作用。中国传统文化很重视对儿童进行早期教育，重视社会环境对孩子的影响，注重道德教育，注重人格培养和习惯养成教育，古人对子女既提倡严格管教，又提倡热爱孩子。

在现代家庭教育中，一是重视道德教育。为人处世，品行为先。要求子女有很好的道德修养，把道德教育作为教育子女的首要任务和基本任务。二是注重人格培养。学高不是真正的目的，学高是为了品高，学会做人，以修养德行为求学目的，把培养完善的人格作为求学目的，应该说是我国传统家庭教育的一大优良传统。把培养孩子的完善人格作为最基本的家庭教育目标，为孩子走向社会打下坚实的基础。

（二）“做事先做人，律人先律己”

《论语》中讲道：“其身正，不令而行；其身不正，虽令不从。”常用于描述和启发管理者，对于家庭教育和管孩子也同样适用。从品格来说，要做到，“己欲立而立人，己欲达而达人”。就是说，自己有仁爱之心，别人才会对你仁爱，自己豁达，别人才会对你宽容。从教育孩子层面来说，要“道之以德，齐之以礼”。则是用道德和仁义去推动优良学风，让孩子想学、喜学。用文明礼仪去教化学生行为，让学生知书达理。

教育孩子的过程同时应当是不断充实自己、丰富自己的过程。情绪稳定、自信自强、诚信友爱、言出必行的父母和飘逸着书香的家庭环境，这本身也是家庭文化所载之内涵。家庭教育不仅仅是对孩子的教育，还需要每一个家庭成员学会修身，学会影响别人。拿起书本，和爱人一起读书，陪着孩子读书。放下手机拿起书本，所谓“己所不欲，勿施于人”，自己不能做到放下手机读书，何来要求子女不玩电子产品呢？俗话说，“身教胜于言传”。要想让孩子形成良好的生活习惯，首先我们要有良好的生活习惯；要想孩子讲文明，首先我们要讲文明；要想让孩子学习好，首先我们要爱好学习。从孩子思想品德、学习成绩方面能看到父母的影子，看到家庭的影子。要想让孩子养成读书的习惯，父母首先应给孩子营造书香家庭，与孩子一同养成读书的习惯。

中国传统家教注重父母的以身作则榜样示范，强调儿童的行为训练和科学方法。对孩子的教育中，不埋怨孩子，多自我反思。为孩子树立家庭榜样。

（三）帮助孩子建立自信

作为父母亲来说，帮助孩子树立自信，帮助孩子找到他自己，这是最关键的。父母要能够了解孩子，发现孩子，悦纳孩子，现在很多父母把别人家的孩子作为标杆，喜欢用自己孩子的短处去比较别人孩子的长处。这样就很痛苦。父母应学会准确了解孩子，顺着孩子自己的天性走，协助孩子成长。

此外，作为父母，在思想和地位上要尊重孩子，这是家庭教育的基础。父母应把儿童作为有独立个性的人，尊重童年。有了一种对孩子当下生活的尊重，对孩子本身作为人的尊重，家长的教育方式就不会是操控者、掌权者。

还要尊重孩子的差异性。最好的教育是帮助孩子不断成长，不断超越自己，帮助人更幸福地活着，而不是就用一个标准——上清华北大哈佛的标准来培养孩子。用一个标准一个模式去培养孩子，最后大部分人是失败者。这是当前社会焦虑的表现，是我们的社会评价体系存在问题。很多人把上名校当作家庭、父母、孩子成功的典范，而我认为最好的教育是帮助孩子成为他自己。让孩子做自己想做的事，学自己想学的东西，让每个人找到自己，成为更好的自己，才能幸福。那些真正有幸福感的人的人生不是千篇一律的，他们都有不一样的人生。

（四）陪伴与习惯的养成

养育孩子绝非简单的吃饱穿暖问题，父母的亲自用心陪伴支持才是孩子最宝贵的财富。心理学在亲子关系的探求中，提到孩子生命早期五大心理营养：无条件接纳；此时此刻，我生命中你最重要；安全感；肯定、赞美、认同；学习、认知、模范。这些都离不开家庭成员的陪伴。

此外，也要注意孩子习惯的培养。习惯要从小时候开始培养，儿童时期养成好习惯特别重要。儿童可塑性大，模仿性强，既容易养成好习惯，也容易养成坏习惯。而坏习惯一旦形成，就很难改变。有些坏习惯，还会继续发展，对人一辈子起坏作用。叶圣陶先生说过，教育就是培养习惯，衡量教育是不是成功就看有没有形成良好的习惯。孩子在家庭中形成的习惯，会影响孩子的一生。家庭要帮助孩子养成良好的生活习惯。

可见，家长的素质高低，决定着家庭的未来；家庭素质总体水平，决定社会的文明程度；社会的文明程度决定一个民族的命运。没有良好的家庭教育，孩子就要多走弯路；没有良好的家庭教育，整个家族名誉都会受到影响；没有良好的家庭教育，就不可能有良好的社会道德风尚；没有良好的社会道德风尚，就不可能有一个强盛的国家。

正如习近平总书记在十九大报告中所指出的："坚持全民行动、干部带头，从家庭做起，从娃娃抓起。深入挖掘中华优秀传统文化蕴含的思想观念、人文精神、道德规范，结合时代要求继承创新，让中华文化展现出永久魅力和时代风采。"

（组稿：解燕华）

后记

在本书出版之际，要特别道声感谢！

感谢委员们在百忙之中参与讨论交流，并为此书供稿。

还要特别感谢全国政协委员读书指导小组和全国政协文化文史和学习委员会的支持，感谢文化文史和学习委员会副主任叶小文、驻会副主任刘晓冰和委员读书漫谈群群主、文化文史和学习委员会副主任丁伟自始至终的鼓劲；感谢委员会办公室曹军、王楠和民进中央李宗主等同志给予的多方面支持。

特别感谢人民政协报社的支持。从家庭教育读书群的开展到委员们的家教故事组织编发，人民政协报社和人民政协网给予了全程支持。为做好“委员读书群·家庭教育七日谈”的组织协助工作，报社党委书记、社长王相伟于活动开始前带领报社团队组织召开了由十多位全国政协委员参加的远程预备会议。成书前后，报社党委副书记、副总编辑张宝川，报社党委委员、副总编辑原哲等都予以支持。报社教育周刊和通联部的张惠娟、韩雪两位编辑全程参与，人民政协网解艳华、张笑竹、甄晓燕等同志亦参与了组稿工作。

感谢中国文史出版社刘未鸣社长、段敏副总编和金硕等同志。在尊重图书出版规律的同时，为原汁原味地呈现读书群讨论交锋的过程，他们颇下了一番功夫。

最后要特别感谢翻阅此书的读者，相信认真读下去，大家一定会从中受益：孩子可以玩游戏吗？有爷爷奶奶介入的家教怎么做可以更好？你的家教家风中哪些应该珍视？哪些需要超越？作为编者，我们相信，这本书能够给您带来点滴启示。

编　者

2021年9月